Fink/Rosenzweig (Hrsg.) | Zeit · Geist · Gehirn

Zu ähnlichen Themen sind bisher folgende Buchtitel erschienen:

Helmut Fink/Rainer Rosenzweig (Hrsg.): Freier Wille – frommer Wunsch? Gehirn und Willensfreiheit (mentis 2006)

Stephan Matthiesen/Rainer Rosenzweig (Hrsg.): Von Sinnen. Traum und Trance, Rausch und Rage aus Sicht der Hirnforschung (mentis 2007)

Helmut Fink/Rainer Rosenzweig (Hrsg.): Neuronen im Gespräch. Sprache und Gehirn (mentis 2008)

Rainer Rosenzweig (Hrsg.): Nicht wahr?! Sinneskanäle, Hirnwindungen und Grenzen der Wahrnehmung (mentis 2009)

Helmut Fink/Rainer Rosenzweig (Hrsg.): Künstliche Sinne, gedoptes Gehirn. Neurotechnik und Neuroethik (mentis 2010)

Rainer Rosenzweig (Hrsg.): Geistesblitz und Neuronendonner. Intuition, Kreativität und Phantasie (mentis 2010)

Helmut Fink/Rainer Rosenzweig (Hrsg.): Mann, Frau, Gehirn. Geschlechterdifferenz und Neurowissenschaft (mentis 2011)

Helmut Fink/Rainer Rosenzweig (Hrsg.): Verantwortung als Illusion? Moral, Schuld, Strafe und das Menschenbild der Hirnforschung (mentis 2012)

Helmut Fink/Rainer Rosenzweig (Hrsg.): Das Tier im Menschen. Triebe, Reize, Reaktionen (mentis 2013)

Helmut Fink/Rainer Rosenzweig (Hrsg.): Bewusstsein – Selbst – Ich. Die Hirnforschung und das Subjektive (mentis 2014)

Helmut Fink/Rainer Rosenzweig (Hrsg.): Das soziale Gehirn. Neurowissenschaft und menschliche Bindung (mentis 2015)

Helmut Fink/Rainer Rosenzweig (Hrsg.): Gehirne zwischen Liebe und Krieg. Menschlichkeit im Zeitalter der Neurowissenschaften (mentis 2016)

Helmut Fink/Rainer Rosenzweig (Hrsg.): Was hält uns jung? Neuronale Perspektiven für den Umgang mit Neuem (Kortizes 2020)

Helmut Fink/Rainer Rosenzweig (Hrsg.): Hirn im Glück. Freude, Liebe, Hoffnung im Spiegel der Neurowissenschaft (Kortizes 2020)

Helmut Fink/Rainer Rosenzweig (Hrsg.): Wo sitzt der Geist? Von Leib und Seele zur erweiterten Kognition (Kortizes 2022)

Helmut Fink /
Rainer Rosenzweig (Hrsg.)

Zeit · Geist Gehirn

Neurowissenschaft und Zeiterleben

Kortizes
Nürnberg

Bibliografische Information der Deutschen Nationalbibliothek:
Die Deutsche Nationalbibliothek verzeichnet diese Publikation in der Deutschen Nationalbibliografie; detaillierte bibliografische Daten sind im Internet über http://dnb.dnb.de abrufbar.

Printed in Germany
Einband, Satz, Layout: Alexander Paul/Kortizes gGmbH
Druck: BoD – Books on Demand GmbH
ISBN (Print) 978-3-948787-07-3
ISBN (E-Book) 978-3-948787-08-0
Bildquellen Autoren: Anne Böckler-Raettig: Daniel Peter; Gregor Eichele: Irene Böttcher-Gajewski; Alexander Gail: Karin Tilch; Heiko Hecht: privat; Andrea Kiesel: Peter Scherer; Eva Landmann: Julia Martschinke; Martin Meyer: privat; Barbara Schmid: Rudi Ott; Norman Sieroka: Matej Meza; Roland Thomaschke: A.-Ludwigs-Universität Freiburg; Rolf Ulrich: privat; Isabell Winkler. Bildquellen Herausgeber: Helmut Fink: Evelin Frerk; Rainer Rosenzweig: Evelin Frerk.

Inhalt

Vorwort

Den Beiträgen dieses Bandes liegt – mit einer Ausnahme – ein öffentliches Symposium zu Grunde, das von 1. bis 3. Oktober 2021 im Aufseß-Saal des Germanischen Nationalmuseums in Nürnberg stattfand. Dass dieses Symposium inmitten der damals noch nicht beendeten Corona-Zeit mit mehreren hundert Teilnehmern in Präsenz durchgeführt werden konnte, war für das veranstaltende Institut für populärwissenschaftlichen Diskurs *Kortizes* (siehe kortizes.de) ein nicht unerhebliches Hoffnungszeichen.

Das Profil der seit 2018 jährlich stattfindenden *Kortizes*-Symposien wie auch der zugehörigen Buchveröffentlichungen besteht darin, Schwerpunktthemen aus Wahrnehmungs- und Hirnforschung von wissenschaftlichen Fachleuten aus verschiedenen Perspektiven allgemeinverständlich darstellen zu lassen und so einen Beitrag zur Breitenwirksamkeit eines zeitgemäßen Menschenbildes zu leisten. Daran sehen wir weiterhin Bedarf. Die Reihe wird daher fortgeführt.

Wir haben den Beitrag von Heiko Hecht, obgleich nicht Referent des oben genannten Symposiums, aufgrund perfekter thematischer Passung in das vorliegende Buch mit aufgenommen. Allen Autorinnen und Autoren sei für ihre Bereitschaft zur Mitwirkung und die Mühe ihrer Arbeit herzlich gedankt. Ebenso gilt unser Dank dem gesamten Kortizes-Team, ohne das es keine Symposien gäbe, und speziell dem Graphiker Alexander Paul, der wie stets gewissenhaft den Satz des Buches erledigt hat.

Nürnberg im Juli 2023 — Die Herausgeber

Helmut Fink

Einleitung

Zeit im Gehirn – Gehirn in der Zeit

Zeitverlauf und Endlichkeit sind Grunderfahrungen des Menschen. Was der Mensch erlebt, erlebt er in der Zeit. Das wissenschaftliche Menschenbild der Neuzeit hat die Einsicht erbracht, dass jeglichem Erleben ein funktionsfähiges Gehirn zu Grunde liegt. Das Gehirn ist der materielle Träger des Bewusstseins, das Bewusstsein umfasst das Zeiterleben, und das Zeiterleben findet wiederum innerhalb der physikalischen Zeit statt. In der Überschrift dieser Einleitung wurde das Bewusstsein quasi herausgekürzt, genannt sind nur Gehirn und Zeit.

Und doch sind Bewusstseinsinhalte das, worauf es beim Thema dieses Buches ankommt. Ihre zeitliche Ordnung, ihre Taktung, das Erleben der Gegenwart und der je subjektive Eindruck einer kontinuierlich verfließenden – wenngleich nicht immer als gleich schnell empfundenen – Zeit sind legitimer Gegenstand der Psychologie. Diese »subjektive Seite« der Zeit mit der Dynamik objektiver Hirnzustände gleichsetzen zu wollen, wäre ein klarer Kategorienfehler. Nur von materiellen Konfigurationen in der physikalischen Zeit zu reden, wäre hier eine existentielle Vernachlässigung des »geistigen« Erlebens. Bei Ausblendung mentaler Zustände als eigenständiger Beschreibungsebene droht ein desaströser Reduktionismus, der unterwegs verliert, was er doch ursprünglich erklären wollte.

Umgekehrt kann selbstverständlich auch die materielle Beschreibungsebene nicht einfach zugunsten einer Phänomenologie des Geistes aufgegeben oder ihrer Eigenständigkeit beraubt werden: Es ist gerade der *Bezug* des Zeiterlebens auf die ihm zugrunde liegenden Hirnzustände und ihre Ursachen, d. h. auf neuronale Anregungen und physiologische Mechanismen sowie auf äußere Reize und Geschehnisse in der physikalischen Zeit, der einen Großteil der Forschungsfragen ausmacht. Ein bloß introspektiver Zugang wäre daher ebenfalls vollkommen unzureichend, nur eben mit komplementärem Defizit.

Eine Fülle an Forschungsergebnissen zu Bedingungen und Ausprägungen des Zeiterlebens ist seit Jahrzehnten bekannt und kann z.B. im umfassenden Übersichtsartikel von Rüdiger Vaas (2000) nachgelesen werden. Hierzu gehören Grenzen der zeitlichen Integration von als »gleichzeitig« erlebten Wahrnehmungseindrücken, die typische Drei-Sekunden-Taktung als universeller Rahmen erlebter Gegenwart, Störungen des Zeiterlebens und ihre neuronalen Ursachen, die Synchronisation neuronaler Oszillationen und ihre mutmaßliche Rolle für Aufmerksamkeit und Bewusstheit, die Rückdatierung von Stimuluswahrnehmungen und die damit verbundene Täuschbarkeit, sowie die Verarbeitung von Erwartungen und die Vorplanung komplexer Leistungen wie etwa Sprache oder Willkürmotorik. Stets werden dabei geistige und materielle, mentale und neuronale, psychologische und physiologische (bzw. physikalische) Konzepte aufeinander bezogen.

Die »Rätsel« des Zeiterlebens haben lebensweltliche Bedeutung und berühren das Verständnis des Menschseins unmittelbar. Sie sind daher auch immer wieder Gegenstand populärwissenschaftlicher Berichte (vgl. z.B. Gehirn & Geist, 2007). Auf eine besondere Verbindung von *Zeitwahrnehmung* und *Körperwahrnehmung* macht Wittmann (2014) aufmerksam: Das Körpergefühl entsteht aus Signalen der Körperwahrnehmung (Interozeption), die in der Inselrinde (*Insula*) zusammenlaufen und integriert werden. Die Inselrinde ist beim Wahrnehmen von Zeitdauern im Sekundenbereich besonders aktiv. Eine intensive »Ich-Wahrnehmung« (etwa auch bei Achtsamkeitsmeditation) lässt den subjektiven Zeitverlauf langsamer erscheinen, d.h. Zeitdauern werden überschätzt. Flow-Zustände (vgl. Peifer und Bartzik, 2020) hingegen bewirken das Gegenteil: geringere »Ich-Wahrnehmung«, schnellerer subjektiver Zeitverlauf. Über das »Körperselbst« führt die Erforschung des Zeiterlebens so zum großen Thema des »Selbst-Bewusstseins«.

Die Bewusstseinsforschung jedoch ist ein umkämpftes Gebiet. Bis in die Gegenwart hinein besteht kein Konsens, welcher der Theorieansätze zur Erklärung von Bewusstsein der fruchtbarste ist. Ein aktueller Review-Artikel von Kent und Wittmann (2021)[1] gibt

---

[1] Ich danke Anja Göritz für diesen Hinweis aus der Fülle der Fachliteratur zur Neuropsychologie des Zeiterlebens.

Einblicke in diese Kontroverse unter dem Blickwinkel des *Zeitbewusstseins.* Darin wird die Hoffnung formuliert, dass ein vertieftes Verständnis des Zeitbewusstseins zusätzliche – und vielleicht entscheidende – Kriterien liefert, um konkurrierende Bewusstseinstheorien (wie etwa die Theorie der integrierten Information oder die Theorie des globalen Arbeitsraums) zu beurteilen. Betont wird dabei die notwendige Berücksichtigung nicht nur neuronaler und funktionaler, sondern auch *phänomenaler* Aspekte des Zeitbewusstseins. Insbesondere erfordern die als ausgedehnt erlebte Gegenwart (bis zu ca. 3 Sekunden) und der als Fluss erlebte Zeitverlauf eine *kontinuierliche* Beschreibung, die keine Reduktion auf einzelne Zeitpunkte erlaubt. Der »Fluss« muss diskrete Zeiteinheiten überschreiten, um sie zu verbinden. Viele der aktuellen Theorieansätze können jedoch (nach Meinung der beiden Autoren) diese Kontinuität nicht erfassen, weil sie methodisch auf kurze, diskrete, unbewusste funktionale Zeitpunkte beschränkt sind. – Wir können diesen Einwänden (und ggf. Entgegnungen anderer Autoren) hier nicht näher nachgehen. Es ist aber festzuhalten, dass die Beschreibung und Erklärung des Zeiterlebens ein wesentlicher und keineswegs unumstrittener Teil der Bewusstseinsforschung ist.

Nach diesen Hinweisen auf Weiterungen des Themenkreises stellen wir im Folgenden den inhaltlichen Bogen der Beiträge dieses Bandes vor. Wissenschaftliche Erkenntnisse sind spannend. Aber ihre Spannung ist von anderer Art als in einem Kriminalroman, bei dem man die zentralen Handlungsmotive nicht vorweggenommen sehen möchte. Daher mag eine überblicksartige Zusammenfassung der Forschungsergebnisse, die in den Autorenbeiträgen dann ausführlicher dargestellt und begründet werden, der Orientierung dienen, ohne die Vorfreude zu schmälern.

Im ersten Beitrag gibt der Entwicklungs- und Molekularbiologe *Gregor Eichele* einen Überblick über die Erforschung zirkadianer Rhythmen und die genetischen Mechanismen molekularer Uhren. Geschildert werden die historischen Fortschritte der Chronobiologie seit dem 19. Jahrhundert. Innere Uhren finden sich in vielen verschiedenen Organismen. Sie ermöglichen eine Voreinstellung auf tageszeitliche Veränderungen, müssen jedoch durch Umwelteinflüsse mit einem exakten 24-Stunden-Rhythmus synchronisiert werden. In den 1970er Jahren konnten an der Fruchtfliege entscheidende Gene identifiziert werden, die dort die innere Uhr steuern. Seither sind die komplexen molekularen Mechanismen, etwa die beteiligten Uhren-Proteine, auch beim Menschen detaillierter erfasst worden. Ein Kreislauf aus Aktivierung und negativer Rückkopplung sich selbst regulierender Gene und Proteine erklärt die zirkadianen Rhythmen, die sich vielfach im Körper auswirken.

Die Neurologin *Barbara Schmid* legt in ihrem Beitrag eine reich bebilderte Übersicht über die Messverfahren und Diagnostikmethoden ihres Fachgebiets vor. Erläutert werden insbesondere Elektroenzephalographie (EEG), Elektromyographie (EMG) und die Methode evozierter Potentiale. Hierbei werden visuell, somatosensibel und motorisch evozierte Potentiale unterschieden, je nachdem, auf welchem Weg die Stimulation erfolgt. Auch auf Grundlagen der Neuroanatomie und Neurophysiologie wird kurz eingegangen und der Bezug zum klinischen Alltag hergestellt. So werden typische Zeitskalen deutlich, etwa neuronale Signallaufzeiten und Latenzen, die in der Elektrophysiologie des Nervensystems eine Rolle spielen.

Einem ganz anderen Thema ist der Beitrag des Psychologen *Rolf Ulrich* gewidmet, nämlich der Frage, wie wir über Zeit denken und sprechen. Dies ist ein Gegenstand der Kognitionspsychologie, in deren Rahmen aussagekräftige Studien dazu durchgeführt wurden. Zeit ist ein abstrakter Begriff, der jedoch auf Erfahrungen der Wahrnehmung und der Motorik aufbaut. Von besonderer Bedeutung sind dabei räumliche Erfahrungen: Mentale Repräsentationen und Sprechweisen werden vom Raum auf die Zeit übertragen. Dies gilt einerseits für die zeitliche Abfolge von Ereignissen in Vergangenheit, Gegenwart und Zukunft (sog. deiktische Zeit). Diese Abfolge wird mit einer räumlichen »Hinten-vorne-« oder »Links-rechts-Anordnung« assoziiert, teilweise in kulturabhängiger Zuordnung. Andererseits wird auch die Wahrnehmung von Zeitdauern durch räumliche Assoziationen beeinflusst. Somit liegen starke Belege vor, dass unsere Zeitkognition auf räumlichem Denken fußt.

Der Psychologe *Heiko Hecht* stellt den Bezug der Zeitwahrnehmung zur Bewegungswahrnehmung her, der sich vor allem in handlungsrelevanten Situationen zeigt. Zunächst werden die neuronalen Mechanismen der Bewegungswahrnehmung skizziert und die Bedingungen für die Wahrnehmung von sog. Scheinbewegungen erläutert, bei denen ein phänomenaler Bewegungseindruck ohne reale Bewegung entsteht. Anschließend werden Bewegungsnacheffekte besprochen und allgemeinere Adaptionseffekte diskutiert. Bei all diesen Effekten gibt es typische Zeitskalen. Bewegung erleichtert die räumliche Objekterkennung, außerdem ermöglicht die zeitliche Veränderung des Netzhautbildes eines Objekts die Abschätzung von Größenbeziehungen, Entfernungen und Geschwindigkeiten. Als ein weiterer Effekt der Bewegungswahrnehmung im Handlungskontext wird der unmittelbare Eindruck von Kausalität geschildert, der etwa bei Hintereinanderbewegungen mit geringem zeitlichen Abstand entsteht. Ein Ausblick ist schließlich der expliziten Zeitschätzung gewidmet, deren Mechanismus mit dem Modell eines internen Taktgebers beschrieben wird und bei der es situationsabhängig zu charakteristischen Fehleinschätzungen kommt.

Im anschließenden Beitrag der Psychologin *Isabell Winkler* werden genau diese letztgenannten Aspekte der Zeitwahrnehmung vertieft. Grundsätzlich ist zwischen der empfundenen Geschwindigkeit des Zeitvergehens im gegenwärtigen Augenblick (prospektive Zeitwahrnehmung) und in der Rückschau (retrospektive Zeitwahrnehmung) zu unterscheiden. Ausgehend vom Modell des internen Taktgebers erhöht sich zum einen die Taktrate der inneren Uhr mit körperlicher oder emotionaler Aktivierung, was Zeitspannen länger erscheinen lässt. Zum anderen ist die Aufmerksamkeit, die wir auf das Vergehen der Zeit richten, ein wichtiger Einflussfaktor unseres Zeitempfindens. Und auch Abweichungen von vorab gebildeten Erwartungen beeinflussen die prospektive Einschätzung von Zeitspannen. In der Rückschau jedoch wirken solche Zeiten länger, von denen mehr in Erinnerung bleibt. Mit zunehmendem Alter fällt es schwerer, wirklich neuartige, nicht-routinierte Erlebnisse zu generieren, was den Eindruck einer immer schneller vergehenden Zeit erklärt. Untersuchungen während der Corona-Pandemie zeigten zudem, dass psychische Zustände wie etwa Kontrollgefühl und Lebenszufriedenheit vs. Kontrollverlust und Depressivität sich ebenfalls auf das Zeiterleben auswirken.

Gegenstand des Beitrags von *Andrea Kiesel* und *Roland Thomaschke* ist einerseits die Zeitverarbeitung bei der Vorbereitung und Steuerung von Handlungen und andererseits die Verzerrung der Zeitwahrnehmung, die bei eigenverursachten Handlungseffekten auftritt. Um die Voraussage bzw. Prädiktion von Ereignissen im Zeitablauf in psychologischen Studien zu untersuchen, werden Reaktionszeitexperimente genutzt. Mentales Vorbereitetsein auf eine gewünschte Handlung macht sich in kürzeren Reaktionszeiten auf einen entsprechenden Stimulus bzw. Targetreiz bemerkbar. Dabei kann die Abhängigkeit einer bestimmten Reaktion von einer vorausgehenden Wartezeit bzw. Vorperiode oder auch die Häufigkeit und Schnelligkeit einer richtigen Wahl aus mehreren Reaktionsmöglichkeiten bei verschiedenartigen Vorperioden untersucht werden. Es zeigt sich, dass die Prädiktionsmechanismen gelernte Korrelationen in der Reizkonstellation ausnutzen und so zu einer optimierten Handlungsplanung beitragen. Die Zeit, die zwischen einer eigenen Handlung (z. B. Tastendruck) und ihrer wahrgenommenen Wirkung (z. B. Tonerzeugung) vergeht, wird jedoch systematisch unterschätzt. Da dies nur bei eigenen Aktionen auftritt, liegt die Vermutung nahe, dass es dem Erleben von Akteurskausalität dient.

Der Neurowissenschaftler *Alexander Gail* setzt sich ebenfalls mit dem Thema Handlungsplanung auseinander und beleuchtet speziell die Rolle, die Erinnerungen dabei spielen. Die gedankliche Vorwegnahme späterer Situationen durchbricht die starre Abfolge von Reiz und Reaktion. Gedächtnisprozesse, etwa über räumliche Verhältnisse oder über regelbasierte Bewegungsabläufe, tragen zur Handlungsplanung bei. Im Gehirn sind dabei Rückkopplungsschleifen zwischen frontalen und parietalen Regionen entscheidend, wobei der prämotorische Kortex mit integrierter Sinnesinformation aus dem Parietalkortex versorgt wird und seinerseits Information über Bewegungsziele an den Parietalkortex weitergibt. Dass etwa Hinweisreize zuerst im prämotorischen Kortex verarbeitet und anschließend für die Codierung von Bewegungszielen »sensomotorisch transformiert« werden, weiß man aus Experimenten mit trainierten Rhesusaffen. Auch optogenetische Methoden kamen zum Einsatz, um den kausalen Einfluss von Signalen aus dem prämotorischen Kortex nachzuweisen. In unentschiedenen Situationen können mehrere Handlungsoptionen zugleich vorbereitet werden, deren neuronale Repräsentation bis zur Entscheidung aufrechterhalten wird. Solche Erkenntnisse über die Bewegungsplanung in der Großhirnrinde können helfen, künftig vielseitigere Gehirn-Computer-Schnittstellen zu entwickeln.

Die Sprachverarbeitung im Gehirn ist das Thema des Neurowissenschaftlers *Martin Meyer.* Zunächst werden akustische, grammatische, prosodische und rhythmische Eigenschaften der Lautsprache besprochen. Die lautliche Struktur kann (bei sonst gleicher Abfolge) für die Erfassung syntaktischer oder semantischer Information entscheidend sein, wie man an doppeldeutigen Sätzen leicht sieht. Sodann nimmt der Beitrag die neuronalen Vorgänge beim Sprachverstehen in den Blick. Elektrophysiologisch unterscheidet man fünf Frequenzbänder für Hirnschwingungen, die im Rahmen der Spracherkennung mit den akustischen Mustern des Sprachsignals abgeglichen werden. So werden Informationen in unterschiedlichen Zeitfenstern erfasst und können vom Gehirn weiterverarbeitet und aufeinander bezogen werden. Eine neuere Erkenntnis stellt die Auffindung eines universellen Rhythmus dar, der Lautsprachen überall auf der Welt kennzeichnet und zugleich mit der Gehirnaktivität korrespondiert. Die Rhythmik scheint eher vom Gehirn als von der Umwelt auszugehen: Wahrnehmungs- und Bewegungsprozesse folgen einer Art zentralem Taktgeber, dem sich nicht zuletzt auch die Struktur der Sprache anpasst.

Der Beitrag der Psychologinnen *Eva Landmann* und *Anne Böckler-Raettig* ist einem anderen zwischenmenschlichen Ausdrucksmittel gewidmet, nämlich der Dynamik von Blickkontakten. Grundlegende Effekte liegen darin, dass wir den Blicken anderer folgen und dass direkter Blickkontakt sofort Aufmerksamkeit auf sich zieht. Durch die Dauer des Blickkontakts kann soziale und kommunikative Nähe wirksam reguliert werden. Außerdem ermöglichen Blicke das schnelle Erfassen der Gefühle und Absichten von Mitmenschen. Beim Erkennen von Emotionen werden Hinweise aus Gesichtsausdruck und Blickrichtung kombiniert. Das Wechselspiel des Blickkontakts strukturiert Gespräche und hilft dabei, die Bedeutung des Gehörten einzuordnen. Auch in Situationen gemeinsamen Handelns erweisen sich zeitlich präzise abgestimmte Blicksignale als hoch effizient für den Handlungserfolg. Blicke dienen somit nicht nur dem Verstehen, sondern auch der Koordination.

Im abschließenden Beitrag erläutert der Philosoph *Norman Sieroka* zentrale Fragestellungen aus der Philosophie der Zeit. Ausgangspunkt ist die begriffliche Erfassung der zeitlichen Geordnetheit menschlicher Erfahrungen und darauf aufbauend die Koordination verschiedener Zeitskalen. Dabei werden lagezeitliche (etwa Uhrzeiten) und modalzeitliche (gegenwartsbezogene) Ordnungen unterschieden. Mit diesen Zugängen sind unterschiedliche Positionen in der Metaphysik der Zeit verbunden, d. h. unterschiedliche Auffassungen darüber, welche Eigenschaften des zeitlich strukturierten Geschehens als fundamental anzusehen sind. Das Verhältnis physikalischer und wahrgenommener Regularitäten wird vertieft behandelt anhand akustischer Wahrnehmungen, speziell beim Musikerleben. Dabei können lage- und modalzeitliche Beschreibungen aufeinander bezogen werden. Ein Ausblick ist schließlich längerfristigen, lebensweltlichen Taktungen gewidmet, wobei insbesondere Phänomene des »Aus-dem-Takt-Geratens« diskutiert werden. Diese umfassen Hektik, Langeweile, Fremdtaktung bis hin zu Pathologien, aber auch die befreiende Erfahrung lebendiger Abwechslung.

Die Phänomene zeitlicher Ordnungen im Gehirn, in der Umwelt, im Verhalten und im bewussten Erleben sind vielgestaltig und in vielfältiger Weise aufeinander bezogen. Unterschiedliche Wissenschaften tragen mit ihren jeweiligen Ansatzpunkten und Forschungsmethoden zum Gesamtverständnis bei. Möge die Lektüre der Beiträge der Leserschaft eine gute Zeit bescheren.

Literatur

Gehirn & Geist 10/2007: Rätsel Zeit. Wie die vierte Dimension im Kopf entsteht.

Kent, Lachlan und Wittmann, Marc: Time consciousness: The missing link in theories of consciousness. In: *Neuroscience of Consciousness* 7(2), 2021, niab011.

Peifer, Corinna und Bartzik, Marek: Das Glück im Tun. Wie Flow-Erleben mit Wohlbefinden, Leistung und Stress zusammenhängt. In: *Hirn im Glück. Freude, Liebe, Hoffnung im Spiegel der Neurowissenschaft*, hrsg. von Helmut Fink und Rainer Rosenzweig. Kortizes, Nürnberg 2020, S. 47–66.

Vaas, Rüdiger: Zeit und Gehirn. Essay. In: *Lexikon der Neurowissenschaft*, Spektrum Akademischer Verlag, Heidelberg 2000, spektrum.de/lexikon/neurowissenschaft/zeit-und-gehirn/14651.

Wittmann, Marc: Wie entsteht unser Gefühl für die Zeit? In: *spektrum.de*, 22.09.2014, spektrum.de/news/wie-unser-gefuehl-fuer-die-zeit-entsteht/1309744.

Gregor Eichele

Die innere Uhr

Vom Molekül zum Verhalten

Die Anfänge

Im Spätsommer des Jahres 1729 studierte der französische Geophysiker und Astronom Jean-Jacques d'Ortous de Mairan (1678–1771) die Blattbewegung von Mimosen. In der freien Natur sind die federartigen Blätter dieser Pflanze tagsüber geöffnet, schließen sich aber bei Sonnenuntergang. De Mairan stellte fest, dass selbst bei dauernder Finsternis, also z. B. in einer dunklen Kammer, dieses Öffnen und Schließen der Blätter vonstatten ging. Er dachte, die Pflanze spüre den Einfluss des Tageslichts bzw. der Sonne selbst in der Finsternis. De Mairan war es allerdings klar, dass nicht zwangsläufig der an die Umdrehung der Erde gekoppelte Hell-Dunkel-Wechsel das Öffnen und Schließen der Blätter reguliert. Möglich wäre auch die Temperatur, die ebenfalls einen augenfälligen Tag-Nacht-Rhythmus zeigt. Vielleicht steckte auch ein subtiler Einfluss dahinter, z. B. die Wechselwirkung der Gravitationsfelder von Erde, Sonne und Mond. Selbst kosmische Strahlen oder Luftdruckschwankungen wurden als Verursacher vorgeschlagen.

In seinem 1880 erschienenen Buch *On the Power of Movement in Plants* stellte Charles Darwin eine andere Möglichkeit zur Diskussion. Er schrieb (S. 407): »*As the leaves of most plants assume their proper diurnal position in the morning, although light be excluded, and as the leaves of some plants continue to move in the normal manner in darkness during at least a whole day, we may conclude that the periodicity of their movements is to a certain extent inherited.*[1]« Vorzuschlagen,

[1] »Weil die Blätter der meisten Pflanzen ihre für den Tag typische Ausrichtung morgens einnehmen, selbst bei Abwesenheit von Licht, und die Blätter einer Pflanze fortan auch im Dunkeln weiterhin ihrem normalen Bewegungsrhythmus folgen, und zwar für mindestens einen Tag, dürfen wir folgern, dass die Wiederkehr ihrer Bewegung in einem gewissen Maße erblich ist.«

dass die Rhythmik der Blattbewegung auf einer erblichen, d. h. angeborenen Zeitmechanik beruht, war ein kreativer Gedanke.

Die Aufgabe der Chronobiologie, also der Wissenschaft, die sich mit biologischen Rhythmen befasst, war schon im 18. Jahrhundert klar. Erstens: Es galt herauszufinden, ob die Tag-Nacht-Rhythmen, z. B. bei der Blattbewegung, genetisch bedingt (»innate«) sind oder verursacht werden von einem von außen wirkenden, an die Rotation der Erde gekoppelten Faktor X. Zweitens: Es sind dann die jeweils hinter den vorgeschlagenen Ursachen stehenden Mechanismen zu bestimmen.

Um den Faktor X loszuwerden, hätte man Mimosen mit der Rakete von Jules Verne auf den Mond schicken können (*De la Terre à la Lune,* erschienen 1865). Besser wäre eine Hamster-Kolonie auf der Venus einzurichten, dem Planeten mit einer Tageslänge von 115 Erdtagen (*A Trip to Venus* von John Munro, erschienen 1897). Hamster zeigen einen eindrucksvoll konstanten Bewegungsrhythmus, beobachtbar, wenn sie in einem mit einem Laufrad ausgerüsteten Käfig gehalten werden. Im konstanten Dunkeln rennen die Nager für genau 12 Stunden und ruhen anschließend 12 Stunden. Diese 24 Stunden dauernde Wiederkehr (Periode) des Laufens wird strikt eingehalten. Sollten die Venus-Hamster eine von 24 Stunden abweichende Periode zeigen, dann gibt es keine innewohnende Uhr. Eine Mond- bzw. Venus-Expedition ist im Moment nicht geplant, aber Hamner und Kollegen haben argumentiert, dass es am Nord- und Südpol die Möglichkeit gibt, die durch die Rotation der Erde bedingten Veränderungen auszuschließen oder zumindest zu relativieren (Hamner et al., 1962). Man muss lediglich die Laufradkäfige auf einen Drehtisch stellen, der sich genau gegen die Erdrotation dreht. Ob die Hamster mit oder gegen die Erdrotation drehten, machte keinen Unterschied bezüglich der Rhythmen! Es gab also keine Evidenz für einen X-Faktor, die Rhythmik war angeboren. Sogar das Spacelab (Sulzman et al., 1984) wurde benutzt, um zu beweisen, dass die 24-Stunden-Wachstumsrhythmik des Schleimpilzes *Neurospora crassa* nicht von einem an die Erdrotation gekoppelten Faktor X dirigiert wird, sondern eine endogene Eigenschaft des Pilzes ist. Im Raumschiff wurde ebenfalls, im Vergleich zu den auf der Erde zurückgelassenen Kontrollen, keine markante Änderung der 22-Stunden-Periode der Wachstumsrhythmen beobachtet. Das Haar in der Suppe bei diesem Spacelab-Versuch war allerdings eine größere Variabilität der Wachstumsrhythmen im Spacelab. Die Forscher spekulieren, dass die starke Beschleunigung beim Start der Rakete bzw. die wegen der geringeren Schwerkraft abwesende Luftkonvektion in den *Neurospora*-Kulturen hinter diesem Phänomen stecken könnten. Man hatte zwar eine Frage beantwortet, sich aber gleich ein neues Problem eingefangen. Selbst bei aufwändigen, gut vorbereiteten Experimenten gibt es unerwartete Befunde.

Strikt genommen war die Suche nach dem Faktor X eigentlich ein entbehrliches Unterfangen, denn der Schweizer Botaniker Augustin Pyrame de Candolle (1832) erkannte, dass das Öffnen und Schließen der Fiederblätter im Dunkeln eine Periode von 22–23 Stunden hatte, und das ist offensichtlich kürzer als der 24-Stunden-Rhythmus der Erdrumdrehung, an die die periodische Wirkweise des exogenen Faktor X gekoppelt wäre. Damit wäre die Sache eigentlich schon

Tabelle IX.
Bewegung der Blättchen von Mimosa pudica nach Bert.
(L. c., 1870, p. 14 ff.)

	Schliessungszeit am Abend	Oeffnungszeit am Morgen
	Im Tageswechsel:	
2. Juli	7 U. 40′ Nachm.	
3. »	8 U. 40′ »	8 U. 25′ Vorm.
4. »	7 U. 55′ »	7 U. 10′ »
5. »	8 U. »	6 U. 30′ »
6. »		5 U. »
	In continuirlichem Licht:	
7. »	7 U. 45′ Nachm.	6 U. 45′ Vorm.
8. »	9 U. 45′ »	9 U. 30′ »
9. »	9 U. 40′ »	7 U. »
10. »	(8 U. 10′ — 12 U. »)	6 U. 45′ »
11. »	6 U. 45′ »	9 U. 45′ »
12. »		11 U. 45′ »

Abb. 1: Wiedergabe einer Tabelle aus Pfeffer (1875), welche die Schließungs- und Öffnungszeiten der Blätter von *Mimosa* darstellt. Die Interpretation ist, dass beim natürlichen Licht (2. bis 6. Juli) ein 24-Stunden-Rhythmus vorliegt. Bei konstantem Licht (7. bis 11. Juli) sei diese Periode kürzer. Pfeffer schreibt: »Hieraus geht aber, abgesehen davon, dass diese Zeiten selbst nur ungenau ermittelt sind, noch keineswegs hervor, dass die Wendepunkte der Bewegung thatsächlich verlegt wurden«.

dann vom Tisch: Es musste eine den Pflanzen innewohnende Uhr sein, die den Rhythmus erzeugt. Aber z. B. der deutsche Pflanzenphysiologe Wilhelm Pfeffer kritisierte (1875) die Genauigkeit der de Candolle'schen Messung (Candolle war 1841 gestorben). Diese Kritik ist berechtigt, und selbst Candolle schreibt (1832, S. 860–861): *»Lorsque j'ai exposé des sensitives [Mimosa] à une lumière continue, elles ont eu, comme dans l'état ordinaire des choses, des alternatives de sommeil et de réveil; mais chacune des périodes était un peu plue courte qu'à l'ordinaire. L'accélération a été sur divers pieds d'une heure et demie ou de deux heures par jour«*[2]. Also 1,5 bis 2 Stunden kürzer sei der Rhythmus, aber keineswegs 24 Stunden. Wenn man sich eine von Pfeffer (1875) wiedergegebene Tabelle eines Zeitgenossen anschaut (Abbildung 1) sieht man sofort, wie wenige Messungen auch dieses etwa 50 Jahre später ausgeführte Experiment enthält. Und da war noch die Tatsache, dass der Rhythmus des Öffnens und Schließens der Blätter nach ein paar Tagen im Dunkeln (oder im konstanten Licht) nachließ. Pfeffer deutete dies als »Nachwirkungen« und nicht als Manifestation eines angeborenen Rhythmus. Für alle diese Gedanken hatte Charles Darwin in seinem Buch allerdings kein Verständnis. Darwin (1880) schreibt in einer Fußnote (S. 407):

»Pfeffer denies such inheritance; he attributes the periodicity when prolonged for a day or two in darkness, to ›Nachwirkung‹, or the after-effects of light and darkness. But we are unable to follow his train of reasoning.«[3] Die gegenteiligen Ansichten der beiden Gelehrten werden aus dem folgenden Zitat weiter ersichtlich. Pfeffer (1875) scheibt: »Im Dunkeln und bei constanter Beleuchtung wird die tägliche Bewegung in ungefähr gleichem Tempo, jedoch mit nachlassender Amplitude fortgesetzt, um endlich ganz zu erlöschen«. Er fährt fort: »Der tägliche Beleuchtungswechsel ist also nicht Regulator einer erblichen Bewegung, sondern bedingende Ursache der täglichen Bewegung« (S. 171–172).

---

[2] »Wenn ich die Empfindlichen (Mimose) einem fortwährenden Licht aussetzte, hatten sie, wie üblich, ein Abwechseln von Schlaf und Wachsein; aber jede Wiederkehr war ein wenig kürzer als normal. Die Beschleunigung betrug bei einigen Stöcken eineinhalb Stunden oder zwei Stunden pro Tag.«

[3] »Pfeffer lehnt eine derartige Vererbung ab; er glaubt, dass die für ein oder zwei Tage verlängerte Periodizität eine ›Nachwirkung‹, d. h. die Konsequenz des Licht-Dunkel-Wechsels sei. Aber wir sind nicht in der Lage, sein Argument nachzuvollziehen.«

Wir wissen nun, dass Organismen tatsächlich eine innere Uhr haben, die für viele Tage selbstständig läuft und die sie vererben. Die Periode dieser Uhr ist je nach Organismus etwas länger oder kürzer als 24 Stunden. Damit die innere Uhr und der durch die Erdrotation bedingte 24-stündige Hell-Dunkel-Rhythmus nicht auseinanderdriften, synchronisiert (besser ist der englische Fachausdruck »entrained«) der geophysikalisch bedingte Hell-Dunkel-Rhythmus das angeborene Uhrwerk fortlaufend. Somit lag Pfeffer mit seinen Ansichten daneben, seine am Ende des letzten Absatzes zitierte Aussage ist unzutreffend. Das Problem vieler Arbeiten über circadiane Rhythmen aus dem 19. Jahrhundert war der Mangel an Präzision der Messung (Blattstellung zum Beispiel) und die geringe zeitliche Dichte der Beobachtungen. Wenn man 24-Stunden-Rhythmen erforscht, sind zwei Messungen am Tag über ein paar wenige Tage nicht hinreichend. Schlechte Messungen lassen sich dann auch nicht mit guten Ideen übertünchen.

Entfaltung

Trotz der schwelenden Kontroverse »angeboren oder umweltbedingt« gingen die meisten Chronobiologen des späten 19. Jahrhunderts und der ersten 60 Jahre des 20. Jahrhunderts ihrem Tagesgeschäft nach. Insbesondere jene, die sich für 24-Stunden-Rhythmen interessierten, also Regelmäßigkeiten, die De Mairan als erster wissenschaftlich beschrieben hat. Die 24-Stunden-Rhythmen bezeichnet man als *circadiane* Rhythmik. Der Begriff »circadian« bedeutet »ungefähr ein Tag«. Während der ersten Hälfte des 20. Jahrhunderts suchte und entdeckte man circadiane Rhythmen bei vielen Organismen, wie z. B. bei Blaualgen, Schimmelpilzen, Insekten und anderen Wirbellosen, Goldhamstern, Mäusen und Menschen. Bei den meisten dieser Organismen mussten zuerst geeignete Messapparaturen entwickelt werden, um Rhythmen zu quantifizieren. Bei Insekten und Säugetieren wurde oft die Bewegungsrhythmik gemessen. Fruchtfliegen (*Drosophila*), ein beliebtes, genetisch zugängliches Insekt, wurden in Röhrchen gesteckt, die mit einer Photozelle ausgerüstet waren. Immer wenn das Insekt die Zelle passierte, wurde ein Signal an eine geeignete Elektronik geschickt und dort aufgezeichnet. Bei Nagetieren gab es das bereits erwähnte Laufrad. Bei Menschen wurde beispielsweise Schlaf oder Körpertemperatur gemessen oder man nahm fortlaufende Blutproben, um die Konzentration von Hormonen und Metaboliten zu bestimmen. Man fand bei Kortisol und Melatonin gegenläufige Konzentrationsprofile. Ersteres erreichte jeweils eine maximale Konzentration bei Tagesanbruch, während Melatonin am Abend anstieg. Bei den winzigen Blaualgen bestimmte man die circadiane Rhythmik der Aktivität des Enzymes Nitrogenase, das für die Stickstofffixierung gebraucht wird. Bei all diesen Messungen wurde peinlich darauf geachtet, dass sich die Versuchsobjekte bei konstanten Bedingungen (Licht, Temperatur, Ernährung) befanden.

Die weite Verbreitung der circadianen Rhythmik unterstützt Darwins Hypothese, dass dies den Organismen einen Vorteil im Überlebenskampf gibt. Dieser Vorteil bedingt allerdings, dass die dahinterstehende Uhr vererbt wird. Was für eine angeborene Uhr spricht, ist die relativ breite Spanne der circadianen Rhythmik. Bei Pflanzen liegt die Periode – gemessen unter konstanten Bedingungen – je nach Art bei 22 bis 28 Stunden. Bei Tieren ist die Periode bei 23 bis 26 Stunden, also etwas begrenzter. Wäre die circadiane Rhythmik von einem an die Erdrotation gebundenen Faktor bestimmt, sollte es diese Diversität und die Abweichungen von 24 Stunden nicht geben. Das Nachschwingen, mit dem Pfeffer noch argumentiert hatte, ist mit den technisch ausgeklügelten Messapparaturen auch unter den Tisch gefallen. Es ist jenseits allen Zweifels bewiesen, dass sich Rhythmen bei konstanten Bedingungen über Wochen und Monate nicht ändern.

Welchen Vorteil bietet eine circadiane Uhr? Sie befähigt einen Organismus zur Vorausplanung. Der Körper antizipiert, unbewusst, die zwar noch nicht eingetroffenen, aber bald stattfindenden Veränderungen in der Umwelt. Damit kann sich ein Organismus voreinstellen. Menschen können mit Hilfe ihrer circadianen Uhr 5 bis 15 Minuten vor dem Klingeln des Weckers aufwachen. Ihre Physiologie antizipiert ein baldiges Erwachen und Aufstehen und aktiviert daher die im Wachzustand benötigten Prozesse 5 bis 15 Minuten vor dem Wecksignal. Pflanzen öffnen morgens ihre Blüten in Erwartung des bevorstehenden Insektenbesuchs.

Eine zweite sehr nützliche Facette der circadianen Uhr ist ihre Fähigkeit, die physiologischen Vorgänge zeitlich zu strukturieren. Wie oben im Zusammenhang mit Bluthormonen erwähnt, sind

Konzentrationsprofile von Kortisol und Melatonin im Blut konträr. Das macht Sinn, weil die beiden Hormone gegensätzliche Wirkung haben, Aktivität bei Kortison und Schlaf im Falle von Melatonin. Die Uhr sorgt zuverlässig dafür, ohne dass man darüber nachdenken muss, dass die beiden Substanzen nicht gleichzeitig vom Körper hergestellt werden. Abbildung 2 zeigt die tageszeitliche Verteilung einer Reihe physiologisch wichtiger Vorgänge beim Menschen. Für diese Verteilung zeichnet die circadiane Uhr verantwortlich. Zwar findet sich in fast allen Zellen des Körpers eine circadiane Uhr (siehe unten), aber diese Uhren sind hierarchisch geordnet mit einem Schrittmacher ganz oben.

Wo sind diese Schrittmacher in den Organismen verortet? Man kann diese Frage nicht generell beantworten, weil die Anatomie der mit einer circadianen Uhr ausgestatteten Lebewesen enorm divers ist. Erste, historisch wichtige Experimente bezüglich der Verortung des Schrittmachers waren Läsionen und Transplantationen bei Nagetieren. Es wurde dabei entdeckt, dass die Zerstörung eines kleinen Bereiches des Hypothalamus, bekannt unter dem Namen »suprachiasmatischer Nukleus« (SCN), die Laufradrhythmik lahmlegt.

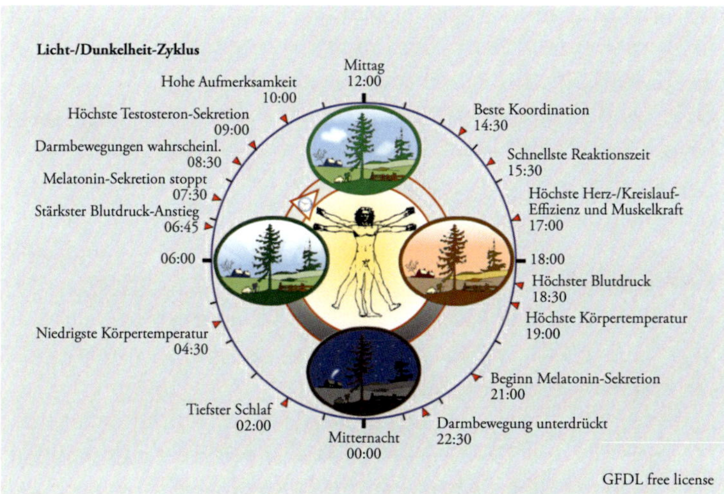

Abb. 2: Maximale (Zenit) und/oder minimale Stärke (Nadir) einiger von der circadianen Uhr kontrollierter Prozesse beim Menschen.

Wenn man aber einen intakten SCN in das Tier mit dem zerstörten SCN transplantierte, wurde die Laufradrhythmik wieder restauriert. Der SCN funktioniert als Schrittmacher, ist aber gleichzeitig mit mehreren Kernen des Hypothalamus vernetzt. Bei der Fruchtfliege *Drosophila melanogaster* fand man eine kleine Anzahl spezifischer Nervenzellen im Fliegengehirn, die vernetzt sind und den Schrittmacher des Insekts darstellen.

Es scheint, dass das angeborene Uhrwerk all das Sagen hat. Die von der Erdrotation bedingte Hell-Dunkel-Rhythmik scheint sekundär. Dem ist natürlich nicht so. Zwar reguliert die innere Uhr den Tagesablauf im Detail (Abbildung 2), aber dieser Ablauf muss auf jeden Fall mit dem geophysikalisch verursachten Hell-Dunkel-Rhythmus abgestimmt werden. Bei Menschen ist die Periode der inneren Uhr zwischen 23,5 und 24,6 Stunden. Demnach würden Menschen schon nach einer Woche 3 bis 4 Stunden asynchron mit der geophysikalischen Zeit sein. Daher ist es notwendig, dass unsere SCN-Uhr fortlaufend justiert wird. Das machen die »Zeitgeber«. Sie sind äußere Einflüsse bzw. Signale, die auf die innere Uhr wirken, damit diese mit der Umwelt synchron tickt.

Der wichtigste Zeitgeber ist das Licht, gefolgt von Temperatur, regelmäßigen Einnahmen von Mahlzeiten und wiederkehrenden sozialen Ereignissen (Schulbeginn etc.). Eine extreme Form der Angleichung der inneren Uhr mittels des Zeitgebers Licht verlangt die Überwindung des Jetlags. Der entsteht, wenn man mit hoher Geschwindigkeit entlang eines Breitengrads reist. Am Zielort angelangt ist der Hell-Dunkel-Wechsel um Stunden anders als am Ausgangsort. Der verschobene Hell-Dunkel-Wechsel wirkt als Zeitgeber, der die innere Uhr zwingt, sich der neuen geophysikalischen Zeit anzupassen. Mit anderen Worten, alle die in Abbildung 2 angezeigten Ereignisse müssen um Stunden vor- oder nachjustiert werden, eine wahrlich mühsame Angelegenheit. Das erstreckt sich über einige Tage und die Zeitspanne der Anpassung wird als unangenehm empfunden – eben als Jetlag.

Fassen wir zusammen: Der großartigen Leistungen der Chronobiologen – bis ca. 1970 – gab es viele. Da war die Entdeckung und präzise Vermessung der circadianen Rhythmen. Genaue Daten ermöglichen das Verwerfen von vielen Hypothesen und Ansichten und bereinigen so das Feld. Sie sind auch Grundlage für den weiteren

Fortschritt. Bei fast allen Lebewesen wurden circadiane Rhythmen gefunden. Diese Forschung zeigte auch, dass gar viele physiologische und verhaltensbiologische Vorgänge von der inneren Uhr reguliert werden. Es wurde auch klar, dass die Ausstattung mit einer inneren Uhr Lebewesen ermöglicht, bevorstehende tageszeitliche Veränderung zu antizipieren und ihren Körper rechtzeitig darauf einzustellen. Das wäre dann nicht ein bewusstes, sondern ein programmiertes Einstellen. Die innere Uhr hat, bei konstanten Bedingungen, eine Periode, die oft markant vom 24-Stunden-Tag-Nacht-Rhythmus abweicht. Daher muss sie sich kontinuierlich vom 24-Stunden-Zeitgeber relativ zur Umwelt synchronisieren lassen. In einigen Fällen konnte die innere Uhr im Gehirn verortet werden, und zwar mittels Läsionen und Transplantation. Beim Menschen hat der suprachiasmatische Nukleus des Hypothalamus die Aufgabe eines Schrittmachers.

Genetik: Bahnbrechende Experimente

Trotz beachtlicher Fortschritte war die chronobiologische Forschung anfangs der 1970er Jahre an eine Grenze gelangt. In vielen Gebieten der biologischen Grundlagenforschung gab es phänomenale Durchbrüche, meist getrieben von der Molekularbiologie, Biophysik und Zellbiologie. Viele Chronobiologen vermuteten, dass circadiane Uhren auf komplexen neuronalen Netzwerken beruhen, die zumindest damals als kaum erforschbar galten. Dass die circadianen Schrittmacher sowohl bei Insekten als auch bei Säugetieren im Zentralnervensystem verortet waren, gab dieser Idee Nahrung und schreckte gerade junge Forscher ab. Es sollte aber gerade ein junger Doktorand sein, der eine Zeitenwende in der Chronobiologie einläutete (Konopka und Benzer, 1971). Sein Name war Ronald J. Konopka und der Titel der Doktorarbeit war schlicht und simpel *Circadian Mutants of Drosophila melanogaster*.[4] Die Dissertation wurde am *California Institute of Technology* eingereicht und zwar am 29. Februar 1972. Lassen wir Konopka selbst erzählen. Er schreibt in der Zusammenfassung seiner Dissertation unter anderem Folgendes: »Drei Mutanten von *Droso-*

---

[4] Circadiane Mutanten bei *Drosophila melanogaster.*

phila melanogaster wurden isoliert, die eine abnormale Periode sowohl bei der Rhythmik des Schlüpfens (diese Tierchen schlüpfen immer am Morgen) als auch bei der Bewegung (Röhrchen-Experiment, siehe oben) aufweisen. Eine Mutante ist arrhythmisch, eine andere zeigt eine kürzere Periode von 19 Stunden und die dritte eine längere Periode von 28 Stunden … Alle drei Mutanten kartieren an die Spitze des X-Chromosoms«. Welche Experimente und Techniken hinter diesen Schlussfolgerungen stehen, kann man im Detail nachlesen (Kapitel 2 in Eichele und Oster, 2020).

Um circadiane Mutanten zu erzeugen, behandelte Konopka Männchen vor der Paarung mit Ethylmethansulfonat. Dabei entstehen Punktmutationen in der Spermien-DNA der Fliege. Bei einem typischen Mutagenese-Experiment fallen viele Fliegen an, aber nur wenige haben den gesuchten circadianen Defekt. Daher musste Konopka die Fliegen durchmustern. Er wusste, dass von *Drosophila*-Weibchen gelegte Eier sich innerhalb von sechs Tagen über Larvenstadien zu Puppen entwickeln, aus denen dann nach etwa vier Tagen die erwachsene Fliege schlüpft. Colin Pittendrigh von der *Stanford University* hatte die »bang box« entwickelt, um frisch geschlüpfte Fliegen einzusammeln. Die besteht aus einem oben geschlossenen Trichter (box), die Fliegenpuppen sind mit Kleister an die Trichterwand angeklebt. Sobald die Fliege schlüpft, bewegt sich diese frei, und ein stündlich verabreichter kräftiger Schlag (bang) auf den Trichter befördert die Fliegen durch die Trichteröffnung direkt in ein darunter stehendes Auffanggefäß. Wenn man vor jedem Schlag ein frisches Gefäß unter die Trichteröffnung stellt, kann man die pro Stunde geschlüpften Individuen zählen. Das war also Konopkas Ansatz zum Heraussortieren von Fliegen mit defekten circadianen Rhythmen. Konopka brauchte für seine Forschung also bloß Bang-Boxen, viele Glasröhrchen zum Züchten von Fliegen und Fliegenfutter. Er brachte die Puppen in die Bang-Boxen. Über einen Zeitraum von gut drei Tagen verpasste Konopka den Bang-Boxen, sie befanden sich im Dunkeln, stündlich einen Schlag und zeichnete die jeweils eingesammelte Menge an Fliegen in einem Diagramm ein. Und so fand er dann die oben gelisteten drei Periodenmutanten. Als nächstes musste er die Mutanten kartieren.

Drosophila melanogaster hat zwei Geschlechtschromosomen (X und Y) und die Chromosomen 2, 3 und 4. Aufgrund der Art und

Weise, mit der Konopka die drei Mutanten auskreuzte, wusste er, dass diese auf dem X-Chromosom liegen. Anfangs der Siebzigerjahre waren auf dem X-Chromosom etwa hundert Gene bereits charakterisiert. In einer Abfolge von Kreuzungsexperimenten zeigte Konopka, dass alle drei seiner circadianen Mutationen sehr nahe beieinander auf dem X-Chromosom liegen (Abbildung 3). Er kreuzte arrhythmische Männchen mit Weibchen, die genetische Defekte aufwiesen, die das Aussehen der Fliege markant verändern. Weibchen mit einer Mutation im *yellow-Gen*[5] sind gelb und nicht wie üblich braun. Die *white*-Weibchen haben weiße Augen anstatt der normalen rötlichen Augen. *Singed*-Individuen haben Borsten, die wie versengt aussehen. Die Nachkommen aus einer Kreuzung arrhythmischer Männchen und *yellow*-, *singed*- oder *white*-Weibchen wurden sowohl auf die circadiane Rhythmik als auch auf die Markierung hin untersucht. Je näher das gesuchte Gen bei einem der Marker liegt, desto weniger Nachkommen findet man, die sowohl eine defekte Uhr wie auch den anatomischen Defekt zeigen. Als Konopka arrhythmische Männchen mit *yellow*-Weibchen kreuzte, gab es ziemlich viele Nachkommen, die eine gelbliche Körperfarbe hatten und gleichzeitig arrhythmisch waren. Hingegen fand er wenige Nachkommen, die sowohl arrhythmisch als auch weißäugig waren. Daraus schloss er, dass das Arrhythmie-Gen nahe beim *white*-Gen liegt. Er fand auch, dass nicht nur die arrhythmische Mutante, sondern auch jene mit der kurzen und der langen Periodenlänge nahe beim *white*-Gen kartieren. Alle drei liegen also vermutlich in einem einzigen Gen, welches Konopka *period* taufte.

Konopkas Ergebnisse zeigen, dass ein einziges Gen – *period* – sowohl den Zeitpunkt des Schlüpfens der Fliegen als auch den Bewegungsrhythmus (hier nicht weiter besprochen) steuert. Das heißt, beide rhythmischen Prozesse werden von einer gemeinsamen, übergeordneten Uhr geregelt und in dieser Regelung spielt das *period*-Gen eine zentrale Rolle. Die Strategie der chemisch induzierten Mutagenese bei *Drosophila* führte zur Entdeckung des ersten Uhren-Gens. Aber weitere folgten bis zu etwa einem Dutzend. Die konsequente Anwendung der von Konopka etablierten Strategie wurde zur

[5] Gen-Namen werden kursiv geschrieben, das zugehörige Protein jedoch in normaler Schrift.

Grundlage der modernen Chronobiologie. Es gab nebst *Drosophila* auch die Bestrebungen, das genetische *silver bullet* bei der Erforschung der circadianen Uhr bei Schimmelpilzen, Blaualgen und der Maus einzusetzen. Das gelang dann auch, aber erst viele Jahre später. Z. B. King et al. (1997) entdeckten auf diese Weise das *clock*-Uhren-Gen. So steht die Forschung von Konopka als Leuchtturm im Feld, der alle anderen Arbeiten in der Chronobiologie überragt.

Ron Konopka war recht jung, als er seine Doktorarbeit im Alter von 25 Jahren abschloss. Akademisch war Konopka nicht sonderlich erfolgreich. So kehrte er 1990 zurück in sein Haus in Pasadena und wirkte als Tutor für Gymnasiasten in Mathematik und Naturwissenschaften. Konopka wird als Perfektionist beschrieben. Seine Arbeit schien ihm zum Publizieren nie vollendet genug und das hat seine Universitätskarriere stark behindert. Konopka ist 2015 gestorben, also zwei Jahre bevor der Nobelpreis für Medizin oder Physiologie gemeinsam an Jeffrey C. Hall, Michael Rosbash und Michael W. Young ging, und zwar für die Entdeckung der molekularen Mechanismen der Regulierung der circadianen Rhythmen.

Die molekulare Uhr

Die der Genkartierung folgende nächste Stufe ist die Sequenzierung des *period*-Gens. Gene sind ja materiell definiert als eine Folge von

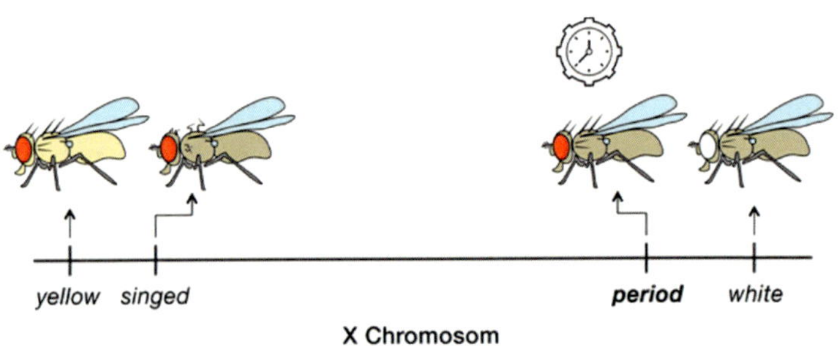

Abb. 3: Gen-Karte des X-Chromosoms im Bereich zwischen den Genen *yellow* und *white*. In diesem Bereich vermutete Mutationen werden mittels Kreuzung kartiert. Solche Kreuzungen lokalisierten das *period*-Gen (Uhr) relativ nahe am *white*-Gen.

Nukleotiden auf einem Strang der DNA-Doppelhelix, die sich in jedem Kern einer Zelle eines Lebewesens befindet. Diese Sequenz wird dann von einer aus vielen Komponenten bestehenden Maschinerie in das aus Aminosäuren bestehende Period-Protein übersetzt. Und es ist dann eben dieses Protein, das ein Teil des circadianen Uhrwerks ist. Ohne die chemische Zusammensetzung (Sequenz) des Period-Proteins zu kennen, weiß man eigentlich nichts – außer dass dieses Protein unentbehrlich für die Funktion der Uhr ist.

Die neu erfundenen genetischen Technologien erlaubten es dann Mitte der 80er Jahre den Teams von Michael Rosbash und Jeff Hall (*Brandeis University*) und Michael Young (*Rockefeller University*), das *period*-Gen zu isolieren und zu sequenzieren. Die Forscher mussten ein Stück DNA aus jener Region, in der Konopka das *period*-Gen lokalisiert hatte, isolieren und danach in eine arrhythmische *period*-Mutanten-Fliege einsetzen. Wenn man das richtige Stückchen DNA erwischt hatte, wurde die arrhythmische Fliege wieder normal. Das tönt einfach, war aber zumindest in den 1980er Jahren eine Herausforderung. Wie dem auch sei, ein die Arrhythmie reparierendes Stück DNA wurde von beiden Teams gleichzeitig gefunden und sequenziert. Das so sequenzierte Period-Protein war ca. 1.200 Aminosäuren lang. Period war ein Pionierprotein, d. h. es gab keinen Bereich in der Period-Sequenz, der einem bereits studierten Protein ähnelte. Das wäre nützlich gewesen, weil das einen Fingerzeig auf die Period-Proteinfunktion gegeben hätte. Erst Jahre später sollte sich herausstellen, dass sich am einen Ende des Period-Proteins ein PAS-Motiv [6] befindet. Dieses Motiv kann zwei Proteine zusammenschweißen und wird bei vielen regulatorischen Proteinen gefunden.

Period enthält scheinbar ein Motiv, das für die Uhrenfunktion wichtig ist. Wenn man diesen Gedanken weiterentwickelt, öffnen sich Welten. Man kann das Erbgut anderer Organismen nach PAS-Motiven durchsuchen und dabei z. B. Period bei Wirbeltieren inklusive des Menschen entdecken (z. B. Sun et al., 1997). Weil PAS-Motive zwei Proteine zusammenschweißen, wäre es auch sinnvoll, nach solchen PAS-Proteinen zu suchen, die sich an das PAS-Motiv des Clock-Proteins anheften (Gekakis et al., 1998). Mit großer Wahr-

[6] PAS ist die Abkürzung für Per-Arnt-Sim, wobei diese drei Bestandteile selbst wieder Abkürzungen für Proteine sind (inbes. «Per« für Period) [Anm. d. Hrsg.].

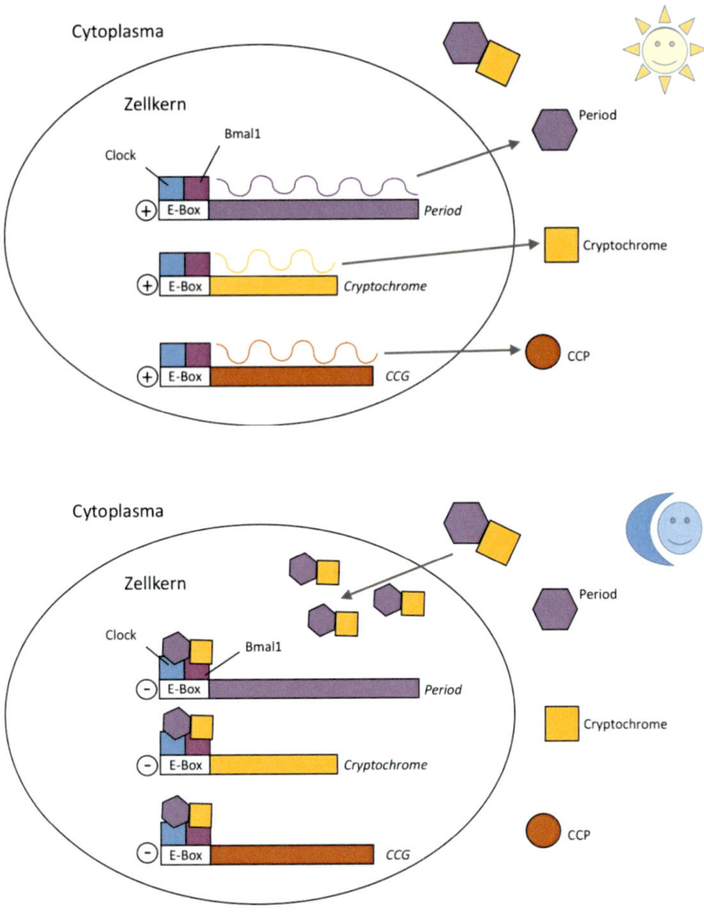

Abb. 4: Der circadiane Schrittmacher ist ein verwobenes Netzwerk von sich selbst regulierenden Genen und Proteinen. Oben – Tag: Zu Beginn des Tages binden Clock- und Bmal1-Proteine an die E-Boxen der *Cryptochrome-* (gelb) und *Period*-Gene (violett) und drehen diese an (Pluszeichen). Die *Cryptochrome-* und *Period*-Boten-RNAs (Wellenlinien) werden im Zytoplasma in Cryptochrome- und Period-Proteine übersetzt und am Abend als Komplex in den Zellkern importiert. Unten – Nacht: Im Zellkern binden Cryptochrome und Period an Clock-Bmal1-Komplexe, hemmen diese (Minuszeichen), und verunmöglichen das Ablesen der *Cryptochrome-* und *Period*-Gene. Uhren-kontrollierte Gene (*CCGs,* braun) werden nach dem gleichen Prinzip reguliert.

scheinlichkeit wären das vielversprechende Kandidaten für neue Uhren-Proteine. All diese Gedankenexperimente wurden experimentell umgesetzt und zwar mit durchschlagendem Erfolg. Wichtige Hilfe kam da auch von der Seite der systematischen Gensequenzierung und der bioinformatischen Analysen im Rahmen des Humangenomprojekts. In der Summe resultierten aus diesen Ansätzen 20 bis 30 Uhren-Proteine. Noch wichtiger als dieser Katalog von Faktoren war es herauszufinden, wie die vielen Proteine ineinandergreifen. Legt man die Komponenten einer Armbanduhr in ein Schächtelchen, hat man noch keine Uhr. Die Teile müssen richtig zusammengesetzt werden. Am Ende will man ja verstehen, wie Uhren-Proteine Verhalten und Physiologie circadian steuern.

La Grande Complication

Eine *Grand Complication* ist eine Armbanduhr, die nebst genauer Zeit ein breites Spektrum anderer, periodisch wiederkehrender Ereignisse anzeigen kann, also ähnlich dem in Abbildung 2 gezeichneten circadianen Uhrwerk. Abbildung 4 zeigt die (stark vereinfachte) Mechanik der circadianen Uhr des Menschen. Im oberen Schema ist der Mensch gerade aufgestanden und der Tag beginnt. Gezeigt ist eine Zelle im Schrittmacher des suprachiasmatischen Nukleus des Hypothalamus. Im Zellkern sind drei Gene dargestellt: *period*, *cryptochrome* und *CCG*. Am Kopfende jedes dieser Gene befindet sich eine E-Box, ein kurzes Stück DNA-Doppelhelix, an das das Clock- (blau) und das Bmal1-Protein (rosa) bindet. Die beiden sind eng aneinandergefügt, weil sie beide ein PAS-Motiv haben. Die Anhaftung der beiden an die E-Box bewirkt das Ablesen sowohl von *period* als auch von *cryptochrome* (lange Rechtecke). Ablesen bedeutet, dass jeweils viele sog. Boten-RNAs (mRNA) von jedem Gen hergestellt werden. Diese Boten-RNAs verlassen den Zellkern und werden im Zytoplasma mittels der Ribosomen in Period- bzw. Cryptochrome-Proteine übersetzt. Die Pluszeichen bei der E-Box zeigen an, dass der dargestellte Prozess eine Genaktivierung darstellt. Demnach sind Clock und Bmal1 Aktivatoren. Am Abend – unteres Schema – dringen nun Komplexe bestehend aus Period-Cryptochrome-Protein in den Zellkern ein und binden an die Aktivatoren Clock und Bmal1.

Das hemmt dann die beiden und die Herstellung der Boten-RNAs findet nicht mehr statt. Daher bezeichnet man Period und Cryptochrome auch als Inhibitoren, und das Minuszeichen neben den E-Boxen symbolisiert genau das. So ist es denn dieses Wechselspiel zwischen Aktivatoren und Inhibitoren, die sich gegenseitig beeinflussen, genauso wie beim Pendel, das ausschlägt aufgrund der kinetischen Energie und zurückfällt wegen der Schwerkraft.

Was jetzt noch zu erklären bleibt, ist das braune Gen bzw. Protein. *CCG* steht für *»clock controlled gene«*, auf Deutsch: von der Uhr reguliertes Gen. Clock, Bmal1, Period und Cryptochrome sind Teile des Schrittmachers, aber die *Grande Complication* muss mehr können. Sie muss zahlreiche physiologische Prozesse circadian steuern. Dies geschieht, indem die *CCGs* ebenfalls mit einer E-Box ausgestattet sind, und damit können die Schrittmacherproteine auch das Ablesen der von der Uhr regulierten Gene bewerkstelligen. Genial und einfach! Nun, das gezeigte Schema ist stark vereinfacht. Es gibt eine weitere positive und negative Rückkoppelung, die noch weitere Uhren-Proteine benötigt. Es gibt auch Proteine, welche die in der Abbildung 4 gezeigten Proteine modifizieren. Wichtig ist auch der Befund, dass die Uhren-Proteine nicht langlebig sind. Z. B. werden Clock und Bmal1 in der Nacht abgebaut. Es ist nun beileibe nicht so, dass es die beschriebene Uhr nur im suprachiasmatischen Nukleus gibt. Vielmehr haben beinahe alle Zellen in unserem Körper eine circadiane Uhr. Ein aktuelles Forschungsgebiet befasst sich mit der Koordination dieser Uhren und der Diversität der Uhren-kontrollierten Proteine (braun in Abbildung 4), die sehr oft Zelltyp-spezifisch sind. Die circadianen Uhren aller Wirbeltiere und Insekten funktionieren nach dem in Abbildung 4 gezeigten Mechanismus. Aber wenn man durch das Buch der Evolution durchblättert, findet man sehr wohl andere Typen von Uhrwerken. Sie beruhen alle auf dem Prinzip der Aktivierung und der negativen Rückkoppelung. Jedoch sind die Proteinkomponenten andere bei Blaualgen oder dem Schimmelpilz. Die circadiane Uhr ist derart wichtig für Lebewesen, dass im Laufe der letzten zwei Milliarden Jahre gleich mehrmals und unabhängig voneinander eine solche Uhr entstanden ist.

Literatur

De Candolle, M. A.: *Physiologie Végétale,* Vol. 2, Bechet Jeune, Paris 1832.

De Mairan, M.: Observation botanique. In: *Histoire de l'Académie Royale des Sciences,* Paris 1729, S. 35–36.

Darwin, C. R.: *The Power of Movement in Plants,* John Murray, London 1880.

Eichele, G. und Oster, H.: *Auf der Suche nach der biologischen Zeit,* Springer Nature, Berlin 2020.

Gekakis, N., Staknis, D., Nguyen. H. B., Davis, F. C., Wilsbacher, L. D., King, D. P., Takahashi, J. S. und Weitz, C. J.: Role of the CLOCK protein in the mammalian circadian mechanism. In: *Science* 280, 1998, S. 1564–1569.

Hamner, K., Finn, J. Jr., Sirohi, G., Hoshizaki, T. und Carpenter, B.: The biological clock at the South Pole. In: *Nature* 195, 1962, S. 476–480.

King, D. P., Zhao, Y., Sangoram, A.M., Wilsbacher, L. D., Tanaka, M., Antoch, M. P., Steeves, T. D., Vitaterna, M. H., Kornhauser, J. M., Lowrey, P. L., Turek, F. W. und Takahashi, J.S.: Positional cloning of the mouse circadian clock gene. In: *Cell* 89, 1997, S. 641–653.

Konopka, R. J. und Benzer, S.: Clock mutants of Drosophila melanogaster. In: *Proceedings of the National Academy of Sciences of the U.S.A.* 68, 1971, S. 2112–2116.

Pfeffer, W.: *Die Periodischen Bewegungen der Blattorgane,* Wilhelm Engelmann, Leipzig 1875.

Sulzman, F. M., Ellman, D., Fuller, C. A., Moore-Ede, M. C. und Wassmer, G.: Neurospora circadian rhythms in space: A reexamination of the endogenous-exogenous question. In: *Science* 225, 1984, S. 232–234.

Sun, Z. S., Albrecht, U., Zhuchenko, O., Bailey, J., Eichele, G. und Lee, C. C.: RIGUI, a putative mammalian ortholog of the Drosophila period gene. In: *Cell* 90, 1997, S. 1003–1011.

Barbara Schmid

Der elektrische Blick ins Gehirn

Über Taktgeber, Relaisstationen und Geschwindigkeiten im Nervensystem

Klinische Neurophysiologie im Kontext von Theorie und Praxis

1929 wies Hans Berger in Jena erstmals hirneigene elektrische Aktivität nach, heute können wir das Gamma-Band des Elektroenzephalogramms (EEG) bei der sogenannten Top-Down-Regulierung und der Synchronisation von verschiedenen Hirnarealen zur Integration verschiedener Qualitäten eines Stimulus identifizieren. Nach dem ersten »elektrischen« Blick ins Gehirn wurde die Methode stets weiterentwickelt über computergestützte Ableitesysteme, Brainmapping und MRT-gestützte Detektion von epileptischen Potentialen (Manetenzephalogramm). Grundlage für klinische, d. h. angewandte Neurophysiologie ist das Wissen über Taktgeber, Relaisstationen, Fasertypen und Nervenleitgeschwindigkeiten im zentralen und peripheren Nervensystem. So können wir mit Hilfe der EEG-Aktivität assoziierter Kortexareale auch Aussagen über die Sehbahn, die Hörbahn, das sensible und motorische System (sog. evozierte Potentiale) treffen.

Grundlage für das Verständnis neurophysiologischer Diagnostik ist die Funktionsweise des zentralen und peripheren Nervensystems. Dessen Grundstruktur ist die Nervenzelle, auch *Neuron* genannt, eine auf Erregungsleitung und Erregungsübertragung spezialisierte Zelle. Die Gesamtheit aller Nervenzellen und der Stützzellen (Gliazellen) bezeichnet man als Nervensystem. Die Nervenzelle ist die strukturelle und funktionelle Grundeinheit des Nervensystems. Ihre Bezeichnung als Neuron geht auf Heinrich Wilhelm Waldeyer (1881) zurück.

Eine typische Nervenzelle hat einen Zellkörper und Zellfortsätze zweierlei Art: die Dendriten und den Neuriten bzw. das Axon. Die verästelten Dendriten nehmen vornehmlich Erregung von anderen

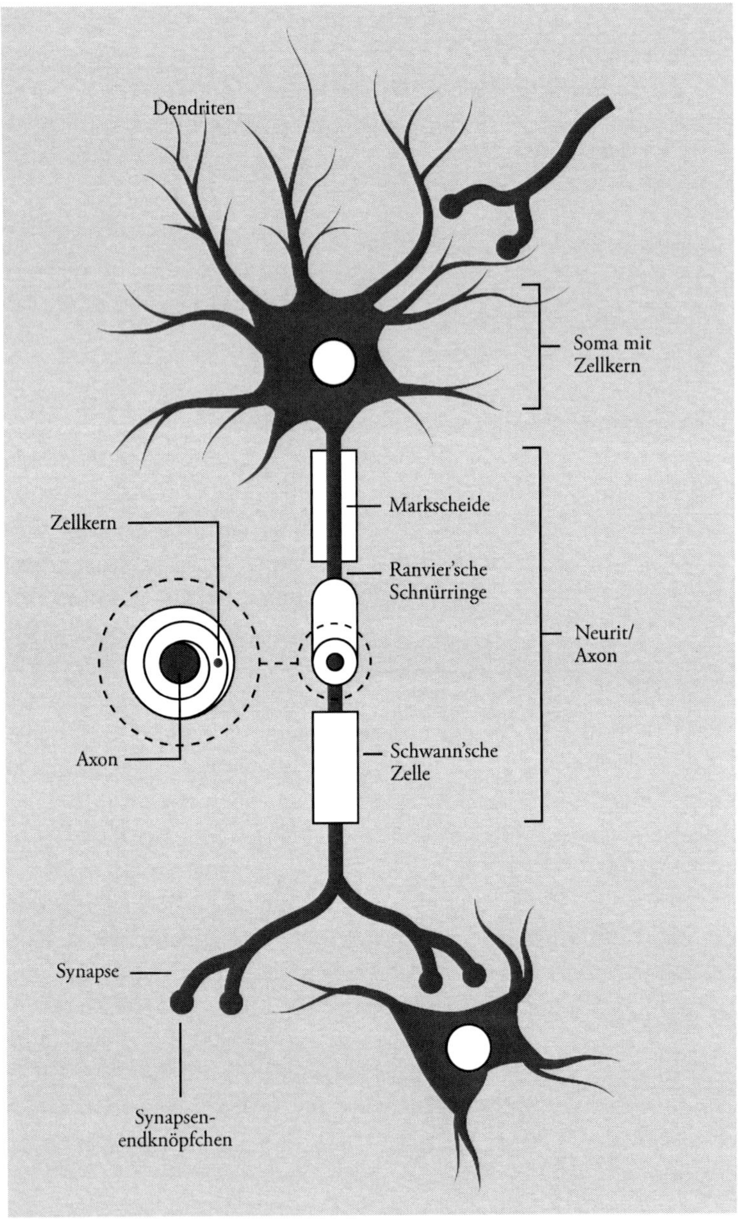

Abb. 1: Nervenzelle

Zellen auf. Der von Gliazellen umhüllte Neurit eines Neurons kann über einen Meter lang sein und dient zunächst der Fortleitung einer Erregung dieser Zelle in die Nähe anderer Zellen. Dabei wird eine Spannungsänderung über den Fortsatz weitergeleitet, indem kurzzeitige Ionenströme durch besondere Kanäle in der Zellmembran ermöglicht werden. Die Axonenden stehen über Synapsen in Kontakt zu anderen Nervenzellen oder zu Muskelzellen.

Eine wichtige Rolle spielt auch die sogenannte *Myelinscheide* mancher Nerven, die den Nerv schützt und über die Ranvierschen Schnürringe zu einer schnelleren Nervenleitung beiträgt. Wir unterscheiden demnach sogenannte demyeliniserende Erkrankungen des Nervensystemes von axonalen Erkrankungen.

Im Bereich der klinischen Neurophysiologie kann man sich in mehreren Untersuchungsmethoden der Funktionsweise bzw. der Funk-

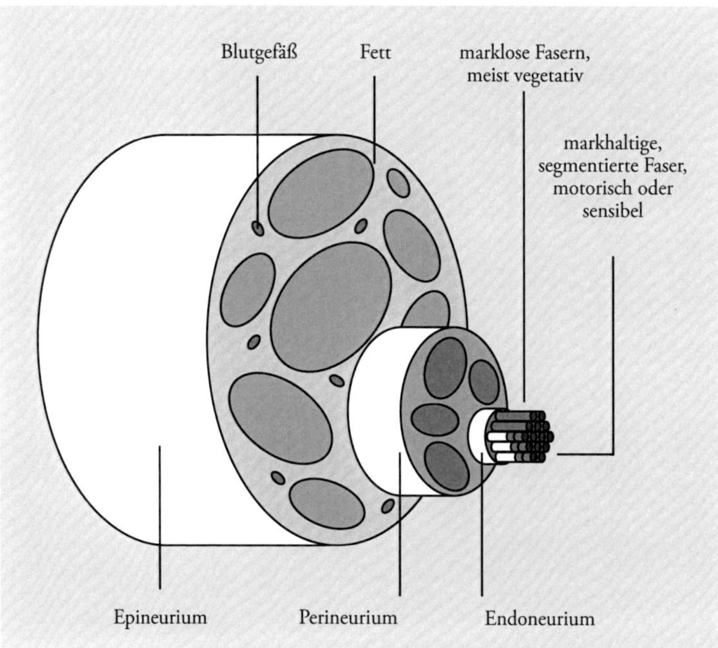

Abb. 2: Querschnitt eines gemischten peripheren Nervs (nach Duus). Enthält motorische, sensible und vegetative Fasern.

tionalität des Neurons bzw. des gesamten Nervensystems und der Übertragung des Nervenimpulses auf den Muskel (neuromuskuläre Übertragung) nähern. Diese sind im einzelnen folgende Untersuchungen:

- Neurographie (Nervenleitgeschwindigkeit, NLG)
- Elektromyographie (EMG)
- Elektroenzephalographie (EEG)
- Evozierte Potentiale für verschiedene Qualitäten (EP)
  - Visuell evoziert (VEP)
  - Sensibel evoziert zu Arm und Bein (Medianus- und Tibialis-SEP)
  - Motorisch evoziert zu Arm und Bein (MEP).

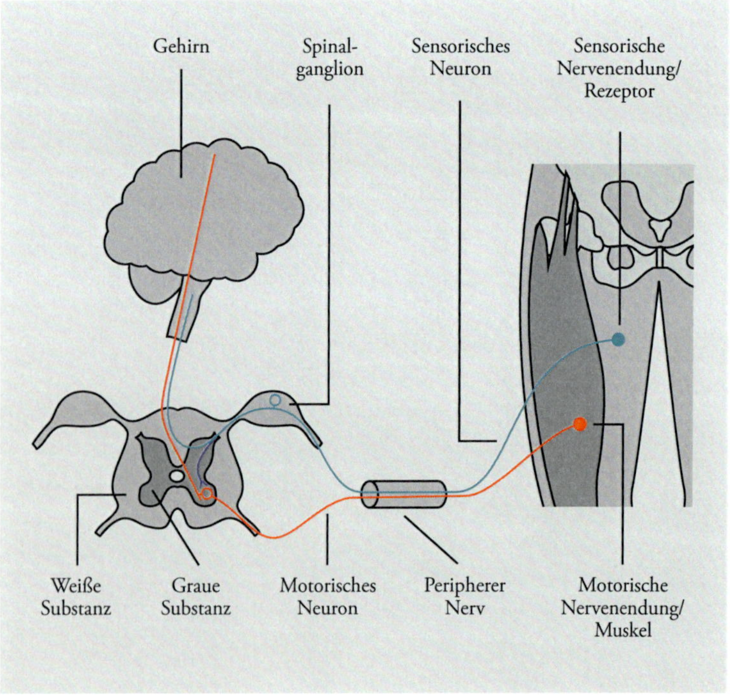

Abb. 3: Darstellung relevanter anatomischer Strukturen von sensiblen und motorischen Nervenfasern und deren Umschaltung im zentralen und peripheren Nervensystem.

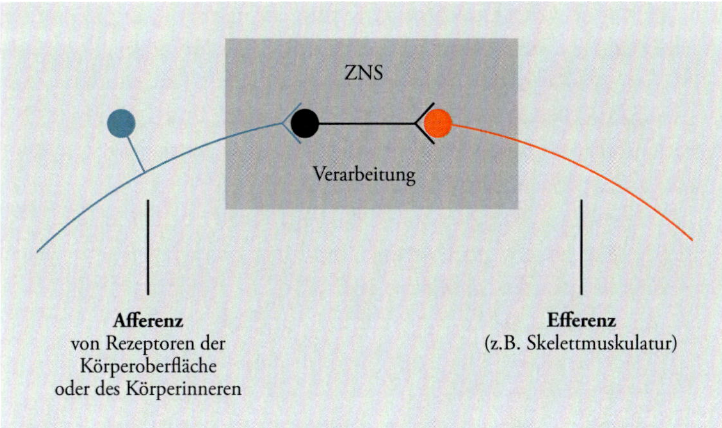

Abb. 4: Verschaltung von Afferenzen und Efferenzen mit dem zentralen Nervensystem.

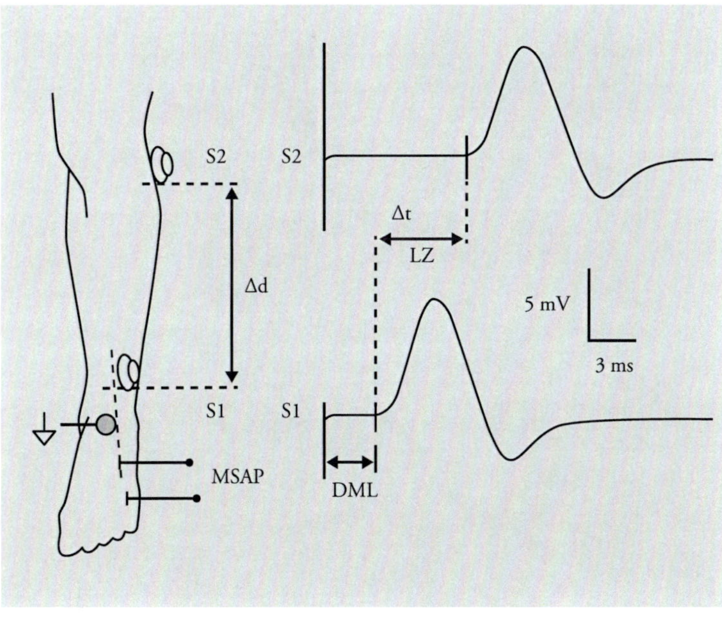

Abb. 5: Untersuchungsanordnung Neurographie Bein.

Wichtig für die Durchführung und die Wertung der genannten Methoden sind genaue anatomische und physiologische Kenntnisse des zentralen und peripheren Nervensystems, insbesondere deren Verschaltung (siehe Abbildung 3). Das *zentrale Nervensystem* (ZNS) verarbeitet ankommende, d. h. afferente Reize und sorgt für deren Umsetzung z. B. in motorische Impulse.

Das *periphere Nervensystem* (PNS) empfängt verschiedenste Reize von der Außenwelt; nach Verarbeitung im zentralen Nervensystem werden die Reize dann wieder vom PNS in z. B. motorische Reize umgesetzt (siehe Abbildung 4). Eine Sonderrolle spielen Reize, die

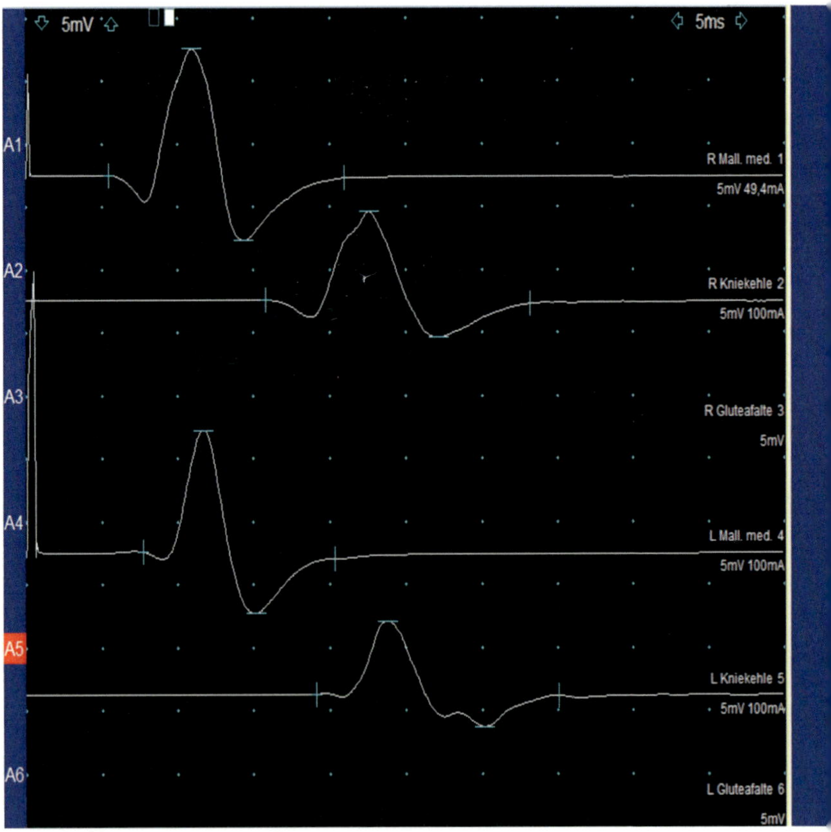

Abb. 6: Neurographie Bein, Kurven und Messwerte.

über die Sinnesorgane Auge und Ohr verschaltet werden, diese sind Teil des zentralen Nervensystems.

Voraussetzung für neurophysiologische Diagnostik ist auch das Wissen um die elektrische Stimulierbarkeit der Nerven, sowohl im ZNS wie auch im PNS. Diese elektrische Stimulierbarkeit macht man sich bei der *Neurographie* des peripheren Nervensystems zunutze.

Das Grundprinzip der Neurographie besteht darin, einen Nerv mittels eines elektrischen Impulses zu reizen. Dadurch kommt es zur Depolarisation des Nervs, die in beide Richtungen über das Axon weitergeleitet wird. Die ausgelöste Spannungsänderung kann dann

Tibialis - Motorische NLG

A1 A2 A3 A4 A5 A6

#	Orte	Messpkt.	Lat ms	Amp mV	Amp Verh %	Dauer ms	FL mVms
A1	R Mall. med.	AH re	5,4	15,3	100	15,5	48,0
A2	R Kniekehle	AH re	15,8	10,1	66,1	17,3	37,3
A3	R Gluteafalte	AH re					
A4	L Mall. med.	AH li	7,7	14,6	145	12,6	36,6
A5	L Kniekehle	AH li	19,1	8,5	58	16,0	27,4
A6	L Gluteafalte	AH li					

#	Segmente	Dist mm	Diff ms	LG m/s	Temp. °C
	R Mall. med. - AH re	115	5,4		
	R Kniekehle - Mall. med.	420	10,4	40	
	R Gluteafalte - Kniekehle				
	L Mall. med. - AH li	100	7,7		
	L Kniekehle - Mall. med.	450	11,4	40	
	L Gluteafalte - Kniekehle				

entlang des Nervs gemessen werden. So können wertvolle Informationen über den Funktionszustand von Nerven und den Ort einer Störung gewonnen werden. Angegeben werden die Nervenleitgeschwindigkeit und Amplitude des Antwortpotentials als ungefähres Korrelat der Anzahl der erregten Fasern. Zumeist erfolgt die Ableitung an Arm- und Beinnerven. Eine Herabsetzung bzw. Verlangsamung der Nervenleitgeschwindigkeit ist Ausdruck einer sogenannten Demyelinisierung des Nervs, d. h. einer Störung seiner Hüllstrukturen, eine Herabsetzung der Amplitude Ausdruck einer herabgesetzten Menge funktionierender Nervenfasern.

In den Abbildungen 5 und 6 ist zum einen die Untersuchungsanordnung, zum anderen die Messtabelle bzw. die Messkurven zu erkennen. Exemplarisch sei hier die Messung der Nervenleitgeschwindigkeit des *Nervus peronaeus* (Beinnerv) erklärt. Zunächst werden Ableite-Elektroden am Fußrücken befestigt, dann wird der Nerv in seinem Verlauf an zwei Stellen stimuliert, die Distanz zwischen den beiden Messstellen wird gemessen und über die Formel: Geschwindigkeit = Weg / Zeit die Nervenleitgeschwindigkeit errechnet.

Die normale Nervenleitgeschwindigkeit an den Beinen beträgt in etwa 40 m/s, an den Armen etwa 50 m/s, die Amplituden erreichen 5–15 mV. Die Neurographie dient zur Diagnostik von Neuropathien, Engpasssyndromen (z. B. Karpaltunnelsyndromen) und von Nervenverletzungen.

Ergänzend zur Neurographie wird die *Elektromyographie* (EMG) durchgeführt; hierbei wird die elektrische Muskelaktivität der quergestreiften Muskulatur abgeleitet. Mit Hilfe von Nadelelektroden lassen sich die Potentialschwankungen einzelner motorischer Einheiten ableiten. Die Hauptanwendung ist das Erkennen von Myopathien und Neuropathien, das heißt: die Feststellung, ob eine Krankheit muskuläre oder nervliche Ursachen hat. Zum anderen können Aussagen darüber getroffen werden, ob ein akuter oder ein chronischer Prozess vorliegt.

Einen anderen Zugangsweg zum Nervensystem stellt die *Elektroenzephalographie* (EEG) dar. Die Elektroenzephalographie (von altgriechisch ἐγκέφαλος *enképhalos*, deutsch ›Gehirn‹, γράφειν *gráphein*, deutsch ›schreiben‹) ist eine Methode der Darstellung der Hirnaktivität, insbesondere die der Hirnrinde mit Hilfe von Oberflächenelek-

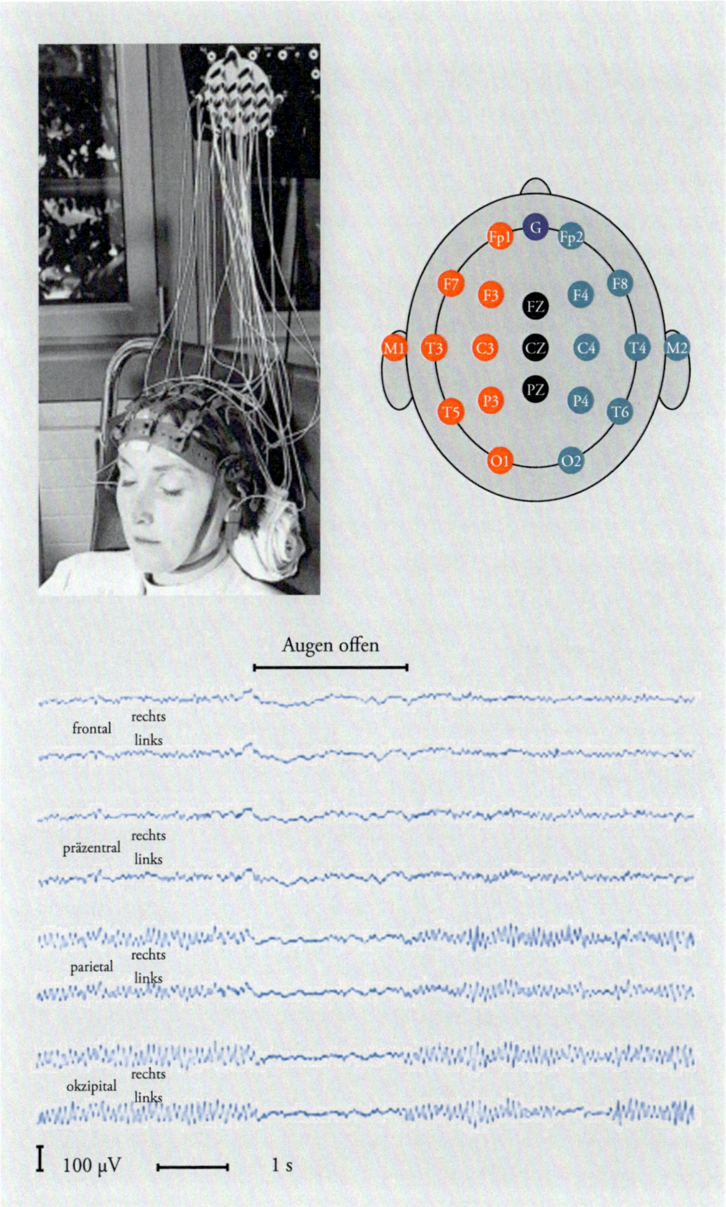

Abb. 7: EEG-Ableitung mit internationaler Elektrodenposition und Kurven, Normalbefund.

troden. Über definierte Ableitepunkte werden über einen Differenzverstärker Potentialunterschiede zwischen den Elektroden abgegriffen (siehe Abbildung 7). Das Elektroenzephalogramm (ebenfalls EEG abgekürzt) ist die daraus resultierende graphische Darstellung.

Der Begriff *Elektroenzephalographie* geht auf den Neurologen Hans Berger zurück, der 1924 an der Universität Jena die ersten elektroenzephalographischen Kurven an einem Menschen mit Knochenlücke ableiten konnte.

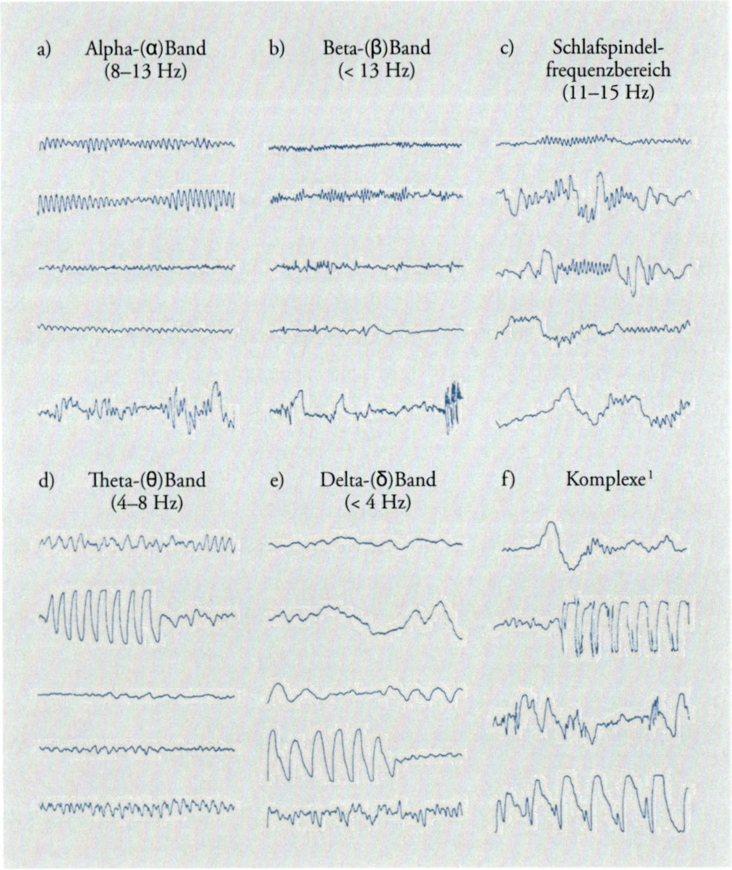

Abb. 8: Verschiedene EEG-Muster.

[1] Kombination von mindestens zwei verschiedenen Wellen, die sich deutlich von der Hintergrundaktivität abheben.

Das EEG ist eine funktionelle Methode zur Darstellung der Hirnaktivität, die zum einen die Grundaktivität des Gehirnes, aber auch umschriebene Verlangsamungen oder epilepsietypische Veränderungen nachweisen kann. So kann man das EEG quasi als Erkennung der »Software« des Gehirnes werten, wenn man die bildgebenden Verfahren wie Kernspintomographie und Computertomographie als »Hardware« definiert.

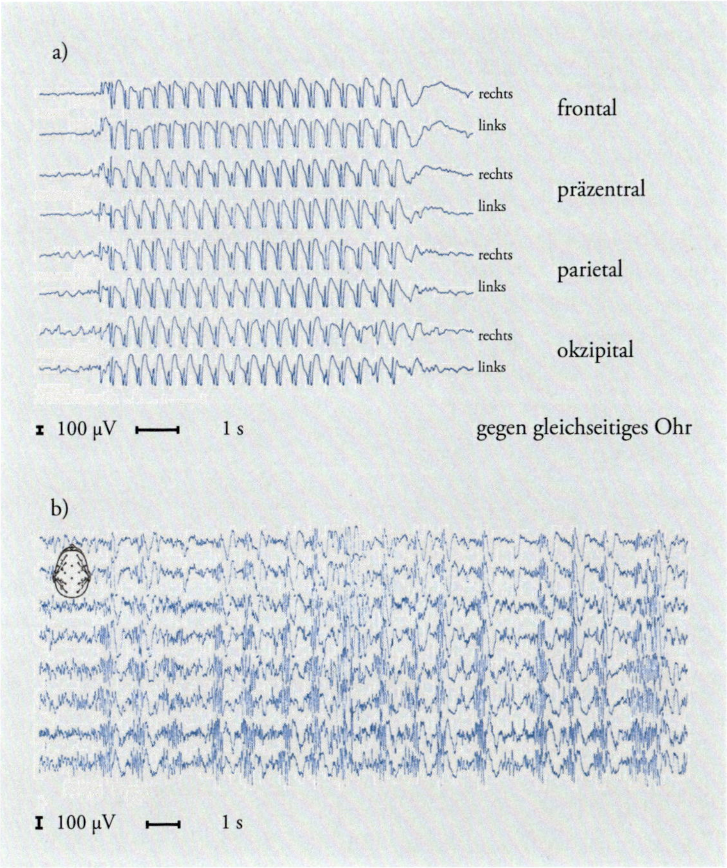

Abb. 9: Anfallsmuster im EEG – a) 3/s Spike waves, b) Status myoklonischer Anfälle.

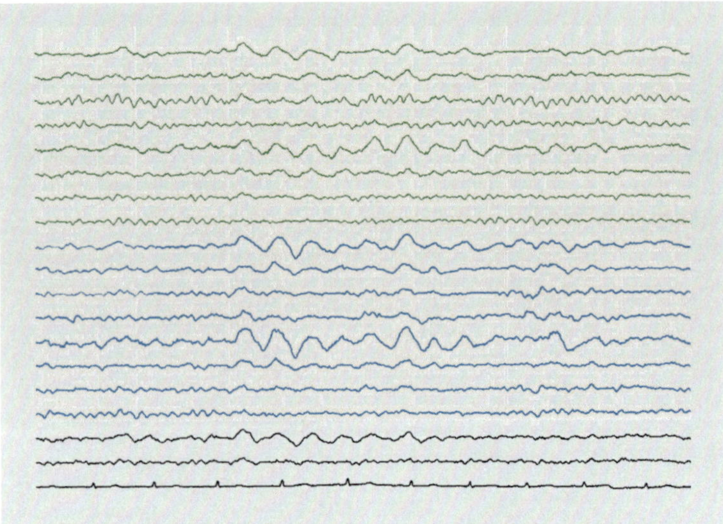

Abb. 10: EEG-Kurve mit Nachweis langsamer Wellen aus dem Thalamus (sog. FIRDA).

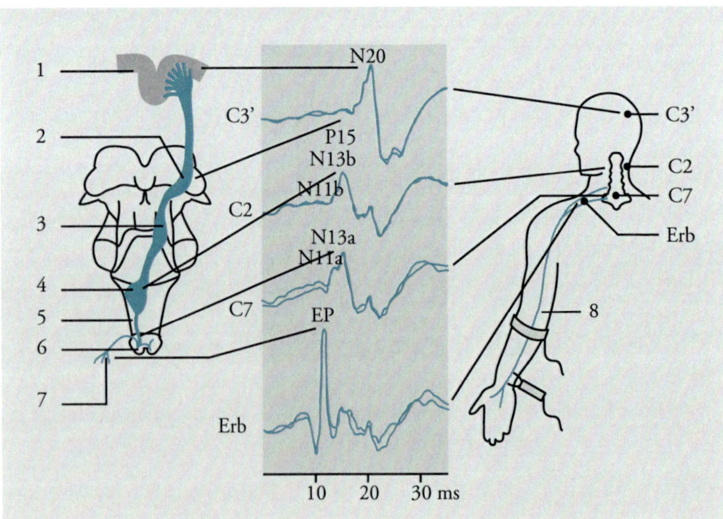

Abb. 11: Medianus-SEP-Stimulationsorte und anatomische Strukturen. (1 Sens. Cortex; 2 Thalamus; 3 Lemniscus medialis; 4 Nucleus cuneatus; 5 Fasciculus cuneatus; 6 Hinterhorn; 7 Armplexus; 8 Nervus medianus)

Das normale EEG weist eine Frequenz von circa 8–12 Hz auf, bei Augenöffnen wird die Aktivität blockiert. Pathologisch sind umschriebene oder generalisierte Verlangsamungen der Hirnaktivität. Besonders entscheidend ist das EEG zum Nachweis sogenannter epilepsietypischer Potentiale, die letztlich das Vorliegen einer Epilepsie beweisen und durch keine andere Methode ersetzt werden können. Epilepsietypische Potentiale sind durch ihre Anstiegssteilheit, Frequenz und Amplitude und ihre Verteilung im elektrischen Feld der EEG-Ableitung zu erkennen.

So ist z. B. das 3/s-*Spike-waves*-Muster typisch für die sogenannte Absence-Epilepsie, eine Form der Epilepsie, die im Kindesalter und im frühen Erwachsenenalter auftritt und zu Abwesenheitszuständen führt. Moderne EEG-Verfahren verbinden die konventionelle EEG-Ableitung mit einer kernspintomographischen Darstellung des Gehirnes und können so zeitlich und örtlich eine bessere Auflösung, insbesondere was die Lokalisation eines sogenannten epilepsietypischen Potentials betrifft, erzielen.

Verschiedene EEG-Muster wie zum Beispiel sogenannte FIRDA (frontale intermittierende rhythmisierte Deltawellen) geben uns Auskunft über die Verbindung thalamischer (sogenannte mittelliniennahe, subkortikale Struktur) Taktgeber mit der Hirnrinde.

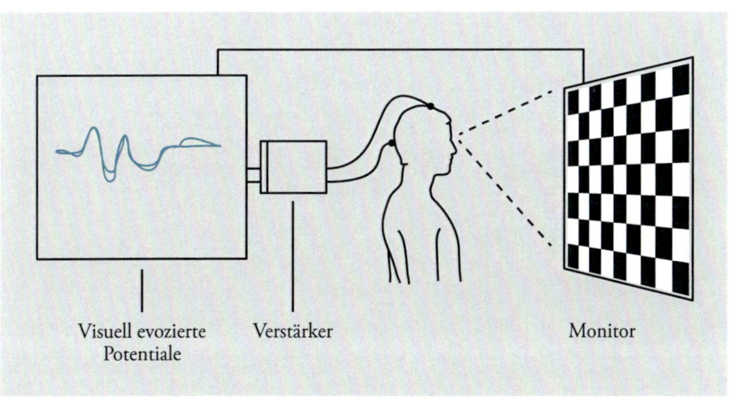

Abb. 12: VEP-Untersuchungsanordnung.

Auch in der Schlafmedizin ist das EEG ein substanzieller Bestandteil zur Festlegung von Schlafstadien, Schlaftiefe und zirkadianer Rhythmik.

Evozierte Potentiale (lateinisch *evocare*, hervorrufen) sind Potentialunterschiede im EEG, die durch eine Reizung eines Sinnesorgans oder eines peripheren Nervs ausgelöst werden. So stellt die Methodik der evozierten Potentiale eine Kombination des EEGs mit einer Nervenstimulation dar.

Dabei wird die reizunabhängige, »normale« EEG-Aktivität unterdrückt und die an den spezifischen Reiz gekoppelte, d. h. evozierte EEG-/Hirnaktivität aufgezeichnet. Es werden visuell, somatosensibel, motorisch evozierte Potentiale unterschieden. Bei der mit am häufigsten durchgeführten Untersuchung, dem *Medianus-SEP* wird der *Nervus medianus* am Handgelenk gereizt (SEP = *somatosensorisch*

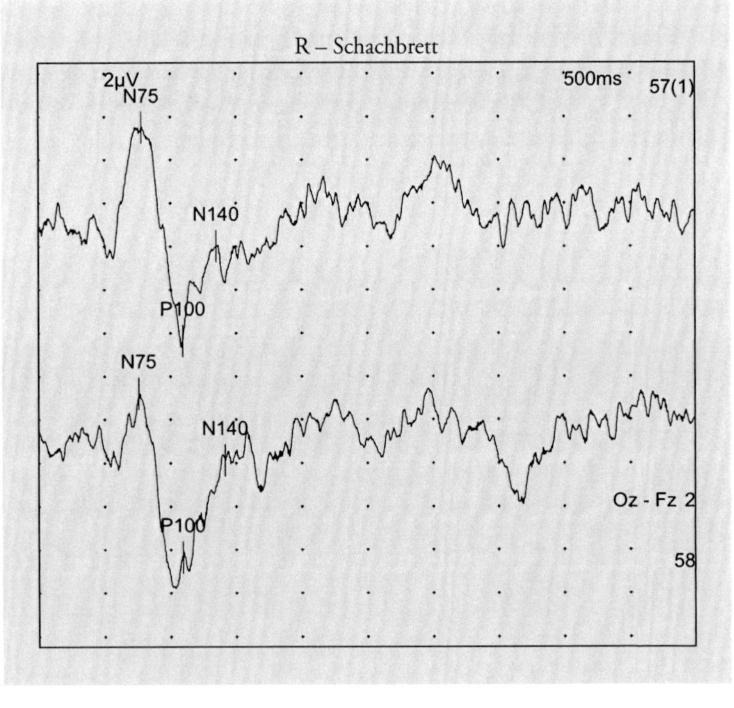

Abb. 13: VEP-Kurven.

evoziertes Potential), an mehreren Ableitepunkten des Nervenverlaufes bzw. seiner Umschaltstellen vom peripheren in das zentrale Nervensystem werden die Latenzen vom Zeitpunkt der Nervenstimulation gemessen. Bewertet werden neben den Latenzen auch die Amplituden der erhaltenen Potentiale und deren Konfiguration. So kann das so evozierte Potential zur sogenannten Etagendiagnostik des Nervensystems genutzt werden.

Die positiven (nach unten!) und die negativen (nach oben gerichteten!) Gipfel definieren die Potentialkonfiguration, ihre Nomenklatur richtet sich nach dem Normwert der Latenz in Millisekunden (ms) eines gesunden Erwachsenen, z. B. kortikale Latenz beim Medianus-SEP = N20, d. h. es dauert 20 Millisekunden nach Stimulation am Handgelenk, bis der Reiz über der Hirnrinde abgeleitet werden kann.

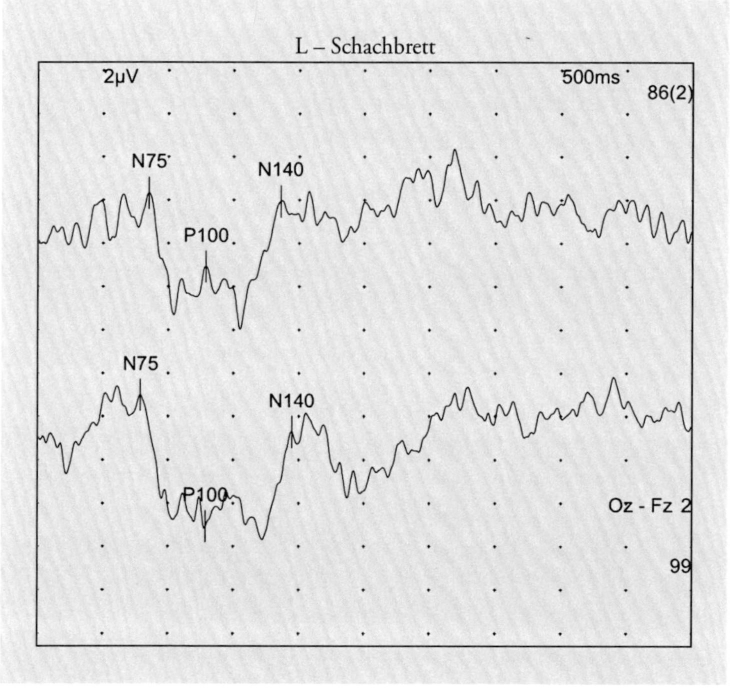

Zu Latenzverzögerung kann es z. B. bei der Multiplen Sklerose, Engstellen im Bereich der Halswirbelsäule oder Armnerven kommen, häufig wird die Methode auch zur Prognose von hypoxischen Hirnschäden verwendet.

Eine andere, sehr weit verbreitete Methode ist das sogenannte *visuell evozierte Potential* (VEP), das einen Aufschluss über die Funktion der Sehbahn gibt. Durch visuelle Stimulation der Netzhaut entstehen Potentialunterschiede, die im Bereich der Sehrinde am Hinterkopf abgeleitet werden. Die Reizung der Netzhaut erfolgt üblicherweise mit einem Schachbrettmuster, bei dem die Kontraste in kurzen Abständen umgekehrt werden (siehe Abbildung 12). Beim Gesunden liegt die Latenzzeit für das primär kortikale Potential bei 100 Millisekunden (Grenzwert bis 113 ms). Das entsprechende Potential wird P100 genannt. Bei Durchblutungsstörungen, degenerativen Prozessen und Entzündungen im Bereich der Sehbahn kann die Latenzzeit verzögert und/oder die Amplitude verringert sein.

VEPs spielen insbesondere auch bei der Diagnostik der Multiplen Sklerose eine wichtige Rolle. Dabei kommt es zu einer sogenannten Demyelinisierung des Sehnervs und im Rahmen eines Regenerationsvorganges zu einer Remyelinisierung, dieser Prozess findet dann

Protokoll / Durchgang	N75	P100	N140	N75 / P100	P100 / N140
	ms	ms	ms	µV	µV
R – Schachbrett					
1 Oz – Fz	78,1	109,4	134,9	9,9	4,4
2 Oz – Fz	76,0	109,4	141,7	7,6	4,5
L – Schachbrett					
1 Oz – Fz	85,4	129,2	185,9	3,4	3,0
2 Oz – Fz	79,2	129,2	194,8	6,1	4,4

Abb. 14: VEP-Messwerte.

Ausdruck in einer Verlängerung der Latenz. So ist beim gezeigten Beispiel rechts ein Normalbefund, links eine Konfigurationsänderung des Potentials und eine Verlängerung der Latenz dargestellt (siehe Abbildung 13).

Seltener werden in der täglichen Routine *motorisch evozierte Potentiale* (MEP) durchgeführt.

Durch transkranielle Magnetstimulation des motorischen Kortex lässt sich beim Menschen gezielt eine Muskelzuckung zum Beispiel in der Beinmuskulatur auslösen. Welcher Zielmuskel sich kontrahiert, ist abhängig davon, welcher Teil der primär motorischen Rinde stimuliert wird.

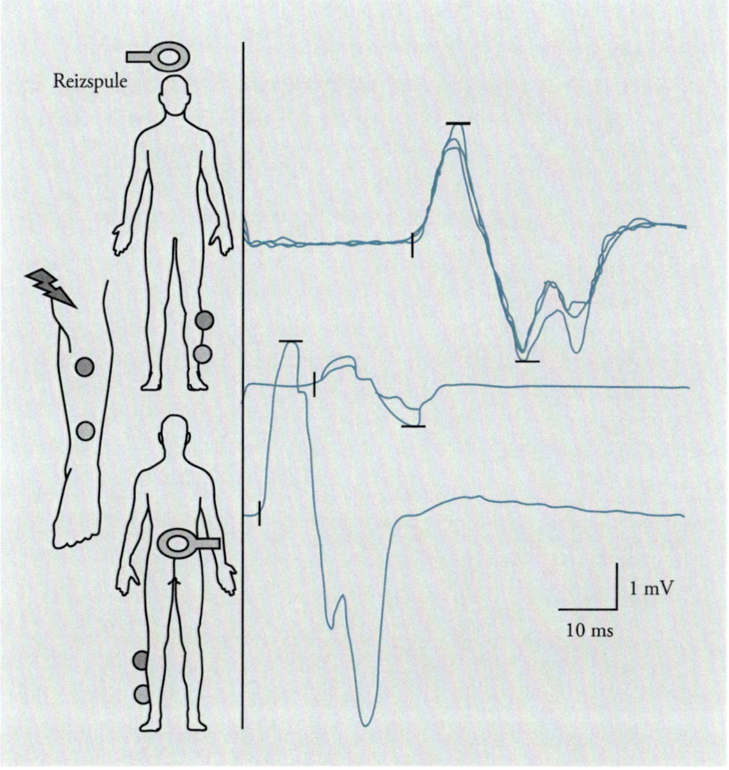

Abb. 15: Motorisch evoziertes Potiential: Untersuchungsanordnung.

Vom Motorkortex läuft die Erregung in der direkten kortikospinalen Bahn, einem wichtigen Teil des willkürmotorischen Systems (»Pyramidenbahn«) zu den Motoneuronen im Vorderhorn des Rückenmarks. Von dort wird sie in den efferenten Nerven zum Muskel geleitet und löst eine Kontraktion aus. Erkrankungen des Motorkortexes ebenso wie des kortikospinalen Trakts, aber auch der Motoneuronen im Rückenmark sowie der peripheren motorischen Nerven führen zu charakteristischen Änderungen der messbaren MEP. Zusätzlich wird eine Hochvoltstimulation im Bereich der Lendenwirbelsäule durchgeführt, die letztlich analog zur motorischen Neurographie das periphere Nervensystem abbildet. So kann über das motorisch evozierte Potential sowohl eine Aussage über den motorischen Anteil des peripheren Nervensystems wie auch über den

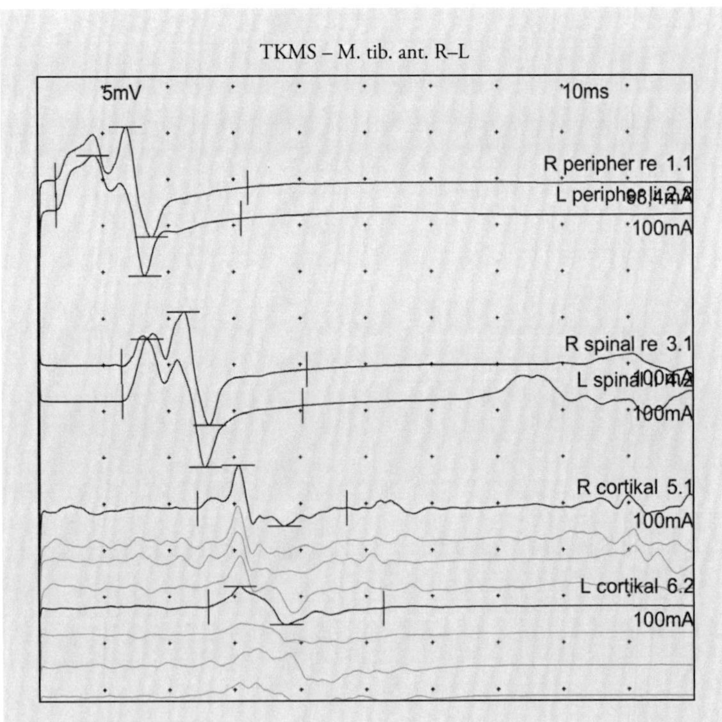

Abb. 16: Kurven motorisch evoziertes Potential.

motorischen Anteil des zentralen Nervensystems getroffen werden. Die Methode eignet sich besonders zur Diagnostik der amyotrophen Lateralsklerose (ALS), der Multiplen Sklerose, von Spinalkanalstenosen und Nervenwurzelerkrankungen.

Bei den dargestellten Messkurven stellen die beiden ersten Kurven die Stimulation des peripheren Nervs, die mittleren beiden die spinale Stimulation und die letzten acht Kurven die kortikale Stimulation jeweils beidseits dar (siehe Abbildung 16). Bei bekannten Strecken zwischen den Stimulationspunkten wird für das periphere Nervensystem die sogenannte PMCV (*peripher motoric conduction velocity*) errechnet, für das zentrale Nervensystem wird eine CMCT (*central motoric conduction time*) angegeben.

In Kenntnis von Neuroanatomie und Neurophysiologie sind die genannten klinischen, d.h. im neurologischen Alltag verwendeten neurophysiologischen Untersuchungen geeignet, einen Einblick in die Funktionalität des Nervensystems zu gewähren und bei Kombination mit klinischen Untersuchungsmethoden und bildgebenden Verfahren wie Computertomographie und Kernspintomographie

Nerv / Orte	Mess-punkte	Lat.	Amp.	ZML	Dauer	Dist.	LG	Amp-VH
		ms	mV	ms	ms	mm	m/s	%
TKMS – M. tib. ant. R–L								
R peripher re	M. tib. ant re	2,8	12,0	10,0	29,4	680	68,0	102,7
L peripher li	M. tib. ant li	2,9	13,1	10,1	28,3	670	66,7	105,7
R spinal re	M. tib. ant re	12,8	12,3	11,6	28,2			53,8
L spinal li	M. tib. ant li	13,0	13,8	13,1	27,4			30,2
R cortikal	M. tib. ant re	24,4	6,6	21,6	22,7			55,2
L cortikal	M. tib. ant li	26,0	4,2	23,1	26,6			32,0

Abb. 17: Messwerte motorisch evoziertes Potential.

eine fokussierte und patientenoptimierte Diagnostik zu ermöglichen. Darüber hinaus ermöglichen sie uns einen differenzierten und faszinierenden Einblick in die Funktionsweise des Nervensystems und sind Voraussetzung für die Weiterentwicklung neurologischer Diagnostik.

Rolf Ulrich

Zeitkognition

Denken und Sprechen über Zeit

Zeit ist ein wichtiger Bestandteil unseres geistigen Lebens – Zeit strukturiert unser Denken und erlaubt es uns, die Welt, in der wir leben, zu verstehen. Obgleich diese Behauptung selbstverständlich erscheint, ist unklar, wie die Zeit in uns kognitiv verankert ist, damit sie diese strukturierende Funktion einnehmen kann. Diese Frage hat zu vielen Studien in der Kognitionspsychologie geführt. Um den Hintergrund dieser Frage zu verdeutlichen, müssen wir zunächst etwas weiter ausholen und uns fragen, wie die Bedeutung von Begriffen entsteht, um nachvollziehen zu können, warum das Thema »Zeit« ein reizvolles Forschungsthema für Kognitionspsychologen ist.

Abstrakte Konzepte und die räumliche Fundierung der Zeit

Betrachten wir als Einstieg dazu die beiden folgenden Wortgruppen A und B:

Gruppe A:	Wolke	Hund	Fenster
Gruppe B:	Atom	Zufall	Gerechtigkeit

Worin besteht der Unterschied zwischen beiden Gruppen? Die Begriffe in Gruppe A bezeichnen konkrete Dinge, die sich sinnlich erfahren lassen, die man also sehen, hören, riechen oder anfassen kann. Hingegen bezeichnen die Begriffe in Gruppe B abstrakte Dinge, die zwar in unseren Vorstellungen existieren, aber unserer sinnlichen Erfahrung nicht zugänglich sind. Wie können wir solche abstrakten Konzepte jedoch verstehen, wenn sie sich nicht sinnlich erfahren lassen?

Die Standardsichtweise geht hierbei davon aus, dass die Bedeutung von abstrakten Konzepten in einem amodalen Gedächtnissystem entsteht, wobei ein Konzept durch andere Konzepte in diesem System definiert wird, was man auch als Referenzierung bezeichnet (Abbildung 1). Dieses System wird deswegen als »amodal« bezeichnet, da es funktional eigenständig und somit abgrenzbar von Wahrnehmung und Motorik, also der Sensomotorik, ist.

Diese Sichtweise wurde jedoch von Kognitionspsychologen in Frage gestellt, da sich hierbei zwei logische Probleme ergeben. (a) Zunächst beinhaltet diese Sichtweise einen infiniten Regress der Art P1 → P2 → P3 → …, wobei der Begriff P1 auf P2 referenziert, P2 auf P3, P3 auf P4 usw. (b) Zudem kann diese Referenzierung zu einer Selbstreferenzierung der Art P1 → … → P1 führen, was einer zirkulären Definition entspräche. Diese Probleme haben in der Kognitionspsychologie dazu geführt, diese Sichtweise als unrealistisch abzulehnen.

Eine neuere Sichtweise (Embodiment) geht nun davon aus, dass abstrakte Begriffe auf sensomotorischen Erfahrungen aufbauen und so ihre Bedeutung erlangen. Die kognitive Verankerung von Zeit eignet sich besonders, um diese neuere Sichtweise anschaulich zu verdeutlichen, da Zeit das Paradebeispiel für abstrakte Konzepte ist (z. B. Sieroka, 2020). Zeit ist zwar mental sehr präsent, aber schwer zu definieren, da sich Zeit nicht sensomotorisch erfahren lässt. Beispielsweise können wir *sehen*, wenn auf uns jemand zukommt. Jedoch können wir uns nur *vorstellen*, dass ein Termin auf uns

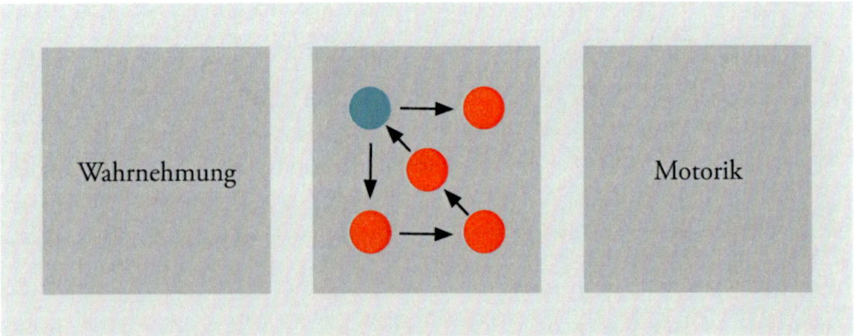

Abb. 1: Traditionelle Sichtweise des kognitiven Systems. Das amodale Gedächtnissystem in der Mitte ist funktional getrennt von Wahrnehmung und Motorik. In diesem System entsteht die Bedeutung eines Begriffs (grün) durch Referenzierung auf andere Begriffe (rot).

zukommt. Zudem ist Zeit eine fundamentale Größe, die sich nicht auf andere Größen oder Phänomene zurückführen lässt (wie z. B. der Regenbogen auf Lichtbrechung oder die Temperatur auf Molekülbewegungen). Tatsächlich versuchen theoretische Physiker seit langem das Wesen der Zeit zu verstehen und manche versuchen sogar, das Konzept Zeit aus ihren Theorien zu verbannen (vgl. Rovelli, 2018). Hierzu passt auch, dass Zeit kein physikalischer Reiz ist und wir daher kein sensorisches System für Zeit besitzen können. Kann es möglicherweise sein, dass Zeit lediglich in uns existiert, um unser Denken zu strukturieren? Diese Frage soll nicht weiter vertieft werden, aber verdeutlichen, warum die »Zeit« der Prototyp abstrakter Konzepte ist.

In diesem Aufsatz gehen wir von folgender These aus, die wir im Nachfolgenden empirisch untermauern. Erstens, unser Denken und Sprechen über Zeit basiert auf räumlicher Erfahrung. Wir benutzen unsere Erfahrung mit dem Raum, um die abstrakte Domäne »Zeit« zu strukturieren. Mathematisch kann man natürlich behaupten, dass der Raum komplexer als die Zeit sei, da der Raum dreidimensional, aber die Zeit nur eindimensional ist. Da aber der Raum über unsere Sinnessysteme erfahrbar ist – wir sehen den Raum, können Dinge im Raum greifen, uns im Raum bewegen, die Richtung eines Schalls wahrnehmen etc. –, ist der Raum auch mental »greifbar« und daher konkret im Gegensatz zur Zeit, die sinnlich eben nicht direkt erfahrbar ist, schon deshalb nicht, da es kein sensorisches System für Zeit gibt.

Zudem muss man auch berücksichtigen, dass Zeit ein facettenreiches Konzept ist und daher vielfältig mit unserem Denken verwurzelt ist. Beispielsweise drückt der Satz »Gestern hatte ich Bauchweh« oder »In zwei Wochen ist sein Geburtstag« Ereignisse aus, die entweder vergangen oder zukünftig sind. Diese Aussagen verorten also Ereignisse relativ zum Jetzt, weswegen man diese Facette der Zeit auch als *Deiktische Zeit* bezeichnet. Im Gegensatz dazu beschreibt die Aussage »Es regnete einen Tag lang« die Dauer eines Ereignisses ohne Bezug auf das Jetzt.

In fast allen natürlichen Sprachen der Welt benutzt man räumliche Begriffe, um zeitliche Sachverhalte auszudrücken (z. B. Haspelmath, 1997) und dies ist auch im Deutschen so. Die unterstrichenen Präpositionen und Verben in den folgenden Aussagen sind Begriffe, die eigentlich räumliche Sachverhalte ausdrücken: »Der Winter kommt auf uns zu«, »Den Vortrag habe ich hinter mir«, »Die Heimfahrt habe ich noch vor mir«, »Wir haben die Sitzung nach vorne verschoben«, »Die Nacht war kurz« und »Er schlief lange«. Beispielsweise ist eine Bewegung (»Kommen«) nur im Raum möglich, und »vor« und »nach« drücken Relationen im Raum aus. Bedeutet dieses universale sprachliche Phänomen, dass wir über die Zeit so denken wie über den Raum oder, dass es lediglich ökonomisch ist, die Begrifflichkeit des Raumes auch für die Zeit zu verwenden, da Zeit und Raum strukturell ähnlich erscheinen? Kognitionspsychologische Studien sprechen eher für die Annahme, wonach die Zeit in uns mental räumlich fundiert ist und wir daher über die Zeit so denken und sprechen wie über den Raum (z. B. Bender und Beller, 2014). Dies soll im Folgenden anhand einiger Untersuchungen verdeutlicht werden, zunächst für die Deiktische Zeit und danach für Zeitdauern.

Deiktische Zeit

Eine Reihe von Studien bestätigt die psychologische Realität eines *mentalen Zeitpfeils*. Beispielsweise analysierten Ulrich et al. (2012), ob wir die Zukunft räumlich vorne und die Vergangenheit hinten

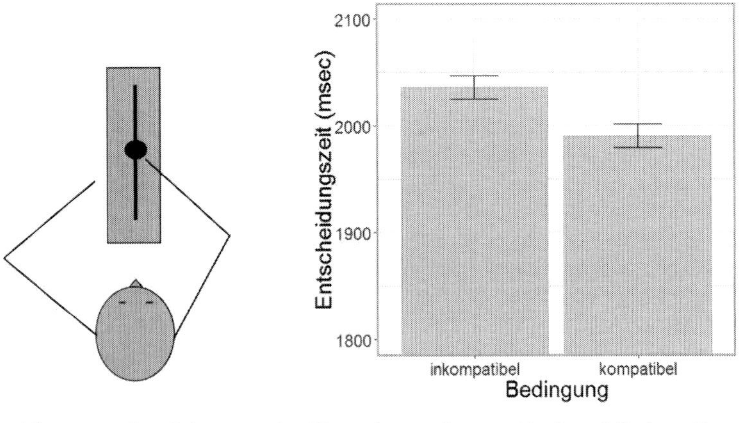

Abb. 2. Links: Schematische Versuchsanordnung. **Rechts:** Mittlere Entscheidungszeit als Funktion der Versuchsbedingung.

verorten, wie es unsere Sprache über die Zeit nahelegt (s. o.). In jedem Experimentaldurchgang dieser Studie beurteilen Probanden den Zeitbezug von Sätzen wie »Mona und Diana tanzten die ganze Nacht« oder »Tina wird Rosa morgen beim Kaffee alles sagen«. In einer Bedingung des Versuchs, der kompatiblen Bedingung, wurden sie angewiesen, einen Hebel von der Mittelposition einer Gleitschiene nach vorne zu bewegen, falls sich der Satz auf die Zukunft bezieht und nach hinten, falls sich der Satz auf die Vergangenheit bezieht (Abbildung 2, links).

In manchen Durchgängen wurden Füllsätze wie »Nächsten Sonntag heiratet das Rathaus die Erbse« präsentiert, die einen unrealistischen Sachverhalt beschreiben. In solchen Fällen sollten die Probanden keine Bewegung ausführen. Diese Füllsätze gewährleisten jedoch, dass Probanden den Sinn eines ganzen Satzes erfassen müssen, bevor sie den Hebel betätigen. Die Autoren erwarteten kürzere Entscheidungszeiten in der kompatiblen als in der inkompatiblen Bedingung, falls die Zukunft vorne und die Vergangenheit hinten mental verortet ist, da die Bewegungsrichtung in der kompatiblen Bedingung mit der Ausrichtung des angenommenen mentalen Zeitpfeils übereinstimmt, nicht jedoch in der inkompatiblen Bedingung. Die Ergebnisse der Studie bestätigen diese Erwartung (Abbildung 2, rechts) und belegen somit die Existenz eines sagittalen mentalen Zeitpfeils, der von hinten nach vorn verläuft.

Eine konzeptuelle Replikation der eben beschriebenen Studie führten Jasmin S. Günter und Antonella M. Bajer in ihren Masterarbeiten am Fachbereich Psychologie der Universität Tübingen durch. Sie verwendeten chronologische Bilderfolgen anstatt Sätze. Ein Beispiel einer solchen Bilderfolge zeigt Abbildung 3a. In jedem Versuchsdurchgang wurde zunächst das mittlere Bild als Referenzbild erwachsenen Probanden auf einem Bildschirm gezeigt (Abbildung 3b) und danach erschien entweder das erste oder dritte Bild dieser Sequenz als handlungsrelevantes Zielbild (Abbildung 3c). In der kompatiblen Bedingung sollten die Probanden auf der bewegungsempfindlichen Matte nach vorne schreiten, falls das Zielbild chronologisch auf das Referenzbild folgt. Geht das Zielbild jedoch dem Referenzbild chronologisch voraus, so sollte der Proband rückwärts schreiten. Diese Zuordnung von Zielbild zur Bewegungsrichtung wurde in der inkompatiblen Bedingung umgekehrt. Gemessen wurde wiederum die Entscheidungszeit, also die Zeit, die nach dem Erscheinen des Zielbildes bis zu einer Fußbewegung des Probanden verstrich. Die Autoren erwarteten wieder kürzere Entscheidungszeiten in der kompatiblen als in der inkompatiblen Bedingung. Diese Vorhersage ließ sich in dieser Studie ebenfalls bestätigen.

Die beobachteten Kompatibilitätseffekte beider Studien deuten darauf hin, dass Menschen in unserem Kulturkreis die Vergangenheit hinten und die Zukunft vorne mental verorten, was für einen sagittalen mentalen Zeitpfeil spricht. Daher ist dieses Ergebnis konsistent mit der oben genannten Sichtweise, wonach aus kognitiven und nicht aus sprachökonomischen Gründen die Begrifflichkeit des Raumes auf die Zeit übertragen wird.

In vielen graphischen Darstellungen und Diagrammen verläuft die Zeit von links nach rechts. Diese laterale Orientierung der Zeit spiegelt sich allerdings nicht in unserer Sprache wider; wir sagen

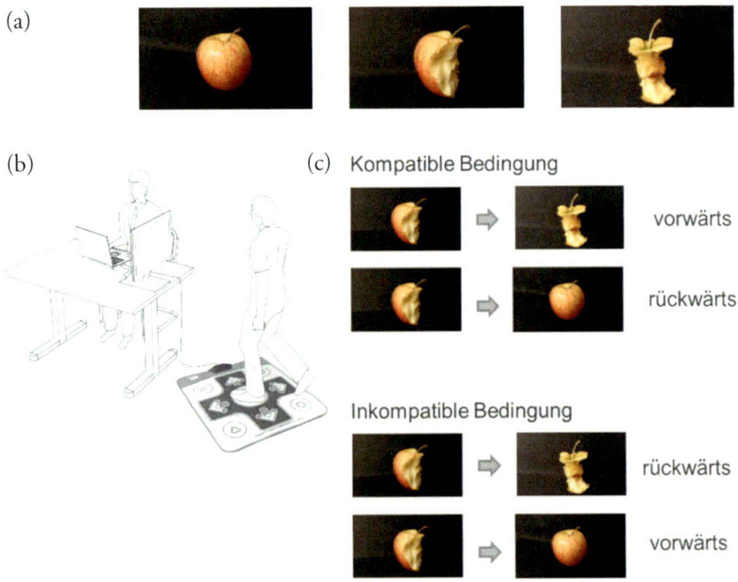

Abb. 3: **(a)** Beispiel einer chronologischen Bilderfolge. **(b)** Versuchsanordnung: Versuchsleiter (links) und Proband auf einer bewegungsempfindlichen Matte (rechts). **(c)** Bewegungsanweisung in der kompatiblen und inkompatiblen Bedingung.

beispielsweise nicht »Mein Urlaub liegt rechts von mir« oder »Die Prüfung liegt schon links von mir«. In einer linguistischen Analyse unterschiedlicher Sprachen gelangt Radden (2004, S. 228) zu der Schlussfolgerung »*the lateral axis with a left-right orientation [...] does not seem to offer any spatial basis for understanding time at all*« (»*Die laterale Achse mit Links-rechts-Orientierung scheint keinerlei räumliche Grundlage für das Verständnis der Zeit zu bieten*«). Auch wenn diese laterale Achse sich nicht in unserer Sprache widerspiegelt, ist es dennoch denkbar, dass auch ein lateral ausgerichteter mentaler Zeitpfeil psychologisch existiert.

Beispielsweise beurteilten Probanden in der Studie von Ulrich und Maienborn (2010) den Zeitbezug von Sätzen wie in der oben beschriebenen Studie von Ulrich et al. (2012). In der kompatiblen Bedingung sollten sie nun jedoch mit der linken Hand eine Taste betätigen, falls sich der Satz auf die Vergangenheit bezog, und mit der rechten Hand eine andere Taste, falls er sich auf die Zukunft bezog (Abbildung 4, links). In der inkompatiblen Bedingung wurde diese Zuordnung von Zeit und Handseite umgekehrt. Kürzere Entscheidungszeiten ergaben sich wiederum in der kompatiblen als in der inkompatiblen Bedingung (Abbildung 4, rechts). Dieser Kompatibilitätseffekt spricht für eine mentale Verortung der Vergangenheit auf der linken Körperseite und der Zukunft auf der rechten Körperseite.

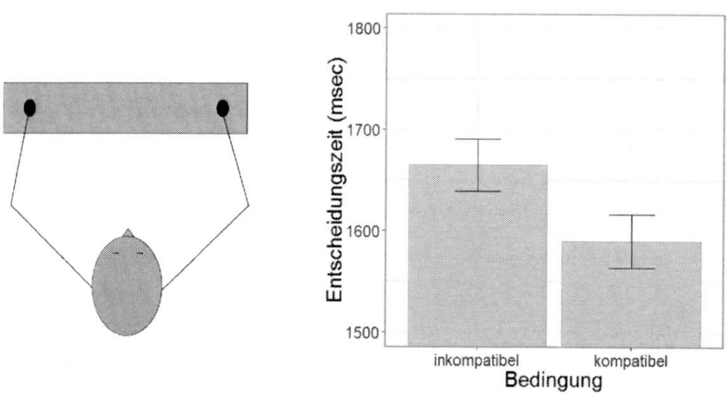

Abb. 4. Links: Schematische Versuchsanordnung. **Rechts:** Mittlere Entscheidungszeit als Funktion der Kompatibilitätsbedingung.

Eine weitere Studie unterstreicht die Vermutung, dass dieser Effekt an die Körperseite und nicht an Hände *per se* gebunden ist, da sich dieser Effekt auch mit gekreuzten Armen nachweisen lässt (de la Vega et al., 2016). Entscheidend ist also die Körperseite und nicht die Handseite *per se*. Beide Studien belegen die Vermutung eines weiteren mentalen Zeitpfeils, der sich von links nach rechts erstreckt. Dieser laterale Zeitpfeil manifestiert sich jedoch nicht in unserer Sprache und besitzt daher möglicherweise eine nicht-sprachliche kognitive Funktion.

In nahezu allen Untersuchungen werden räumliche Reaktionsanordnungen (linke und rechte Hand oder eine Bewegung nach vorne oder hinten) verwendet. Es stellt sich die Frage, ob diese räumliche Reaktionsanordnung eine notwendige Bedingung darstellt, um diesen Kompatibilitätseffekt zu induzieren. Falls dies der Fall wäre, spräche dies für eine mentale Verknüpfung von Zeit und Raum, die eventuell auf einer motorischen Verarbeitungsebene angesiedelt ist. Falls dies aber nicht der Fall ist, sollte man eher davon ausgehen, dass diese Verknüpfung auf einer amodalen, also höheren Verarbeitungsebene repräsentiert ist. Um zwischen diesen beiden Möglichkeiten zu unterscheiden, verwendeten Eikmeier, Hoppe und Ulrich (2015) verbale Antworten. Das Experiment war bis auf die Antwortmodalität identisch mit dem oben referierten Experiment von Ulrich et al. (2012). In der kompatiblen Bedingung wurden die Probanden nun aufgefordert, verbal mit »vorne« bei einer zukunftsbezogenen Aussage und verbal mit »hinten« bei einer vergangenheitsbezogenen Aussage zu antworten. In der inkompatiblen Bedingung wurde diese Antwortzuordnung wieder vertauscht. Auch in diesem Fall konnte ein Kompatibilitätseffekt beobachtet werden. Da aber das ausführende Organ dieser Antworten immer dasselbe ist und daher keine räumliche Reaktionsanordnung verwendet wurde, spricht dieses Ergebnis dafür, dass die mentale Verknüpfung von Zeit und Raum auf einer höheren kognitiven Ebene repräsentiert ist.

Sind die genannten Kompatibilitätseffekte robust? Eine Meta-Analyse von mehr als 30 Studien zum mentalen Zeitpfeil ergab, dass die in diesem Abschnitt genannten Kompatibilitätseffekte robust sind und sich daher gut replizieren lassen (von Sobbe et al., 2019). Die psychologische Existenz von mentalen Zeitpfeilen ist somit empirisch sehr gut untermauert.

Obgleich die mentale Verräumlichung der Zeit offensichtlich eine Universalie ist, da sie sich in allen Sprachkulturen manifestiert (z. B. Haspelmath, 1997; Radden, 2004; Traugott, 1978), so lassen sich auch kulturelle Unterschiede in der räumlichen Ausrichtung der Deiktischen Zeit beobachten (vgl. Núñez und Cooperrider, 2013). Beispielsweise verortet der Völkerstamm Aymara in Südamerika die Vergangenheit vorne und die Zukunft hinten. Ein anderer Völkerstamm (Pormpurraw) in Australien besitzt wiederum eine geozentrische anstatt einer egozentrischen Repräsentation der Deiktischen Zeit, da Pormpurraws die Vergangenheit im Osten und die Zukunft im Westen verorten, sich also die Zeit wie den Verlauf der Sonne vorstellen. Bei hebräischen und arabischen Sprechern dominiert die Richtung beim lateralen mentalen Zeitpfeil von rechts nach links anstatt von links nach rechts, was man auf Unterschiede in der Lese- und Schreibrichtung in diesen Kulturen zurückführt. Demnach bestimmt auch die Richtung des orthografischen Systems die Richtung des lateralen mentalen Zeitpfeils (Ouellet et al., 2010). Diese Schlussfolgerung, dass die Lese- und Schreibrichtung die Richtung des mentalen Zeitpfeils beeinflusst, wurde von de Sousa (2012) weiter untermauert, der zeigte, dass die vorherrschende horizontale Schreibrichtung im Chinesischen (d. h. rechts-nach-links vor den 1950er Jahren; links-nach-rechts in den 1970er Jahren und später) die Ausrichtung des horizontalen Zeitstrahls beeinflusst. Diese Ausrichtung verlief bei älteren chinesischen Probanden von rechts nach links und bei jüngeren von links nach rechts.

Zeitdauer

Bislang haben wir die mentale Verknüpfung von Raum und Zeit in Bezug auf die Deiktische Zeit betrachtet. Eine weitere Facette von Zeit ist die Dauer eines Ereignisses. Es stellt sich daher die Frage, ob sich ähnliche Phänomene auch für die Zeitdauer nachweisen lassen, die darauf hindeuten, dass Menschen ebenfalls die Dauer von Ereignissen räumlich repräsentieren. Im Gegensatz zur Deiktischen Zeit benötigt die Zeitdauer kein »Jetzt« als Sprecherreferenz auf dem Zeitstrahl, stattdessen aber eine zeitliche Markierung, wann ein Ereignis beginnt, und eine zweite zeitliche Markierung, wann es endet.

Studien zur Wahrnehmung von Zeitdauern rangieren unter dem Begriff »Zeitwahrnehmung«.[1] Eine Vielzahl von Untersuchungen belegt, dass unsere Zeitwahrnehmung nicht absolut ist, da sie ebenfalls von nicht-zeitlichen Faktoren abhängt (Matthews und Meck, 2016). Beispielsweise erscheinen uns seltene im Vergleich zu häufigen Ereignissen zeitlich länger, obwohl sich diese Ereignisse in der physikalischen Dauer nicht unterscheiden (Ulrich und Bausenhart, 2019).

Besonders frappierend ist der Einfluss von räumlichen Faktoren auf die Zeitwahrnehmung, wie zahlreiche experimentalpsychologische Studien belegen. Erstmals wurde dieser Einfluss von Mo und Michalski 1972 berichtet. Sie präsentierten ihren Probanden Kreise mit einem Durchmesser von 9 oder 30 mm für 450 oder 510 msec und baten die Probanden, die Darbietungsdauer dieser Kreise als »kurz« oder »lang« zu beurteilen. Dabei tendierten die Probanden dazu, die größeren Kreise in ihrer Darbietungsdauer zu überschätzen und die der kleineren Kreise zu unterschätzen.

Dieser Einfluss des Raumes auf die Zeitwahrnehmung lässt sich selbst dann nachweisen, wenn sich die physikalische Objektgröße nicht ändert, aber dennoch die wahrgenommene Objektgröße experimentell beeinflusst wird. Beispielsweise verwendeten Ono und Kawahara (2007) die sogenannte Ebbinghaus-Illusion, um die Größenwahrnehmung virtuell zu manipulieren. In ihrem Versuch sollten die Probanden die Darbietungsdauer eines Kreises beurteilen, der entweder von großen oder kleinen Kreisen umschlossen wurde (Abbildung 5). Wird der mittlere Kreis von großen Kreisen umschlossen, so erscheint er kleiner, als wenn er von kleinen Kreisen umschlossen wird – dies ist die bekannte Ebbinghaus-Illusion. Die Probanden in dem Versuch von Ono und Kawahara sollten jedoch nicht die physikalische Größe des mittleren Kreises beurteilen, sondern dessen Darbietungsdauer. Wie erwartet beurteilten die Probanden die Darbietungszeit als länger, wenn der mittlere Kreis von den kleinen als von den großen Kreisen umzingelt wurde.

---

[1] Der Begriff »Zeitwahrnehmung« suggeriert, dass man die Zeit wie andere physikalische Reize wahrnimmt. Da Zeit aber kein physikalischer Reiz ist, existiert auch kein sensorisches System für Zeit. Somit ist diese Wahrnehmungsleistung nicht vergleichbar mit der Wahrnehmung von physikalischen Reizen (visuelle, auditorische, olfaktorische etc.).

Eine weitere Studie untersuchte, ob die Zeitwahrnehmung auch dann von der Objektgröße beeinflusst wird, wenn Objekte gar nicht präsentiert werden, sondern Probanden diese Objekte sich lediglich vorstellen sollen. Birngruber und Ulrich (2019) entwickelten dazu eine Versuchsanordnung, um diese Frage zu beantworten. In jedem Durchgang ihres Versuchs wurde den Probanden ein Tiername (z. B. Fliege, Maus, Hase, Löwe, Elefant) für eine bestimmte Dauer präsentiert, die aber von Durchgang zu Durchgang variierte. Ihre primäre Aufgabe bestand darin, die Präsentationsdauer zu reproduzieren und zusätzlich sich das genannte Tier vorzustellen. Abbildung 6 zeigt die Ergebnisse dieser Experimente. Die wahrgenommene Präsentationsdauer nimmt tatsächlich mit der impliziten Größe des vorgestellten Tieres zu und außerdem mit der Länge des Tiernamens (d. h. wiederum mit der physikalischen Größe wie bei den vorher genannten Studien zur Zeitwahrnehmung). Diese Untersuchung bekräftigt auch die Hypothese, wonach unsere Zeitkognition an unser räumliches Denken gebunden ist.

In einer häufig zitierten psychophysischen Studie analysierten Casasanto und Boroditsky (2008) die Beziehung zwischen Zeit- und Größenwahrnehmung. In einem Teil ihrer Studie sollten die Probanden die Darbietungsdauer einer Linie auf einem Computerbildschirm einschätzen. Den Probanden war dabei nicht bewusst, dass die Linien immer für dieselbe Dauer dargeboten wurden. Allerdings variierte die Länge dieser Linien von Durchgang zu Durch-

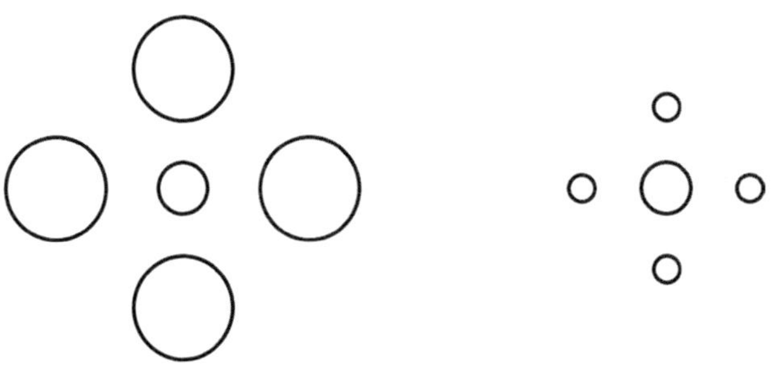

Abb. 5: Ebbinghaus-Illusion. Der mittlere Kreis in der linken Abbildung wird tendenziell kleiner als der in der rechten Abbildung wahrgenommen.

gang. Wie aufgrund von Vorläuferstudien erwartet, nahm die geschätzte Darbietungsdauer mit der physikalischen Linienlänge zu, was wiederum zeigt, dass die Größenwahrnehmung die subjektive Darbietungsdauer beeinflusst. In einem zweiten Teil ihrer Studie sollten die Probanden die Länge der dargebotenen Linie beurteilen. Allerdings blieb diesmal die Linienlänge von Durchgang zu Durchgang konstant, was den Probanden wiederum nicht bewusst war. Dafür variierte diesmal die Darbietungsdauer der Linie von Durchgang zu Durchgang. In diesem Fall war die Einschätzung der Linienlänge nicht von der Darbietungsdauer abhängig. Die Ergebnisse beider Teilstudien lassen sich so zusammenfassen: Räumliche Aspekte von Ereignissen beeinflussen die Zeitwahrnehmung, aber die Ereignisdauer beeinflusst nicht die Größenwahrnehmung. Die Autoren dieser Studie gehen daher davon aus, dass diese Asymmetrie zwischen Raum- und Zeitwahrnehmung als starker Beleg dafür zu werten ist, dass unsere Zeitkognition auf räumlichem Denken fußt. Diese Schlussfolgerung passt auch gut zu den Ergebnissen einer umfangreichen Befragung, wonach Befragte angaben, sich den Raum zwar

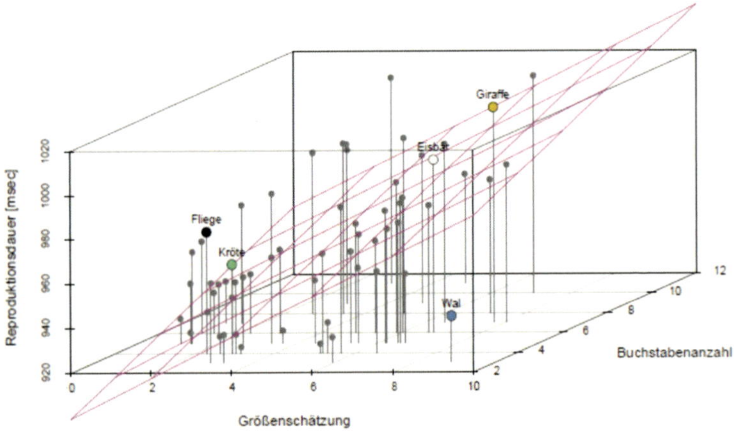

Abb. 6: Wahrgenommene Darbietungsdauer als Funktion der geschätzten Tiergröße (Größenschätzung auf einer 10-Punkte-Skala) und physikalischer Länge des Tiernamens (Buchstabenanzahl).

ohne die Zeit vorstellen zu können, aber nicht die Zeit ohne den Raum (Eikmeier et al., 2016).

Schlussfolgerung

Unsere Zeitkognition ist auf eine überraschende Art und Weise an unsere räumliche Vorstellung gebunden. Wir haben Studien aus der kognitionspsychologischen Forschung vorgestellt, die diese These empirisch untermauern. Die These, dass wir den Raum benutzen, um die Zeit zu strukturieren, erscheint aufgrund dieser und weiterer Befunde, die wir aus Platzgründen hier nicht referieren konnten, als sehr plausibel. Dass wir also über die Zeit so denken und sprechen als wäre es der Raum, rührt vermutlich daher, dass wir diese räumliche Struktur benötigen, damit sich die Zeit (ob Deiktische Zeit oder Zeitdauern) in unserem kognitiven System verankern und unser Denken strukturieren kann. Wir reden über Zeit so wie über den Raum, da wir die Zeit nur mithilfe des Raums begreifen können.

Literatur

Bender, A. und Beller, S.: Mapping spatial frames of reference onto time: A review of theoretical accounts and empirical findings. In: *Cognition* 132, 2014, S. 342–382.

Birngruber, T. und Ulrich, R.: Perceived duration increases not only with physical, but also with implicit size. In: *Journal of Experimental Psychology: Learning Memory and Cognition* 45, 2019, S. 969–979. DOI: 10.1037/xlm0000628.

Casasanto, D. und Boroditsky, L.: Time in the mind: Using space to think about time. In: *Cognition* 106, 2008, S. 579–593.

de la Vega, I., Eikmeier, V., Ulrich, R. und Kaup, B.: The mental timeline in a crossed-hands paradigm. In: *Experimental Psychology* 63, 2016, S. 326–332.

de Sousa, H.: Generational differences in the orientation of time in Cantonese speakers as a function of changes in the direction of Chinese writing. In: *Frontiers in Psychology* 3, 2012, S. 1–8.

Eikmeier, V., Alex-Ruf, S., Maienborn, C., Schröter, H. und Ulrich, R.: The mental timeline during the processing of linguistic information. In: *Conceptualizations of Time,* hrsg. von B. Lewandowska-Tomaszczyk. John Benjamins, Amsterdam 2016, S. 103–122.

Eikmeier, V., Hoppe, D. und Ulrich, R.: Response mode does not modulate the space-time congruency effect: Evidence for a space-time mapping at a conceptual level. In: *Acta Psychologica* 156, 2015, S. 162–167.

Haspelmath, M.: *From Space to Time: Temporal Adverbials in the World's Languages,* Lincom Europa, München 1997.

Matthews, W. J. und Meck, W. H.: Temporal cognition: Connecting subjective time to perception, attention, and memory. In: *Psychological Bulletin* 142, 2016, S. 865–907.

Mo, S. S. und Michalski, V. A.: Judgment of temporal duration of area as a function of stimulus configuration. In: *Psychonomic Science* 27, 1972, S. 97–98.

Núñez, R. und Cooperrider, K.: The tangle of space and time in human cognition. In: *Trends in Cognitive Sciences* 17, 2013, S. 220–229.

Ono, F. und Kawahara, J.-I.: The subjective size of visual stimuli affects the perceived duration of their presentation. In: *Perception & Psychophysics* 69, 2007, S. 952–957.

Ouellet, M., Santiago, J., Israeli, Z. und Gabay, S.: Is the future the right time? In: *Experimental Psychology* 57, 2010, S. 308–314.

Radden, G.: The Metaphor TIME AS SPACE across Languages. In: *Übersetzen, Interkulturelle Kommunikation, Spracherwerb und Sprachvermittelung – das Leben mit mehreren Sprachen: Festschrift für Juliane House zum 60. Geburtstag,* hrsg. von N. Baumgarten, C. Böttger, M. Motz und J. Probst. AKS-Verlag, Bochum 2004, S. 226–239.

Rovelli, C.: *Die Ordnung der Zeit,* Rowohlt, Hamburg 2018.

Sieroka, N.: Philosophie der Zeit. In: *Nova Acta Leopoldina NF* Nr. 425, 2020, S. 23–41.

Traugott, E. C.: On the expression of spatio-temporal relations in language. In: *Universals of human language: Word structure (Vol. 3),* hrsg. von J. H. Greenberg. Stanford University Press, Stanford 1978, S. 369–400.

Ulrich, R. und Bausenhart, K. M.: The temporal oddball effect and related phenomena: Cognitive mechanisms and experimental approaches. In: *The Illusions of Time: Philosophical and Psychological Essays on Timing and Time Perception,* hrsg. von V. Arstila, A. Bardon, S. E. Power und A. Vatakis. Palgrave Macmillan, Cham (Schweiz) 2019, S. 71–89.

Ulrich, R., Eikmeier, V., Vega, I., Ruiz Fernández, S., Alex-Ruf, S. und Maienborn, C.: With the past behind and the future ahead: Back-to-front representation of past and future sentences. In: *Memory & Cognition* 40, 2012, S. 483–495.

Ulrich, R. und Maienborn, C.: Left-right coding of past and future in language: The mental timeline during sentence processing. In: *Cognition* 117, 2010, S. 126–138.

von Sobbe, L., Scheifele, E., Maienborn, C. und Ulrich, R.: The space-time congruency effect: A meta-analysis. In: *Cognitive Science* 43, 2019, S. 1–23.

Heiko Hecht

Zeitwahrnehmung als Bewegungswahrnehmung

1. Drei Ebenen der Zeitwahrnehmung

Aus Sicht der Wahrnehmungspsychologie kann unser Zugang zu Zeit auf drei Ebenen analysiert werden. Die erste Ebene macht Zeit in einer phänomenalistischen Manier zu einer direkten Erfahrungsgröße. Sie ist vielleicht am nächsten an einer folkloristischen Auffassung dessen, was ein Psychologe zum Zeitempfinden untersuchen sollte, so wie etwa die Einstein nachgesagte Anekdote von der Relativität der Zeit: Warum kommen uns 10 Sekunden, die wir eine heiße Herdplatte anfassen unendlich lange vor, während zehn Sekunden der Nähe der Geliebten im Nu vergehen? Diese Kontexteffekte des Zeiterlebens können für so ziemlich jede Größe, von der man sich vorstellen kann, dass sie unsere Zeitschätzung beeinflusst, auch entsprechend nachgewiesen werden, so man sich denn entscheidet sie zu untersuchen. So werden z. B. zwei temporal gleich weit voneinander entferne Ereignisse als zeitlich näher eingeschätzt, wenn ein Kausalzusammenhang zwischen ihnen besteht (Faro, Leclerc und Hastie, 2005). Man darf sich durch solche Befunde jedoch nicht darüber hinwegtäuschen lassen, dass – abgesehen von einigen wenigen extremen Fällen, wie etwa einem starken Schmerzreiz als Kontext – kurze Intervalle im Sekundenbereich in aller Regel recht gut geschätzt werden können, während es im Stundenbereich oder gar darüber hinaus große Fehler geben kann. Ja, die Ungenauigkeit wächst systematisch mit der Länge des Intervalls. Nicht umsonst hat sich die Erfindung der Taschenuhr einschlägig durchgesetzt. Zusammenfassend kann man sagen, dass die Ebene des phänomenalen Zeiterlebens starken Kontext- und Inhaltseffekten unterliegt, und im Vergleich zu den eher impliziten Aspekten der Zeitwahrnehmung lediglich im Sekundenbereich einigermaßen zuverlässig ist. Durch Training kann man im Minutenbereich recht gute Ergebnisse erzielen. Ich habe es nachdem meine Eieruhr kaputt ging im Laufe eines Jahres dazu gebracht, ein 4-Minuten-Frühstücksei zu kochen, ohne dazu eine Uhr zu konsultieren. Allerdings darf keine außergewöhnliche Störung der Sonntagmorgenroutine auftreten.

Die zweite Ebene der Zeitwahrnehmung ist die Taktung von hirnphysiologischen Prozessen. Wenn dem Cellisten etwa synchron zum Taktstock der Dirigentin der Einsatz seines Instruments perfekt gelingen soll, muss sein Gehirn wissen, wie lang die Laufzeiten für verschiedene Sinnesmodalitäten sind. Nehmen wir einmal an, dass der Einsatz des Instruments zum Zeitpunkt t_0 erschallen soll, dann muss das Gehirn seinen motorischen Befehl an die Lippen (Trompete), die Hand (Cello) oder den Fuß (Pauke) etwas früher abschicken, da es Zeit dauert, die Muskeln zu innervieren und zur Kontraktion zu bringen. Das Ganze wird verkompliziert, da die Laufzeit des Nervenimpulses von der Länge der Leitung abhängt. Der Fuß muss also entsprechend eher angesteuert werden als die Hand oder die Lippen. Die Reaktionszeiten auf einen einfachen Reiz, also etwa die Zeit vom Lichtsignal bis zum Tastendruck, sind mindestens 150 Millisekunden lang. D.h. die Synchronisation mit dem Taktstock setzt Antizipation voraus (vgl. Aschersleben, 2002). Da Musiker dazu in der Lage sind, bis auf wenige Millisekunden genau zu synchronisieren, muss der Organismus über erstaunlich präzise Zeitinformation verfügen, was die Dauer der hirnphysiologischen Prozesse angeht. Ernst Pöppel vertritt in diesem Zusammenhang die Hypothese, dass alle Hirnprozesse einer zeitlichen Quantelung unterliegen, das Quantum ist ca. 18 Millisekunden lang. Da nur Vielfache dieser Quanten berücksichtigt werden, erleichtert sich die Zeitschätzung interner Prozesse erheblich (siehe Pöppel, 1983; 1999).

Dieser Mikroebene der physiologischen Zeitmessung entspricht auch eine Makroebene, die gänzlich andere Prozesse nahelegt. Wir haben einen Tageszyklus, der hormonell gesteuert gleichfalls erstaunlich stabil und genau ist. Die sog. innere Uhr ist entgegen hartnäckig sich haltender Ansichten erstaunlich akkurat. Wenn man Menschen vollständig vom Tageslicht abschottet und ihnen jede Möglichkeit nimmt, herauszubekommen, welche Tageszeit gerade herrscht, etwa in einem Kellerraum weit unter der Erdoberfläche, dann pendelt sich der Schlaf-Wach-Zyklus dieser sensorisch deprivierten Menschen bei genau 24 Stunden ein (Czeisler et al., 1999). D.h. der Schlaf-Wach-Zyklus hat sich haargenau an den Lichtzyklus der Erdumdrehung angepasst, indem letzterer internalisiert wurde (vergleiche Shepard,

1984; 1987). Kleine Abweichungen gibt es natürlich in beide Richtungen, die letztendlich nur durch Sonnenlicht korrigiert werden. Deshalb trifft uns auch der Jetlag so hart, wenn wir versuchen müssen, die innere Uhr vor oder zurück zu stellen. Interessanterweise beeinflusst der Schlaf-Wach-Zyklus auch unsere Zeitwahrnehmung auf der ersten Ebene (Pöppel und Giedke, 1970).

Die dritte Ebene ist die, um die es hier im Besonderen gehen soll, die handlungsrelevante Form der Zeitwahrnehmung, die bewusstseinsfähig ist. Sie ist eng verbunden mit unserer Fähigkeit der Bewegungswahrnehmung in Situationen des Alltags. Denken Sie etwa an die Aufgabe, zu entscheiden, ob noch genug Zeit bleibt, eine Straße zu überqueren, obwohl ein Fahrzeug herannaht. Hier erleben wir u. U., dass es recht knapp gewesen ist, wir gleichen den Schätzfehler durch einen beherzten Spurt aus. Die von uns geforderte Genauigkeit der Zeitschätzung liegt nur wenig unter der des Orchestermusikers, scheint aber wiederum andere psychische Prozesse zu involvieren. Diese dritte Ebene der Zeitwahrnehmung ist besonders interessant, da sie auf relativ gut untersuchte Fakten der Bewegungswahrnehmung zurückgreifen kann, und weder im physiologisch Verborgenen bleibt, noch so großen Schwankungen und Effekten unterworfen ist, wie die reine Zeitschätzung, die nicht an Handlungen und Ziele angebunden ist.

Ich werde zunächst die grundlegenden Mechanismen der Bewegungswahrnehmung (Hecht, 2006) darstellen, und dann ihre Bedeutung für die Konstruktion der dreidimensionalen Sehwelt beleuchten, die Voraussetzung für unsere zielgerichteten Handlungen ist, und damit auch – wie ich zeigen will – Voraussetzung unserer Zeitwahrnehmung.

2. Bewegungsdetektion

Obwohl bei der normalen Bewegungswahrnehmung visuelle, vestibuläre, kinästhetische und auditive Informationen integriert werden, wollen wir unser Augenmerk auf den am weitesten entwickelten, visuellen Apparat konzentrieren. Wenn es darum geht schlichtweg festzustellen, ob sich ein Reiz auf der Netzhaut unseres Auges bewegt hat, dann muss ein Bewegungsmelder dazu in der Lage sein festzustellen, dass der Reiz zum Zeitpunkt t_0 an einem Ort war und zum Zeitpunkt t_1 an einem anderen. Weiters muss die Lage der Orte zueinander sowie der zeitliche Abstand ihrer Reizung bekannt sein, um Richtung und Geschwindigkeit der Bewegung zu erhalten, und es muss davon ausgegangen werden, dass die Reizung vom selben herrührt. Neben Modellen, die auf Bewegungskanten oder Kontrastverschiebungen basieren, sind so genannte *Delay-and-compare*-Modelle geeignet, das Prinzip der Bewegungsdetektion zu illustrieren. Sie gehen davon aus, dass im visuellen System raumzeitlich diskrete Ereignisse dann und nur dann von einer Objektbewegung herrühren, wenn sie eng miteinander korrelieren. Diese Korrelationsauswertung der *Delay-and-compare*-Modelle funktioniert dem Prinzip nach so, dass ein Korrelationsdetektor oder Komparator Inputs aus der Reizung zweier rezeptiver Felder erhält (siehe Abb. 1). Nur wenn beide Inputs gleichzeitig am Detektor (Rechteck) eintreffen, spricht dieser an. Trifft ein Input allein ein, bleibt dieser unterhalb der Detektionsschwelle des Detektors. Im linken Schema wird der erste Reiz verzögert weitergeleitet (*delay*), so dass er gleichzeitig mit dem zweiten (t_1) eintrifft. Dieser Detektor kann also lediglich Bewegung einer bestimmten Geschwindigkeit von links nach rechts »erkennen«. Der rechts abgebildete Detektor erkennt nur Bewegung von rechts nach links und ist dementsprechend blind für

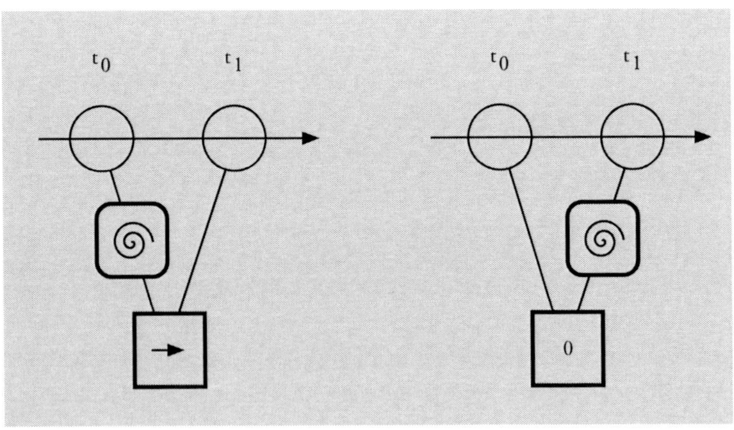

Abb. 1: Schematische Darstellung eines Hassenstein-Reichardt-Detektors.

die angedeutete Bewegung von links nach rechts. Solche Detektoren wurden von Bernhard Hassenstein und Werner Reichhardt vorgeschlagen und um spezifische Filter, Subtraktionsmodule und Mittelwertsgeneratoren ergänzt, die hier vernachlässigt sind (siehe Hassenstein und Reichardt, 1956). Bis heute werden ihre Funktionsweise weiter erforscht und die Modelle entsprechend verfeinert (z. B. Haag, Denk und Borst, 2004; Sperling und Lu, 1998).

Die Leistungen beim Erkennen und Unterscheiden von Bewegung, zu denen das visuelle System in der Lage ist, sind beträchtlich. Man geht davon aus, dass Bewegungserkennung auf vergleichsweise grobkörnigen Signalen auf lokaler Ebene basiert, während Bewegungsdiskrimination globale und feinkörnigere Signale benutzt (Bravo und Watamaniuk, 1995). Die Diskriminationsschwelle für Bewegung liegt zwischen 0,04 und 0,08 Weber-Konstanten. D. h. ein Reiz kann von einem zweiten unterschieden werden, der sich um mindestens 4–8 % schneller oder langsamer bewegt, ein 10 km/h schneller Reiz kann von einem unterschieden werden, der sich mit 10,8 km/h bewegt. Dabei ist es relativ gleichgültig, ob es sich bei den Reizen um Linien, Punktfelder oder Streifenmuster handelt.

3. Temporale Grenzen der empfundenen Bewegung

Aus der Funktionsweise des Hassenstein-Reichardt-Detektors wird unmittelbar anschaulich, dass er nicht zwischen echter Bewegung und sog. Scheinbewegung unterscheiden kann. Ob sich ein Gegenstand so bewegt, dass sein Netzhautbild erst über das eine, dann über das andere rezeptive Feld streicht, oder ob zwei stationäre Reize im entsprechenden Zeitintervall an zwei Orten nacheinander auftauchen, es führt beides zu einer Aktivierung des Detektors. Das phänomenale Äquivalent des zweiten Falles wird *Scheinbewegung* genannt und ist seit dem frühen 20. Jahrhundert Gegenstand der Wahrnehmungspsychologie (Wertheimer, 1912; Korte, 1915). Wenn man zwei Reize in schneller Abfolge alternierend darbietet, scheint sich ein Objekt zwischen den beiden Positionen hin und her zu bewegen. Erfolgt die Darbietung zu schnell, etwa 40 Mal pro Sekunde, ist ein Flimmern beider Reize zu beobachten; verlangsamt man sie, entsteht Phi-Bewegung, d. h. der Reiz scheint sich zu bewegen, ohne dass die Zwischenpositionen sichtbar werden, was Max Wertheimer zum Anlass genommen hat, Bewegung als fundamentale Wahrnehmungskategorie zu werten. Zwischenpositionen werden erst gesehen, wenn die Darbietungsgeschwindigkeit weiter verringert wird bei ca. 10 Darbietungen pro Sekunde (siehe Abb. 2). Es entsteht sog. Beta-Bewegung. Wie Adolf Korte festgestellt hat, ist der phänomenale Bewegungseindruck nicht nur von der Geschwindigkeit des Wechsels abhängig, sondern auch von dem Abstand der beiden Reize voneinander. Je weiter sie voneinander entfernt sind, desto größer müssen die Zeitintervalle werden, um einen bestimmten Bewegungseindruck aufrechtzuerhalten. Beispielsweise ist Beta-Bewegung über eine Distanz von 3 oder 4 Grad Sehwinkel bei 10 Darbietungen pro Sekunde am besten, während bei der doppelten Distanz 4 oder 5 Darbietungen pro Sekunde den subjektiv besten Bewegungseindruck entstehen lassen. Es gibt natürlich auch Unterschiede von Beobachter

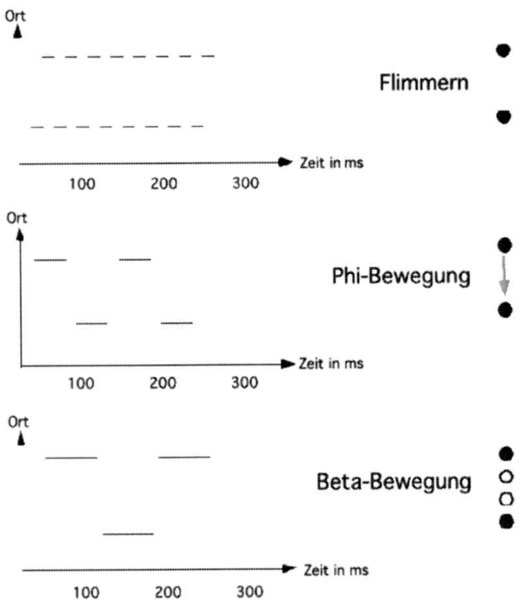

Abb. 2: Scheinbewegung – Alternierende Reize an zwei Orten, die mehrere Grad Sehwinkel auseinander liegen, führen je nach zeitlicher Auflösung zu unterschiedlichen Bewegungseindrücken.

zu Beobachter. Dies spricht nicht nur dafür, dass es unterschiedliche Korrelationsdetektoren für verschieden weit voneinander entfernte rezeptive Felder geben muss, sondern auch dafür, dass das System für die Wahrnehmung von Bewegungen bestimmter Geschwindigkeit optimiert ist. Nicht von ungefähr hat sich die Darbietungsfrequenz von Kinobildern bei 24 Bildern pro Minute eingependelt, genau dort wo die Reize weder flimmern noch klar abwechselnd sichtbar sind, sondern die Scheinbewegung am stabilsten ist, vermutlich irgendwo zwischen Phi- und Beta-Bewegung. Dort wird kontinuierlich Bewegung gesehen, ohne dass Doppelbilder oder Schmierspuren sichtbar werden.

Es zeigt sich hier sehr schön, dass die Wahrnehmung von Bewegung so sehr von der zeitlichen Struktur des Reizes abhängt, dass man nicht umhin kann, Zeit und Bewegung in der Wahrnehmung als auf das innigste miteinander verknüpft aufzufassen. Der Wahrnehmungseindruck von Bewegung entsteht nur, wenn die zeitlichen Parameter in einem eng definierten Fenster liegen. Außerhalb des Zeitfensters wird keine Bewegung gesehen. Innerhalb des Fensters wird Bewegung selbst dann gesehen, wenn sie nicht existiert, sondern statische Reize alternieren. Auch das Umgekehrte gilt: Wenn die Bewegung auffällig bzw. mit Aufmerksamkeit belegt ist, geht sie eher in Zeitschätzungen ein. Neuere Untersuchungen zeigen beispielsweise, dass die Auffälligkeit von Bewegung (Salienz) als Basis der Zeitempfindung eine entscheidende Rolle spielt und erfolgreich mit Klassifikationsnetzwerken modelliert werden kann (siehe Roseboom et al., 2019).

4. Adaption und Bewegungsnacheffekte

Adaptionseffekte, die meist auf physiologischen Ermüdungserscheinungen von Neuronen, die in der Bewegungswahrnehmung involviert sind, beruhen, sind fast überall anzutreffen. Hierzu zählt die sog. Wasserfall-Täuschung: Man stelle sich vor einen Wasserfall (oder irgendeinen anderen sich gleichmäßig bewegendem Reiz) und fixiere einen festen Punkt für ca. 30 Sekunden oder länger. Dann wende man den Blick auf ein feststehendes Objekt oder Terrain. Das Objekt scheint sich in die Gegenrichtung zu der ursprünglichen Bewegung zu verschieben, also nach oben im Wasserfall-Beispiel (Addams,

1834; Barlow und Hill, 1963). Nach einigen Sekunden, in aller Regel spätestens nach 15 Sekunden, ist die Täuschung dann verschwunden. Sie gehört zu den *Bewegungsnacheffekten,* die bereits seit Aristoteles bekannt sind und ausführlich von Wohlgemut (1911) studiert worden sind. Sie sind am ausgeprägtesten, wenn die Ortsfrequenz, d. h. die Feinheit der Struktur des Adaptionsreizes, mit der des stationären Reizes übereinstimmt und wenn die Bewegung im mittleren Geschwindigkeitsbereich liegt, bei etwa 5 Hz (siehe Sekuler, Watamaniuk und Blake, 2001). Ganz ähnlich wie bei anderen Adaptionseffekten, wie etwa dem sukzessiven Farbkontrast, der ein weißes Blatt Papier grün erscheinen lässt, wenn man vorher lange genug auf ein rotes Blatt geschaut hat, ist das Antwortverhalten von spezialisierten Neuronen für die Täuschung verantwortlich. Wenn bewegungsmeldende Zellen, die vertikale Bewegung entdecken, ermüdet sind, lässt ihre Aktivität nach. Man muss annehmen, dass einzelne Zellen, oder zumindest Zellverbände in der Summe ihrer Aktivität, auf Bewegung von oben nach unten mehr (oder weniger) Aktivität entfalten als bei Bewegung von unten nach oben, und stationäre Reize eine mittlere Aktivität verursachen. Ermüdung muss somit zu empfundener Bewegung in die Gegenrichtung führen. Ja wenn dieses Erklärungsmodell richtig ist, dann muss der Bewegungsnacheffekt beliebig manipulierbar sein, wenn man statt eines stationären Folgereizes einen bewegten zeigt. Dessen geringe Bewegung in Richtung des Adaptionsreizes (nach unten) müsste diesen Folgereiz stationär erscheinen lassen. Dies ist auch der Fall, und man kann Stärke und Eigenart des Bewegungsnacheffekts gezielt messen, indem man den Folgereiz manipuliert.

Darüber hinaus gibt es natürlich auch länger anhaltende Effekte, die nicht mehr mit Ermüdung zu erklären sind, sondern mit nachhaltiger Adaption. Man denke etwa an einen Brillenträger, der nicht immer seine Brille aufhat, sondern etwa nur beim Sport oder nur beim Autofahren. Obwohl die Brille das optische Bild, welches das Auge erreicht, gegenüber dem »normalen« aber eben fehlsichtigen Bild verzerrt, nehmen wir die Verzerrung nicht wahr. Das Aufsetzen der Brille wirkt wie ein Schalter, das neue Bild ist sofort auf unsere Motorik geeicht, wir erleben keine Nacheffekte und brauchen uns nicht umzugewöhnen. Dieser dualen Adaption werden wir uns nur bewusst, wenn wir eine neue stärkere Sportbrille brauchen und die alte Adaption untauglich geworden ist. Dann braucht unser visuomotorisches System mehrere Tage, um die duale Adaption den neuen »Verzerrungen« anzupassen.

Es liegt nahe anzunehmen, dass Adaptionseffekte sich auch auf unser Zeiterleben auswirken, es sei jedoch bemerkt, dass das visuelle System die Adaptionseffekte zu kennen scheint und sie kompensieren kann. Ein weiteres Beispiel soll illustrieren, wie schnell Bewegungsadaption einerseits eintritt und wie perfekt wir Bewegungsadaptionen vorwegnehmen und daher ihre Wirkung meist nicht einmal bemerken. Wer zum ersten Mal eines der langen Laufbänder benutzt, wie sie etwa auf dem Frankfurter Flughafen installiert sind, kommt leicht ins Straucheln, wenn er am Ende des Laufbands wieder festen Boden betritt. Dies ist besonders ausgeprägt, wenn man auf dem Band stehend und nicht gehend transportiert wurde. Der Effekt nimmt auch mit der Länge des Bandes zu. Wir gewöhnen uns an den optischen Fluss, der ja auf Eigenbewegung hindeutet, ohne dass wir unsere Beine bewegen, und die visuelle Adaption wird zum Problem, wenn die fremdverursachte Eigenbewegung plötzlich ausbleibt. Genau dasselbe passiert, wenn wir das erste Mal eine Rolltreppe benutzen. Allein sind Rolltreppen so gewöhnlich geworden, dass wir den ihr zuzuschreibenden optischen Fluss antizipieren, ebenso wie sein Ausbleiben am Ende der Rolltreppe. Der Beweis dafür ist das merkwürdige Gefühl, das sich einstellt, wenn wir eine defekte, stillstehende Rolltreppe ersteigen. Wir erleiden eine Vektion, die nur durch das Ausbleiben des erwarteten optischen Flusses erklärt werden kann.

5. Räumliche und zeitliche Struktur aus Bewegung

Neben der offensichtlichen Funktion, durch schnelle und effiziente Entdeckung peripherer Bewegung, die Aufmerksamkeit auf sich zieht, eine Augenbewegung auf das entdeckte Bewegungssignal hin ausführen zu können, kommt dem Bewegungssehen eine maßgebliche Funktion bei der Objekterkennung zu. Da unser Netzhautbild gewissermaßen zweidimensional ist, spezifiziert es die dreidimensionalen Objekte der Sehwelt nur unzulänglich. Grob gesagt, kann ein kreisförmiges Gebilde auf der Netzhaut von einem Ei oder von einem Bleistift herrühren, dessen Spitze genau auf uns zeigt (Unterspezifikationsproblem). Neben anderen Kriterien wie Wissen um Auftretenswahrscheinlichkeiten von Objekten im jeweiligen Kontext, Annahmen über Symmetrie, etc. kommt der Bewegung die Aufgabe zu, die dreidimensionale Struktur von Objekten zu erkennen.

Bewegung hilft zunächst bei der Trennung von Figur und Grund, wir sehen die Stecknadel im Heuhaufen wesentlich leichter, wenn sie sich bewegt. Dann werden bewegte Reize grundsätzlich im Zweifelsfall immer zu einem kohärenten 3D-Objekt zusammengefasst und dies oft gegen die Beweislage (Struktur aus Bewegung). Setzt man die in Abb. 3 dargestellte Drehscheibe in Bewegung, sieht man nicht etwas leicht exzentrische Kreise rotieren, wie es den Tatsachen entspricht, sondern es wird ein wabernder Trichter oder Kegel wahrgenommen, d.h. es wird stets ein 3D-Objekt gesehen (Proffitt et al., 1992).

Wenn Bewegung es ermöglicht, räumliche Struktur zu bilden, ist jetzt leicht einzusehen, dass Bewegung in noch größerem Maße zeitliche Struktur erzeugen kann.

6. Ereigniswahrnehmung

Unsere Fähigkeit, aus Bewegung Welt zu konstruieren, geht aber noch weiter. In Abb. 4 ist deutlich ein Mensch zu erkennen, sobald

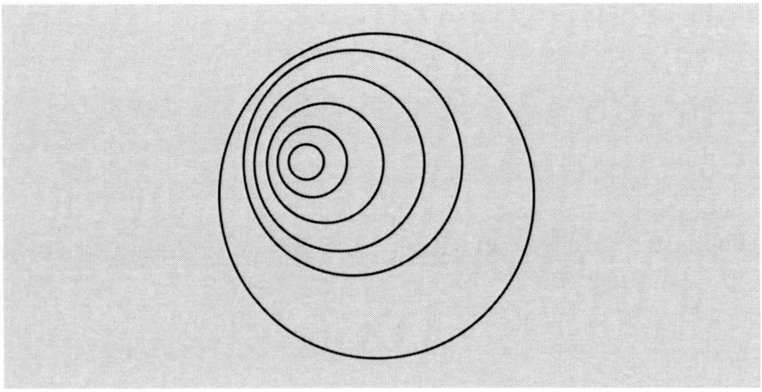

Abb. 3: Drehscheibe mit geschachtelten exzentrischen Kreisen.

die Punkte, die man sich als an den Gelenken angebrachte Lichtpunkte vorstellen muss, in Bewegung gezeigt werden. Allein aus der kinematischen Bewegung gehen dynamische Eigenschaften der Person hervor, wie etwa ihr Geschlecht, ungefähres Alter, Gewicht etc. Wie genau dies vor sich geht, ist aber bis heute theoretisch nicht zufriedenstellend geklärt (siehe Hecht, 2000; Johansson, 1950; Runeson und Frykholm, 1983).

Unsere Fähigkeit, Ereignisse aus Bewegung zu konstruieren, umfasst nicht allein solch qualitative Strukturen, sondern auch genaue räumliche und zeitliche Ortung von Ereignissen, wie etwa die Wahrnehmung der Kontaktzeit, also des drohenden Kollisionszeitpunktes mit einem herannahenden Auto: Im Jahr 1997 ereignete sich ein Unfall auf der russischen Raumstation MIR, der in mehrerer Hinsicht für die Bewegungswahrnehmung interessant ist. Der hochbegabte Kosmonaut Vasili Tsibliyev versuchte, das herannahende Versorgungsschiff vom Typ Progress ferngesteuert abzubremsen, um es dann an die Raumstation anzudocken. Es galt, die Bremsraketen des Versorgungsschiffes im richtigen Moment und richtig dosiert so zu zünden, dass es genau am richtigen Ort, also Zentimeter vor der Andockstelle, zum Stillstand kommen würde. Dazu hatte Tsibliyev lediglich visuelle Information von einer Kamera zur Verfügung, auf der das Progress-Schiff zu sehen war. Das Manöver misslang, und es kam zu einer Kollision mit der

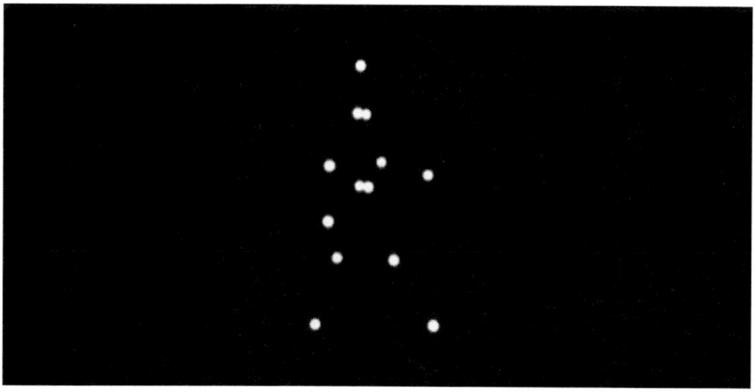

Abb. 4: Sobald sich diese Punkte bewegen, erkennt man in ihnen einen gehenden Menschen.

Raumstation, die großen Schaden anrichtete. Interessant ist es, weil das automatisierte und in der Ukraine gebaute System, das vor dem Zerfall der Sowjetunion die Bremsung des Versorgungsschiffes erledigte, aus Kostengründen von der Russischen Raumfahrtbehörde nicht benutzt wurde. Die Automatik benutzte Messungen von Distanz und Geschwindigkeit, um die Bremskräfte zu berechnen. Das Kamerabild jedoch lieferte Tsibliyev weder Distanz noch Geschwindigkeit. Technisch gesehen sollte er also gar nicht in der Lage gewesen sein, die Aufgabe zu meistern.

Nun besagt die führende Theorie der visuellen Kontaktzeitschätzung, die sog. Tau-Theorie, dass Tsibliyev – oder genauer gesagt sein Wahrnehmungsapparat – sehr wohl genug Information besaß, die Aufgabe zu lösen (vgl. Lee, 1976; Hecht und Savelsbergh, 2004). Danach werden Kontaktzeitschätzungen aus der relativen Expansionsrate des Objektes auf der Netzhaut des Auges berechnet:

$$\mathrm{TTC} = \tau \approx \theta/(d\theta/dt),$$

wobei τ die optische Variable ist, die die Kontaktzeit vorhersagt, und θ die Größe oder Position des Objektes (etwa sein retinaler Durchmesser). Gewisse Voraussetzungen müssen gegeben sein, damit τ tatsächlich die Kontaktzeit spezifiziert. Die Veränderung von θ muss von der Annäherung des Objektes und nicht etwa dessen Größenwachstum oder Orientierungsveränderung herrühren. Außerdem darf θ nicht zu groß sein, das Objekt muss also noch in einiger Entfernung sein. Wenn dies der Fall ist, so wie beim Beobachten des Versorgungsschiffes, dann kann das visuelle System die erste Ableitung des Parameters bestimmen, d. h. das visuelle System kann kontinuierlich Schätzungen von τ vornehmen. Die Tau-Theorie besagt, dass genau dies der Fall ist, und erklärt damit elegant und sparsam diese Leistungen unseres Bewegungssehens.

Die von der Tau-Theorie beschriebenen Parameter können genutzt werden, um explizite Urteile über Zeitintervalle durchzuführen. Wir müssen unsere visuo-motorischen Prozesse gleichsam beobachten, um so Rückschluss auf Zeitintervalle zu ziehen. Eine entsprechende Theorie haben Grealy, Craig, Bourdin und Coleman (2004) vorgelegt. Sie zeigten, dass ein Werfer die Zeit zwischen einem Ballabwurf und dessen Auftreffen auf dem Boden gleich gut schätzen kann, einerlei, ob visuelle Tau-Information vorhanden ist oder ob dem Werfer die Augen verbunden werden.

7. Zeit und Kausalität

Albert Michotte (1954) wies nach, dass Beobachter die Bewegungen zweier simpler Objekte, etwa zweier sich hintereinander her bewegender Punkte als kausal verursacht und aufeinander bezogen wahrnehmen. Der eine Punkt scheint den anderen zu ziehen oder der andere den ersten zu schieben, abhängig von den raumzeitlichen Parametern der Bewegung. Michotte hat mit einer Drehscheibe experimentiert, die bis auf einen kleinen Schlitz von einer Abdeckung verdeckt war (siehe Abb. 5). Die beiden kreisförmigen Linien werden dann durch den Schlitz betrachtet als sich annähernde und abstoßende Objekte erlebt. Der Eindruck der Kausalität ist sehr prägnant und erweist sich als äußerst stabil. Dieses Kausalitätserleben lässt sich nur im Hinblick auf eine Zeitstruktur des Ereignisses erklären. Nachzeitigkeit ist Voraussetzung von Kausalität. Ja man kann zeigen, dass das Zeitfenster, innerhalb dessen die Wirkung der Ursache folgen muss, um den Eindruck von Kausalität zu erzeugen, recht klein ist. Es reicht von praktisch gleichzeitig bis etwa eine Sekunde nach der Ursache. Wirkungen, die später passieren, werden nicht oder nur mit großem kognitiven Aufwand als solche erlebt (siehe auch Kerzel und Hecht, 2001). Neuere Ergebnisse zeigen entsprechend, dass die Zeitfolge von Ereignissen innerhalb dieses Rahmens verkehrt herum

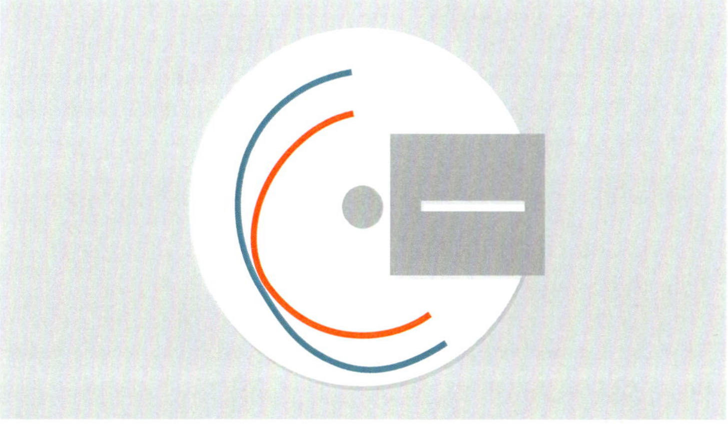

Abb. 5: Michottes Drehscheibe.

wahrgenommen werden kann, wenn eine erschlossene Kausalität dies nahelegt (Fornaciai und Di Luca, 2020).

Durch diese Betrachtung zur phänomenalen Kausalität sind wir an der Grenze dessen angelangt, was man als Zeiterleben durch Bewegungswahrnehmung bezeichnen kann. Es sollte klar geworden sein, dass Bewegungswahrnehmung eine Bedingung der Möglichkeit von Zeitwahrnehmung auf der dritten Ebene ist. Die ersten beiden Ebenen der Zeitwahrnehmung, also Zeitschätzung im leeren Raum und physiologische Zeit unterscheiden sich maßgeblich von der dritten Ebene der Bewegungswahrnehmung im Handlungskontext. Die erste Ebene ist nicht verankert und führt zu teilweise katastrophal schlechten Schätzungen. Die zweite entzieht sich in der Regel unserem Bewusstsein und kann deshalb nicht sinnvoll an philosophische Konzepte von Zeit angeschlossen werden.

Auf der dritten Ebene der Zeitwahrnehmung, also der der oben ausgeführten Mechanismen der Bewegungswahrnehmung, ist Zeit weder explizit vom handelnden Subjekt geschätzt, noch versteckt sie sich vollends hinter physiologischen Quanten. Vielmehr hoffe ich, Sie durch die Darstellung davon überzeugt zu haben, dass Zeit sozusagen als emergentes Phänomen aus unserer Fähigkeit, Bewegung in handlungsrelevanten Kontexten wahrzunehmen, heraustritt. Aus dieser Auffassung leitet sich auch eine Aussage über unser – von mir aus – epiphänomenales Zeiterleben ab, es ist nämlich der Präzision angepasst, mit der wir handeln müssen. In Situationen, in denen wir knapp einer Kollision entgangen sind, wird Zeit intensiv erlebt, weil wir an unseren Einstellungen (Sicherheitsabständen, Kriterien für die Initiierung von Eigenbewegung, etc.) Anpassungen vornehmen müssen. Ich trete also – pointiert gesagt – für eine handlungstheoretische Theorie der Zeitwahrnehmung ein.

8. Zeit und Gedächtnis: Anmerkung zu expliziter Zeitschätzung

Ich habe bei meiner Betrachtung bewusst die Problematik des expliziten Zeitschätzens außen vor gelassen. Wir können natürlich sowohl bei allen Zeitdauern unsere reflektierenden Bewusstseinsprozesse betrachten, die hier ins Spiel kommen können. Im Millisekundenbereich, etwa während des Musizierens im Orchester, tun wir dies nicht bzw. nur ganz indirekt, wenn uns auffällt, dass ein Mitspieler aus dem Takt geraten ist. Im Minutenbereich mögen wir uns darüber ärgern, wenn ein kleines Ereignis, dem wir beim Eierkochen unsere Aufmerksamkeit gewidmet hatten, dazu geführt hat, dass das Eigelb garer wurde als beabsichtigt. Aber in aller Regel machen wir uns außerhalb von merkwürdigen psychologischen Experimenten keinerlei Gedanken über explizite Zeitschätzungen. Ganz anders sieht es hingegen aus, wenn wir uns daran zu erinnern versuchen, wie lange unsere Reise nach Brandenburg oder Bali her sein mag, oder wie viele Stunden wir damals beim Bahnstreik auf dem Bahnhof in Fulda herumgewartet haben. Hier müssen wir in unserem Langzeitgedächtnis graben, und die Fehler, die sich hierbei auftun, sind z. T. gigantisch.

Für kurze explizite Zeitschätzungen hat sich inzwischen das sog. *»scalar timing model«* durchgesetzt, das auf eine Idee von Michael Treisman zurückgeht, der vorschlug, von einem Taktgeber auszugehen, der wie ein Metronom regelmäßige Takte vorgibt, und von einem Zähler oder Akkumulator, der die Takte zählt. Unser Erregungszustand bestimmt die Taktfrequenz des Taktgebers und unsere Aufmerksamkeit bestimmt, ob bzw. wie viele Takte der Akkumulator zählt. Mit diesem Modell kann sehr schön erklärt werden, warum uns Intervalle, in denen wir sehr aufgeregt waren, länger vorkommen und warum wir bei Ablenkung – etwa während des Eierkochens – nicht merken, dass schon etwas mehr Zeit vergangen ist als gedacht. Andere Forscher haben das Modell dann um einen Schalter und einen Komparator erweitert, die man einführen muss, wenn Versuchspersonen etwa die Aufgabe bekommen, ein bestimmtes Zeitintervall mit einem anderen oder mit einer gelernten Zeitvorstellung (z. B. »zehn Sekunden«) zu vergleichen. Der Schalter macht die Impulse des Taktgebers sensorisch bedeutsam, der Komparator vergleicht den Output des Akkumulators mit dem Vorgabewert der Vorstellung. Dieses Standardmodell, oft auch *»scalar timing model«* genannt, ist in Abb. 6 grob skizziert (für eine gute Einführung siehe Block und Zakay, 1996).

Das *»scalar timing model«* hat sich bewährt, da es sowohl physiologische Einflüsse wie Alkoholgenuss oder emotionale Erregung durch eine Beeinflussung des Taktgebers als auch kognitive Einflüsse durch Aufmerksamkeitsfokussierung oder -aussetzer des Akkumulators gut erklären kann. Allein, wenn auch noch eine flexible Rolle des Schalters und des Komparators bei der Zeitschätzung angenommen werden, können wir uns wenige Befunde vorstellen, die nicht mit dem Modell kompatibel wären.

Wenn wir uns explizite Zeitschätzungen großer Zeitinterwalle anschauen, wird die Luft sehr dünn. Das Standardmodell hat hier nicht mehr viel beizutragen und macht reinen Gedächtnistheorien Platz. Dinge, die wir sehr intensiv erleben, sagen wir einen dramatischen Verkehrsunfall, mögen sich in wenigen Sekunden ereignet haben, stellen sich in der Erinnerung aber als ausgedehnte Ereignisse dar, weil wir so viele Details erinnern und das Ereignis viel Raum im Langzeitgedächtnis einnimmt. So ist auch die Einsteinsche Anekdote zu erklären, oder extremer noch der Fall, wo wir stundenlang auf ein wichtiges Ereignis gewartet haben. Während wir warten oder Langeweile empfinden, scheint uns die Zeit kaum zu vergehen, in der Erinnerung Wochen später ist das ereignislose Warteintervall jedoch vollkommen zusammengeschrumpft. Hier hat Zeitwahrnehmung rein gar nichts mehr mit Bewegung und Bewegungswahrnehmung zu tun, sondern ist zu einem reinen Gedächtnisphänomen geworden, in dem die Menge an Erinnerungsdetails zu Gedächtniszeit wird.

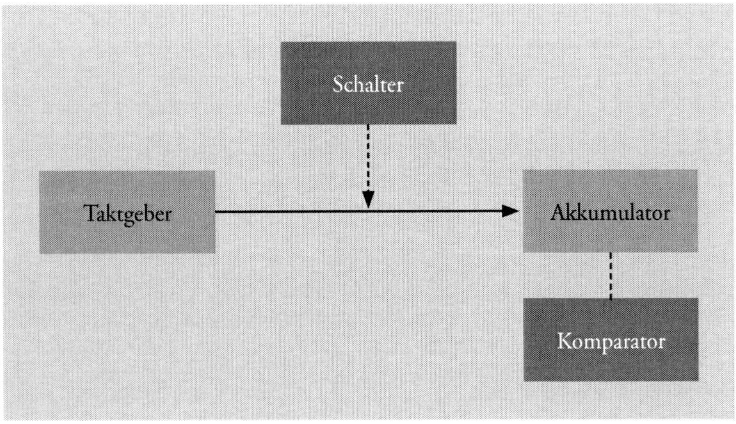

Abb. 6: Das Standardmodell der expliziten Zeitschätzung (»scalar timing model«).

Doch zurück zu expliziten Zeitschätzungen des unmittelbaren Erlebens. Im psychologischen Experiment zeigt sich auch, dass Bewegung noch in einem ganz anderen Sinn mit Zeitschätzung verbandelt ist, nämlich in einem intersensorischen. Wir haben kürzlich Versuchspersonen auf eine große Schaukel gelegt (Utegaliyev, Castell und Hecht, 2022). Ihre Aufgabe war, Zeitintervalle zwischen 5 und 20 Sekunden zu produzieren, entweder während sie geschaukelt wurden oder während die Schaukel stillstand. Im ersten Fall fielen die Schätzungen länger aus, d. h. die Zeit ist zusammengeschrumpft durch die Bewegung. Somit ist das Innenohr, das auf die Bewegung reagiert, offensichtlich an der expliziten Zeitwahrnehmung beteiligt. Man beachte, dass eine Zeitschätzung (»Wie viele Sekunden wurdest Du geschaukelt?«) während der Bewegung kürzer ausfallen würde, die Produktion von Intervallen aber länger.

Literatur

Addams, R.: An account of a peculiar optical phaenomenon seen after having looked at a moving body. *In: London and Edinburgh Philosophical Magazine and Journal of Science* 5, 1834, S. 373–374.

Aschersleben, G.: Temporal control of movements in sensorimotor synchronization. In: *Brain and Cognition* 48(1), 2002, S. 66–79.

Barlow, H. und Hill, R.: Evidence for a physiological explanation for the waterfall phenomenon and figural aftereffects. In: *Nature* 200, 1963, S. 1345–1347.

Block, R. A. und Zakay, D.: Models of psychological time revisited. In: *Time and Mind,* hrsg. von H. Helfrich. Hogrefe & Huber, Toronto 1996, S. 171–195.

Bravo, M. J. und Watamaniuk, S. N. J.: Evidence for two speed signals: A coarse local signal for segregation and a precise global signal for discrimination. In: *Vision Research* 35, 1995, S. 1691–1697.

Czeisler, C. A., Duffy, J. F., Shanahan, T. L., Brown, E. N., Mitchell, J. F., Rimmer, D. W. et al.: Stability, precision, and near-24-hour period of the human circadian pacemaker. In: *Science* 284(5423), 1999, S. 2177–2181.

Faro, D., Leclerc, F. und Hastie, R.: Perceived causality as a cue to temporal distance. *In: Psychological Science* 16(9), 2005, S. 673–677.

Fornaciai, M. und Di Luca, M.: Causality shifts the perceived temporal order of audiovisual events. In: *Journal of Experimental Psychology: Human Perception and Performance* 46(9), 2020, S. 890–900.

Grealy, M. A., Craig, C. M., Bourdin, C. und Coleman, S. G.: Judging time intervals using a model of perceptuo-motor control. In: *Journal of Cognitive Neuroscience* 16(7), 2004, S. 1185–1195.

Haag, J., Denk, W. und Borst, A.: Fly motion vision is based on Reichardt detectors regardless of the signal-to-noise ratio. In: *Proceedings of the National Academy of Science of the U. S. A.* 101(46), 2004, S. 16333–16338.

Hassenstein, B. und Reichardt, W. E.: Systemtheoretische Analyse der Zeit-, Reihenfolgen- und Vorzeichenauswertung bei der Bewegungsperzeption des Rüsselkäfers Chlorophanus. In: *Zeitschrift für Naturforschung* 11b, 1956, S. 513–524.

Hecht, H.: The failings of three event perception theories. In: *Journal for the Theory of Social Behaviour* 30, 2000, S. 1–25.

Hecht, H.: Bewegungswahrnehmung. In: *Handwörterbuch Psychologie: Allgemeine Psychologie: Kognition,* hrsg. von J. Funke und P. A. Frensch. Hogrefe, Göttingen 2006, S. 182–189.

Hecht, H. und Savelsbergh, G. J. P. (Hrsg.): *Time-to-Contact,* Elsevier Science Publishers, Amsterdam 2004.

Johansson, G.: *Configuration in Event Perception,* Almqvist & Wiksell, Uppsala 1950.

Kerzel, D. und Hecht, H.: Visual causality. In: *Interdisciplinary Perspectives on Causation,* hrsg. von M. May und U. Oestermeier (Series: Bern Studies in the History and Philosophy of Science, Vol. 4, Eds. G. Graßhoff, T. Lampert und T. Sauer). Books on Demand, Bern 2001, S. 119–139.

Korte, A.: Kinematoskopische Untersuchungen. *In: Zeitschrift für Psychologie* 72, 1915, S. 193–296.

Lee, D. N.: A theory of visual control of braking based on information about time-to-collision. In: *Perception* 5, 1976, S. 437–459.

Mach, E.: *Grundlinien der Lehre von den Bewegungsempfindungen,* J. A. Barth, Leipzig 1875. Nachdruck: Bonset, Amsterdam 1967.

Michotte, A.: *La perception de la causalité,* Publications Universitaires, Louvain 1954.

Pöppel, E.: Erlebte Zeit und die Zeit überhaupt: Ein Versuch der Integration. In: *Die Zeit.* Schriftenreihe der Carl Friedrich von Siemens Stiftung, Band 6, hrsg. von A. Peisl und A. Mohler. Oldenbourg, München 1983, S. 369–382.

Pöppel, E.: Eine zu große Herausforderung: Einige Fragen über die Zeit. In: *Forschung & Lehre* 12/99, 1999, S. 623–625.

Pöppel, E. und Giedke, H.: Diurnal variation of time perception. In: *Psychologische Forschung* 34(2), 1970, S. 182–198.

Proffitt, D. R., Rock, I., Hecht, H. und Schubert, J.: Stereokinetic effect and its relation to the kinetic depth effect. In: *Journal of Experimental Psychology: Human Perception and Performance* 18, 1992, S. 3–21.

Roseboom, W., Fountas, Z., Nikiforou, K., Bhowmik, D., Shanahan, M. und Seth, A. K.: Activity in perceptual classification networks as a basis for human subjective time perception. In: *Nature Communications* 10(1), 2019, 267.

Runeson, S. und Frykholm, G.: Kinematic specification of dynamics as an informational basis for person-and-action perception: Expectation, gender recognition, and deceptive intention. In: *Journal of Experimental Psychology: General* 112(4), 1983, S. 585–615.

Sekuler, R., Watamaniuk, S. N. J. und Blake, R.: Perception of visual motion. In: *Steven's Handbook of Experimental Psychology: Vol 1. Sensation and Perception* (3rd ed.), hrsg. von H. Pashler (Series Ed.) und S. Yantis (Vol. Ed.). Wiley, New York 2002, S. 121–176.

Shepard, R. N.: Ecological constraints on internal representation: Resonant kinematics of perceiving, imagining, thinking, and dreaming. In: *Psychological Review* 91(4), 1984, S. 417–447.
Shepard, R. N.: Toward a universal law of generalization for psychological science. In: *Science* 237(4820), 1987, S. 1317–1323.
Sperling, G. und Lu, Z.-L.: (1998). A systems analysis of visual motion perception. In: *High-Level Motion Processing: Computational, Neurobiological and Psychophysical Perspectives,* hrsg. von T. Watanabe. MIT Press, Cambridge 1998, S. 153–186.
Utegaliyev, N., Castell, C. v. und Hecht, H.: Vestibular stimulation causes contraction of subjective time. In: *Frontiers in Integrative Neuroscience* 16, 2022, 831059. DOI: 10.3389/fnint.2022.831059.
Wertheimer, M.: Experimentelle Studien über das Sehen von Bewegung. In: *Zeitschrift für Psychologie* 61, 1912, S. 161–265.
Wohlgemuth, A.: On the after-effect of seen movement. In: *British Journal of Psychology (Supp.)* 1, 1911, S. 1–117.

Dieser Beitrag ist eine aktualisierte und erweiterte Version des zuerst an folgendem Ort erschienenen Artikels: Hecht, H.: Zeitwahrnehmung als Bewegungswahrnehmung. In: *Zeit. Eine Ringvorlesung der Fachschaft Philosophie der Johannes-Gutenberg-Universität Mainz,* hrsg. von Nora Mewis und Stefan Schlag. Leo-Druck, Mainz 2006, S. 61–78.

Isabell Winkler

Einflussfaktoren auf das Zeitempfinden

Warum die Zeit oft verfliegt und sich manchmal endlos hinzieht

Die Zeit heilt alle Wunden, heißt es. Aber sie ist auch eine gnadenlose Heilerin, denn sie nimmt keine Rücksicht, ob man mit ihr Schritt halten kann oder nicht. Mit ihr vergeht unser Leben. Oft wünschen wir uns, wir könnten sie anhalten oder zumindest verlangsamen. Manchmal würden wir sie gern beschleunigen können. Wenn das auch mit der physikalischen Zeit, also dem tatsächlichen Zeitvergehen, das die Uhr misst, nicht möglich ist, so gibt es zumindest subjektiv ein paar Faktoren, die unser Zeitempfinden beeinflussen, über die sich zumindest die gefühlte Zeit verändern lässt.

Zeit ist eine Frage der Perspektive

Um zu verstehen, welche Faktoren das Zeitempfinden bestimmen, und um damit zu wissen, was man tun kann, um es zu beeinflussen, muss man zunächst die Zeitperspektiven unterscheiden. Die wichtigsten Erklärungsmodelle der menschlichen Zeitwahrnehmung tun dies (Zakay und Block, 1997). Es macht dabei einen Unterschied, ob wir die Geschwindigkeit des Zeitvergehens im gegenwärtigen Augenblick, also prospektiv, beurteilen oder rückblickend in der Vergangenheit (retrospektiv). Bei der prospektiven Zeitwahrnehmung, also beispielsweise der Frage danach, warum sich die Zeit in Wartesituationen endlos hinzieht, bei interessanten Gesprächen oder in anderen angenehmen Situationen aber wie im Flug vergeht, wird von der Wirkung eines Taktgebers ausgegangen, der wie eine innere Uhr funktioniert. Dieser Taktgeber gibt, metaphorisch gesprochen, regelmäßig Takte ab, die für eine bestimmte Zeitspanne gezählt und dann mit Dauern verglichen werden, die wir im Laufe unseres Lebens im Gedächtnis abgespeichert, also gelernt, haben. Wir wissen aufgrund unserer Erfahrungen beispielsweise, wie viele dieser Takte eine

Minute beinhaltet und können durch den Vergleich mit einer gerade registrierten Taktanzahl die Dauer fast beliebiger Zeitspannen sehr gut schätzen. Es ist dabei jedoch noch nicht genau klar, was diese innere Uhr genau ist oder wo sie sich in unserem Gehirn befindet. Was wir bereits wissen, ist, dass es nicht nur ein Hirnareal gibt, das allein für die Zeitwahrnehmung verantwortlich ist, sondern mehrere Bereiche, die über neuronale Schleifensysteme bei der Zeitverarbeitung zusammenwirken (Wittmann, 2009).

Bei der retrospektiven Zeitwahrnehmung hingegen, also zum Beispiel der Frage, wie lang ein bereits vergangenes Ereignis in etwa gedauert hat, geht man davon aus, dass die Anzahl der Takte unserer inneren Uhr bereits vergessen ist. Die Dauer muss anders rekonstruiert werden: anhand unserer Gedächtnisinhalte für den entsprechenden Zeitraum. An je mehr Details wir uns aus der zu schätzenden Zeitspanne – wie etwa unsere Sommerferien als Kind, der erste Kuss oder der letzte Urlaub – erinnern, desto länger kommt uns der Zeitraum vor. Es ist somit nicht einzig entscheidend, was und wie viel im betreffenden Zeitraum passiert ist, sondern auch wie gut wir uns daran erinnern.

Was wünschen wir uns von der Zeit?

Bevor wir uns anschauen, wie das Zeiterleben potentiell beeinflusst werden kann, betrachten wir, wie die Zeit idealerweise vergehen sollte, was wir uns also typischerweise von ihr wünschen. Menschen scheinen danach zu streben, dass die Geschwindigkeit der Zeit im Moment des Erlebens möglichst hoch ist. Es soll uns nicht langweilig werden. Müssen wir warten, lenken wir uns ab. Kaum jemand erträgt gern Wartezeit oder zäh dahinfließende Zeiträume. Scheint eine Zeitspanne schnell zu vergehen, wird sie umgekehrt sogar als positiver wahrgenommen und das Erlebte meist besser bewertet. Das zeigen die Untersuchungen von Sackett und Kollegen (2010), in denen den Teilnehmern vorgetäuscht wurde, dass entweder mehr oder weniger Zeit als gedacht vergangen ist. Dabei war es irrelevant, wie lang die Zeitspanne tatsächlich gedauert hat. Selbst außerordentlich langweilige Aufgaben wurden als amüsanter wahrgenommen, wenn die Probanden dachten, es seien bereits 10 statt nur 5 Minuten vergangen. Musikstücke wurden besser bewertet und Lärm als weniger störend empfunden, wenn die Geschwindigkeit einer elektronischen Uhr um 20 % erhöht wurde.

Rückblickend jedoch sollen unsere Lebensabschnitte gefühlt möglichst lang gedauert haben. Kaum etwas wird mehr bedauert als das Gefühl der über den Lebensverlauf immer schneller vergehenden Zeit. Die Kinder kommen schon in die Schule, obwohl sie doch gerade erst Laufen gelernt haben. Es fühlt sich erschreckend an, beim Wiedersehen einer bekannten Person herauszufinden, dass man sich zuletzt vor 10 Jahren getroffen hat. Wie kann man also dafür sorgen, dass sich zumindest gefühlt die Geschwindigkeit der Zeit im Augenblick hoch anfühlt, rückblickend aber diese Zeit trotzdem lang gedauert zu haben scheint? Schauen wir uns zunächst an, welche Einflussfaktoren es auf unser Zeitempfinden jeweils in beiden Zeitperspektiven gibt.

Einflussfaktoren auf die prospektive Zeitwahrnehmung

Kommen wir zunächst zurück zur inneren Uhr. Wenn unser innerer Taktgeber regelmäßig Takte abgibt, die gezählt und mit Referenzzeitspannen verglichen werden, wieso geht unsere innere Uhr dann nicht so präzise wie eine Schweizer Taschenuhr? Es gibt zwei Einflussfaktoren auf das prospektive Zeitempfinden, die durch bestimmte Eigenheiten des Taktgebers bzw. des Zählprozesses entstehen. Zum einen bestimmt unsere Aufmerksamkeit, wie viele Takte überhaupt registriert werden. Achten wir stark auf das Zeitvergehen, wie beim Warten oder während eines langweiligen Vortrages, dann nehmen wir jeden Takt der inneren Uhr wahr und die Zeiträume kommen uns verhältnismäßig lang vor bzw. die Zeit scheint langsam zu vergehen. Ist unsere Aufmerksamkeit anderweitig beansprucht, wie etwa durch das Lesen eines interessanten Buches oder ein spannendes Gespräch während des Wartens auf den Bus, steht weniger Aufmerksamkeit für das Wahrnehmen und Zählen der Takte zur Verfügung. Wir verpassen Takte, und im Vergleich kommen uns solche Zeitspannen kürzer vor bzw. die Zeit vergeht subjektiv schneller. Eine extreme Ausprägung dieses durch viele Untersuchungen gut belegten Phänomens ist der Flow, ein

Zustand völliger Absorption in einer Tätigkeit, in dem die Zeit außergewöhnlich schnell vergeht (Csikszentmihalyi, 1975; 1990). Im Gegensatz dazu kommen uns Zeitspannen, in denen Selbstregulationsprozesse nötig sind, wie das Lenken der Aufmerksamkeit weg von interessanten Ablenkungen hin zu »vernünftigen« (aber vielleicht langweiligen oder unangenehmen) Tätigkeiten oder das Unterdrücken unangemessener Emotionen, sehr lang vor, weil dabei die Aufmerksamkeit unweigerlich immer wieder auf die Zeit gerichtet wird (Vohs und Schmeichel, 2003). Man fragt sich: Wie spät ist es? Wie lang muss ich noch durchhalten?

Der zweite Einflussfaktor entsteht dadurch, dass die Taktrate der inneren Uhr vom Grad der körperlichen oder emotionalen Aktivierung abhängt. Je höher das Aktivierungsniveau, gemessen anhand körperlicher Reaktionen aufgrund von Sympathikusaktivierung, wie Hautleitfähigkeit, Herz- und Atemfrequenz, oder anhand subjektiver Einschätzung, desto schneller geht die innere Uhr. Es werden somit im gleichen Intervall mehr Takte produziert, was zu einer längeren Dauerschätzung bzw. einem langsameren Zeitvergehen führt. Sehr eindrücklich kann man sich diesen empirisch ebenfalls gut bestätigten Effekt vor Augen führen, wenn man sich vorstellt, wie langsam die Zeit beim Nachhause-Tragen schwerer Einkaufstüten, etwa die Treppe hinauf, oder beim angespannten Warten auf den Beginn einer Prüfung vergeht. Einige Menschen kennen das Phänomen der außergewöhnlich langsam vergehenden Zeit im Moment höchster Alarmiertheit während eines Unfalls, der praktisch in Zeitlupe abzulaufen scheint (Arstila, 2012). In der Regel geht eine hohe Aktivierung mit einem erhöhten Herzschlag einher. Man könnte sich somit fragen, ob das Herz unsere innere Uhr ist oder als Orientierungsreiz vom Taktgeber genutzt wird, indem wir unwissentlich unseren Herzschlag registrieren, wenn wir Zeit schätzen. In einer unserer Untersuchungen zeigte sich, dass sich das Zeitempfinden bei anstrengenden Aufgaben ausdehnt, unabhängig davon, ob dabei die Herzrate erhöht wird (wie bei Sportübungen) oder sogar gesenkt (wie beim Atemanhalten aufgrund des Taucherreflexes, bei dem die Herzfrequenz vermindert wird, um den Sauerstoffverbrauch zu reduzieren). Die Zeitschätzungen für gleich lange Zeitintervalle waren länger, wenn die Versuchsteilnehmer anstrengende Muskelübungen durchführten oder die Luft anhielten, so lang sie gerade noch konnten, im Vergleich zu Zeitschätzungen in angenehmer, entspannter Position. Der Taktgeber der inneren Uhr basiert somit also nicht auf der Wahrnehmung des Herzschlages, wie häufig angenommen (Schwarz et al., 2013).

Es gibt noch einen weiteren Einflussfaktor auf die prospektive Zeitwahrnehmung, der jedoch nicht von der inneren Uhr abhängt: Unsere Erwartungen darüber, wie lang eine Tätigkeit oder ein Ereignis (z. B. das Eintreffen eines Freundes am Ort der Verabredung) dauern wird. Egal, woher die Erwartungen kommen (weil es uns mitgeteilt wird oder wir aus unseren Erfahrungen Rückschlüsse ziehen), wir haben immer eine Vorstellung davon, wie lange etwas dauern wird. Dabei sind Menschen meist optimistische Schätzer, was gelegentlich zu Fehlplanungen führt (Bühler et al., 2002; Kahneman und Tversky, 1979). Erfahren wir von einem Freund, mit dem wir verabredet sind, dass er sich um 5 Minuten verspäten wird, werden es dann aber tatsächlich 15 Minuten, entsteht ein Kontrasteffekt, der im Vergleich zur erwarteten Dauer dazu führt, dass die tatsächliche Dauer als übermäßig lang erlebt wird (Tanaka und Yotsumoto, 2017). Es empfiehlt sich in solchen Situationen also, lieber für eine längere Dauererwartung zu sorgen, so dass der Kontrasteffekt in die entgegengesetzte Richtung verläuft. Der Erwartungs-Kontrast-Effekt ist auch die Hauptursache für den bekannten Rückwegeffekt, der dazu führt, dass sich ein unvertrauter (und damit in seiner Dauer unbekannter) Hinweg länger anfühlt, als der dann mittlerweile bekannte, gleiche Rückweg (Van de Ven et al., 2011). Da Menschen dazu neigen, unbekannte Dauern, wie die Dauer für den Hinweg, vorab optimistisch zu unterschätzen, führt der Kontrasteffekt dazu, dass die tatsächlich benötigte Dauer im Vergleich zur Erwartung als übermäßig lang empfunden und somit überschätzt wird. Für den Rückweg hat sich die Erwartung dann korrigiert und es entsteht eine kürzere (realistischere) Wahrnehmung der Dauer.

Einflussfaktoren auf die retrospektive Zeitwahrnehmung

Wie bereits erwähnt, funktioniert die Zeitwahrnehmung anders, wenn es um die Dauer vergangener Zeitspannen geht. Diese müssen aus dem Gedächtnis rekonstruiert werden, da die Takte der inneren

Uhr für diese Zeitintervalle nicht mehr zur Verfügung stehen. Die Rekonstruktion retrospektiver Dauern erfolgt auf Basis der Anzahl (unterschiedlicher) Gedächtnisinhalte aus dieser Zeitspanne: je mehr, desto länger wird die Dauer geschätzt (Block und Reed, 1978). Rückblickend kommt es daher manchmal zu fundamental anderen Einschätzungen als prospektiv. Es entsteht ein Zeit-Paradox (Wearden, 2005). Avni-Babad und Ritov (2003) zeigten, dass neuartige Aufgaben im Vergleich zu Routinetätigkeiten prospektiv als kürzer eingeschätzt wurden, weil dabei mehr Aufmerksamkeit durch die neuen Aufgaben beansprucht und somit weniger stark auf das Zeitvergehen geachtet wurde. Retrospektiv jedoch kamen den Probanden die neuartigen Aufgaben länger vor, weil ihnen mehr davon in Erinnerung geblieben ist. Dass die Anzahl an intensiv wahrgenommenen Sinneseindrücken eine erlebte Dauer verlängern kann, zeigt sich auch beim Meditieren. In einer Untersuchung, in der wir das Dauerempfinden bei der Meditation untersuchten, zeigte sich ein längeres Dauerempfinden beim offenen Gewahrsein, dem Achten auf alle Sinneseindrücke und Gedanken während der Meditation, im Vergleich zu fokussierter Aufmerksamkeit auf den Atem (Sedlmeier et al., 2020).

In der Retrospektive entsteht auch der häufig nachgewiesene Alterseffekt der Zeitwahrnehmung, der dazu führt, dass die Zeit immer schneller zu vergehen scheint, je älter man wird. Es erfolgt dabei ein Vergleich von im Gedächtnis unterschiedlich weiter zurückliegenden Lebensspannen. In den Untersuchungen von Wittmann und Lehnhoff (2005) sowie von Friedman und Janssen (2010) wurden insgesamt über 2.000 Personen aus vier verschiedenen Ländern (Deutschland, Österreich, Niederlande und Neuseeland) im Alter zwischen 14 und 94 Jahren danach befragt, wie schnell für sie verschiedene Lebensspannen vergingen. Wenn die Untersuchungsteilnehmer nach den letzten zehn Jahren gefragt wurden, ergaben sich bedeutsame Unterschiede zwischen jüngeren und älteren Menschen. In unserer Untersuchung zu den Ursachen des Alterseffektes zeigte sich einerseits, dass die Zeit, gemessen in Etappen von jeweils 10 Jahren, systematisch schneller verging, es wurde aber auch deutlich, dass im Wesentlichen drei Faktoren zu diesem Phänomen beitragen: Zum einen nimmt die Anzahl neuer Lebensereignisse ab, die als außergewöhnliche Erfahrungen sehr gut im Gedächtnis bleiben, da man mit zunehmendem Alter mehr Lebenserfahrung hat und es damit schwerer wird, wirklich Neues zu erleben. Außerdem entwickeln sich in der Regel immer mehr Routinen im Lebensalltag, da diese das Leben effektiver machen und somit sehr hilfreich sind. Routinen führen, wie beschrieben, jedoch dazu, dass weniger voneinander separierbare Gedächtnisinhalte einer bestimmten Zeitspanne abgerufen werden können. Der dritte Faktor ist (im Vergleich zur Kindheit) zunehmender Zeitdruck, der vermutlich dazu führt, dass einzelne Lebensereignisse weniger intensiv wahrgenommen und weniger detailreich gespeichert werden. Durch alle drei Ursachen stehen für gleichlange Zeiträume mit fortschreitendem Lebensalter immer weniger verschiedenartige Gedächtnisinhalte zur Verfügung, auf deren Basis die Dauer rekonstruiert wird (Winkler et al., 2017).

Die Zeitwahrnehmung in der Corona-Pandemie

Die Ereignisse im Rahmen der Corona-Pandemie waren unbestreitbar für die meisten Menschen wirklich außergewöhnliche Lebenserfahrungen, die jedoch individuell ganz unterschiedlich wahrgenommen wurden. Eine solch drastische Veränderung der Lebensbedingungen für beinahe alle Menschen zur gleichen Zeit ist eine sehr seltene Möglichkeit, etwas über die Einflussfaktoren in der Zeitwahrnehmung zu lernen. Es gibt mehrere großangelegte Untersuchungen, im Rahmen derer das Zeitempfinden in unterschiedlichen Phasen der Pandemie prospektiv untersucht wurde (Droit-Volet et al., 2020; 2021; Ogden, 2020; 2021). Während Droit-Volet und Kollegen in ihren Studien zu dem Schluss kamen, dass die Zeit in der Pandemie prospektiv langsamer verging als zuvor, fand Ogden, dass die Zeit »anders« verging. In allen Studien zeigte sich, dass das Zeitvergehen davon abhing, wie gut es den Untersuchungsteilnehmern in der Pandemie ging. Fühlten sich die Probanden häufig gelangweilt oder waren sie niedergeschlagen bzw. depressiv, verging die Zeit langsamer. Waren sie hingegen zufrieden mit ihren Sozialkontakten und erlebten häufig Freude, verging die Zeit schneller. Diese Befunde passen sehr gut zum bekannten Phänomen, dass die Zeit schnell vergeht, wenn wir Spaß haben oder etwas Angenehmes erleben, und sich endlos hinzuziehen scheint, wenn es uns (aus den unterschiedlichsten Gründen) schlecht geht.

In einer unserer Untersuchungen haben wir gefunden, dass auch retrospektiv die Zeit in Abhängigkeit von der jeweiligen Phase der Pandemie unterschiedlich schnell vergangen ist. Unsere Versuchsteilnehmer sollten sich dabei an unterschiedliche Zeiträume der Pandemie, beginnend mit den Monaten vor der Pandemie, über den ersten Lockdown und die nachfolgenden wechselnden Phasen der Lockerungen und erneuten Lockdown erinnern. Generell schien die Zeit im Lockdown durchschnittlich langsamer zu vergehen als während der Lockerungen und besonders im Vergleich zum Lebensalltag vor der Pandemie. Außerdem zeigte sich auch retrospektiv eine Abhängigkeit des Zeitvergehens von den psychischen Zuständen der Probanden. Wann immer es den Untersuchungsteilnehmern psychisch besser ging, sie zufriedener mit ihren Sozialkontakten waren und ihre Zeit ausgelastet war, verging die Zeit schneller. Waren sie niedergeschlagen oder fühlten sich gesundheitlich bedroht, verging die Zeit langsamer. Der dominanteste Einflussfaktor auf das Zeitempfinden scheint also sowohl prospektiv als auch rückblickend zu sein, wie angenehm das Leben oder einzelne Momente davon sind und möglicherweise auch, wie viel Kontrolle man über sein Leben hat. Dazu passen die Befunde von Baum und Kollegen (1984), die im Rahmen einer Untersuchung an Senioren im Alter von 62 bis 94 Jahren zeigten, dass die Wahrnehmung eines schnelleren Zeitvergehens assoziiert war mit mehr Lebenszufriedenheit, einer stärkeren eigenen Kontrollüberzeugung, einem stärkeren Sinn-Erleben sowie geringeren Depressivitätswerten. Es wurden deutliche Unterschiede gefunden zwischen Gruppen älterer Menschen, die Seniorenklubs angehörten und dadurch eine stärkere Gruppeneinbindung sowie einen höheren Aktivitätsgrad erlebten, und Personen, bei denen dies nicht der Fall war. Für Letztere schien die Zeit langsamer zu vergehen.

Die Frage im Titel dieses Artikels, warum die Zeit oft verfliegt und sich manchmal endlos hinzieht, kann der Leser nun ganz gut beantworten. Es ist im Grunde ein gutes Zeichen zumindest in Bezug auf unser psychisches Befinden, wenn sie schnell vergeht. In den meisten Lebensphasen haben wir die Kontrolle über unser Leben und werden es so gestalten, dass die Zeit meist schnell vergeht und sich nur selten endlos hinzieht. Was kann man aber tun, wenn die Lebenszeit doch etwas zu schnell zu vergehen scheint? Man könnte versuchen, öfter etwas Neues auszuprobieren, um mehr neue Lebensereignisse abzuspeichern. Man könnte häufiger aus Routinen und Zeitdruck ausbrechen, intensiver und achtsamer leben, um detailreichere Erinnerungen zu erzeugen.

Literatur

Arstila, V.: Time slows down during accidents. In: *Frontiers in Psychology* 3, 2012, 196.

Avni-Babad, D. und Ritov, I.: Routine and the perception of time. In: *Journal of Experimental Psychology: General* 132(4), 2003, S. 543–550.

Baum, S. K., Boxley, R. L. und Sokolowski, M.: Time perception and psychological wellbeing in the elderly. In: *Psychiatric Quarterly* 56(1), 1984, S. 54-61.

Block, R. A. und Reed, M. A.: Remembered duration: Evidence for a contextual-change hypothesis. In: *Journal of Experimental Psychology: Human Learning and Memory* 4(6), 1978, S. 656–665.

Buehler, R., Griffin, D. und Ross, M.: Inside the planning fallacy: The causes and consequences of optimistic time predictions. In: *Heuristics and Biases: The Psychology of Intuitive Judgment*, hrsg. von T. Gilovich, D.W. Griffin und D. Kahneman. Cambridge University Press, Cambridge 2002, S. 250–270.

Csikszentmihalyi, M.: *Beyond Boredom and Anxiety: The Experience of Play in Work and Games,* Jossey-Bass, San Francisco 1975.

Csikszentmihalyi, M. und Csikzentmihaly, M.: *Flow: The Psychology of Optimal Experience,* Harper & Row, New York 1990.

Droit-Volet, S., Gil, S., Martinelli, N., Andant, N., Clinchamps, M., Parreira, L., ... und Dutheil, F.: Time and Covid-19 stress in the lockdown situation: Time free, «Dying» of boredom and sadness. In: *PLoS One* 15(8), 2020, e0236465.

Droit-Volet, S., Martinelli, N., Chevalère, J., Belletier, C., Dezecache, G., Gil, S. und Huguet, P.: The persistence of slowed time experience during the COVID-19 pandemic: Two longitudinal studies in France. In: *Frontiers in Psychology* 12, 2021, 721716.

Friedman, W. J. und Janssen, S. M. J.: Aging and the speed of time. In: *Acta Psychologica* 134, 2010, S. 130–141.

Kahneman, D. und Tversky, A.: Intuitive prediction: Biases and corrective procedures. In: *TIMS Studies in Management Science* 12, 1979, S. 313–327.

Ogden, R. S.: The passage of time during the UK Covid-19 lockdown. In: *PLoS One* 15(7), 2020, e0235871.

Ogden, R.: Distortions to the passage of time during England's second national lockdown: A role for depression. In: *PLoS One* 16(4), 2021, e0250412.

Sackett, A. M., Meyvis, T., Nelson, L. D., Converse, B. A. und Sackett, A. L.: You're having fun when time flies: The hedonic consequences of subjective time progression. In: *Psychological Science* 21(1), 2010, S. 111–117.
Schwarz, M. A., Winkler, I. und Sedlmeier, P.: The heart beat does not make us tick: The impacts of heart rate and arousal on time perception. In: *Attention, Perception, & Psychophysics* 75(1), 2013, S. 182–193.
Sedlmeier, P., Winkler, I. und Lukina, A.: How long did the time spent in meditation feel? »Attention. Attention. Attention.« In: *Psychology of Consciousness: Theory, Research, and Practice,* 2020. DOI: 10.1037/cns0000254.
Tanaka, R. und Yotsumoto, Y.: Passage of time judgments is relative to temporal expectation. In: *Frontiers in Psychology* 8, 2017, 187.
van de Ven, N., van Rijswijk, L. und Roy, M. M.: The return trip effect: Why the return trip often seems to take less time. In: *Psychonomic Bulletin & Review* 18(5), 2011, S. 827–832.
Vohs, K. D. und Schmeichel, B. J.: Self-regulation and extended now: Controlling the self alters the subjective experience of time. In: *Journal of Personality and Social Psychology* 85(2), 2003, S. 217–230.
Wearden, J. H.: The wrong tree: Time perception and time experience in the elderly. In: *Measuring the Mind: Speed, Control, and Age,* hrsg. von J. Duncan, L. Phillips und P. McLeod. Oxford University Press, Oxford 2005, S. 137–158.
Winkler, I., Fischer, K., Kliesow, K., Rudolph, T., Thiel, C. und Sedlmeier, P.: Has it really been that long? Why time seems to speed up with age. In: *Timing & Time Perception* 5(2), 2017, S. 168–189.
Wittmann, M.: The inner experience of time. In: *Philosophical Transactions of the Royal Society B: Biological Sciences* 364(1525), 2009, S. 1955–1967.
Wittmann, M. und Lehnhoff, S.: Age effects in perception of time. In: *Psychological Reports* 97, 2005, S. 921–935.
Zakay, D. und Block, R. A.: Temporal cognition. In: *Current Directions in Psychological Science* 6(1), 1997, S. 12–16.

Diesem Beitrag ging eine etwas kürzere Version an folgender Stelle voraus:
Winkler, I.: Zeitempfinden. Warum die Zeit oft verfliegt und sich manchmal endlos hinzieht. In: *Report Psychologie* 46(11+12), 2021, S. 2–4.

Andrea Kiesel und Roland Thomaschke

Zeit in Aktion

Wahrnehmung und Verarbeitung von Zeit in Handlungskontexten

Menschen sind oft erstaunlich präzise bei der Ausführung von Handlungen, die exakte zeitliche Koordination erfordern, zum Beispiel im Rahmen von zeitkritischen Computerspielen und auch beim Musizieren. Die Steuerung von Handlungen in der Zeit ist sehr präzise (oder kann dies zumindest unter bestimmten Bedingungen sein), da Prädiktionsmechanismen die Planung und Ausführung von Handlungen unterstützen. Demgegenüber ist die Wahrnehmung von Zeit oft erstaunlich ungenau. Zum Beispiel können viele Personen die Länge von Zeitintervallen nur ungenau einschätzen und einzelne Zeitschätzungen für gleiche Intervalllängen unterscheiden sich stark. Weiterhin ist die Zeitwahrnehmung oft systematisch verzerrt. Beispielsweise werden dieselben Zeitintervalle als länger erlebt, wenn sie ungefüllt sind und man auf ihr Ende wartet, im Vergleich zu gefüllten Zeitintervallen, in welchen man abgelenkt ist.

Im folgenden Beitrag stellen wir zunächst aktuelle Forschung zu Zeitverarbeitung in der Handlungssteuerung vor mit besonderem Fokus auf den Prädiktionsmechanismen, welche die zeitlich präzise Steuerung von Handlungen unterstützen. Im Anschluss daran werden wir Phänomene der Verzerrung der Zeitwahrnehmung in Handlungskontexten erläutern und hier besonders auf die Zeitwahrnehmung für eigenverursachte Handlungseffekte fokussieren. Zum Abschluss erfolgt eine kurze Diskussion, ob die Verarbeitung von zeitlicher Information in Bezug auf Handlungssteuerung und die bewusste Wahrnehmung von Zeit dissoziieren, bzw. inwiefern die untersuchten Phänomene vergleichbar sind.

1. Zeitverarbeitung in der Handlungssteuerung

Handlungen können oft sehr präzise in der Zeit gesteuert werden, wenn es Handelnden möglich ist, den Zeitpunkt und/oder die exakte Handlung vorauszusagen. Diese Voraussage (Prädiktion) kann einerseits auf vorherigen Lernerfahrungen basieren und andererseits durch direkte Hinweisreize in der Umwelt gegeben werden. Im Folgenden unterscheiden wir zwei grundlegende Arten der Prädiktion: Erstens kann der Handelnde die Zeit selbst bzw. den Zeitpunkt eines Umweltereignisses, auf das reagiert werden soll, prädiktieren – d. h. die Zeit selbst wird prädiktiert. Zweitens kann die Zeit als Information genutzt werden, um ein Ereignis vorherzusagen. Bei dieser Art der zeitbasierten Prädiktion ist also die Zeit der Informationsträger, der prädiktiert, welches Ereignis bzw. welche Handlungsanforderung wann auftritt. Diese beiden Arten der Prädiktion erläutern wir im Folgenden anhand experimenteller Befunde.

1.1 Generelle Prädiktion von Zeitpunkten

In der kognitiven Psychologie werden oft Reaktionszeitexperimente verwendet, um Aussagen über Kognitionen, hier im Spezifischen über Vorhersagen von Zeitpunkten zu machen. Um die Prädiktion von Zeitpunkten nachzuweisen, gibt es zwei Arten von Experimenten: Einerseits können Versuchspersonen lernen, dass Reize nach bestimmten Zeitpunkten auftreten und andererseits können sie explizite Hinweisreize erhalten, wann der nächste Reiz erscheinen wird.

Das Lernen von Zeitpunkten kann in Experimenten mit unterschiedlich langen Vorperioden gezeigt werden. Hier wird in jedem einzelnen Versuchsdurchgang ein Fixationskreuz (oder eine andere Art von Startsignal) präsentiert, um den Beginn der Vorperiode zu markieren. Nach Ablauf eines gewissen Zeitintervalls, der sogenannten Vorperiode, erscheint dann ein Targetreiz, auf den so schnell wie möglich reagiert werden soll. Die Versuchspersonen reagieren dabei schneller, wenn der Targetreiz immer nach derselben Vorperiode erscheint, als wenn die Vorperiode zufällig wechselt. Dies zeigt, dass sich die Versuchspersonen auf diese feste Vorperiode einstellen,

Exkurs: Reaktionszeitexperimente

In Reaktionszeitexperimenten sehen Versuchspersonen einen imperativen Stimulus, oft auch Targetreiz genannt, auf den sie so schnell wie möglich reagieren sollen. Es werden dabei mindestens zwei verschiedene Versuchsbedingungen realisiert – zum Beispiel eine Stimulus-Bedingung mit der Möglichkeit zur Prädiktion und mindestens eine weitere Stimulus-Bedingung, in der Prädiktion schwieriger ist. Da einzelne Reaktionszeitmessungen sehr stark variieren können und z. B. durch unmittelbare Aufmerksamkeitsschwankungen beeinflusst sind, werden für jede Versuchsbedingung viele (oft 50 bis 100 oder auch mehr) Reaktionen gemessen. Dann wird der Mittelwert der Reaktionszeiten einer Versuchsbedingung als Schätzer des wahren Wertes der Reaktionszeit dieser Versuchsperson in dieser Versuchsbedingung berechnet. Durch die wiederholte Messung der Reaktionszeit in einzelnen Versuchsbedingungen ergibt sich eine sehr gute Schätzung. Unterscheiden sich die (gemittelten) Reaktionszeiten in den Versuchsbedingungen systematisch, lassen sich dadurch Rückschlüsse auf die kognitiven Prozesse ziehen, die den Versuchsbedingungen zugrunde liegen. Sind zum Beispiel die Reaktionszeiten in einer Versuchsbedingung, die Prädiktion ermöglicht, geringer als in einer anderen Versuchsbedingung, in der keine Prädiktion möglich ist, dann zeigen die schnelleren Reaktionen in der Prädiktionsbedingung, dass die Versuchsperson auf diese Art der Reaktion vorbereitet war, d. h. die Prädiktionsmöglichkeiten für die Handlungsvorbereitung genutzt hat.

dann den Zeitpunkt des Erscheinens prädiktieren und dadurch besonders schnell reagieren können (z. B. Müller-Gethmann, Ulrich und Rinkenauer, 2003; für eine Übersicht siehe Niemi und Näätänen, 1981).

Erscheint der Targetreiz nach einer variablen Vorperiode, dann reagieren die Versuchspersonen schneller bei längeren als bei kürzeren Vorperioden. Dieser Befund wird durch die Veränderung der Wahrscheinlichkeit des Auftretens des Reizes im Verlauf der Vorperiode (sogenannte »aging probabilities«) erklärt (z. B. Niemi und Näätänen, 1981). Stellen Sie sich vor, es gibt vier mögliche Vorperioden, bevor der Targetreiz erscheint, die 200, 400, 600 und 800 ms dauern können. Am Beginn der Vorperiode wird der Targetreiz mit 25 % Wahrscheinlichkeit bei jeder der Vorperioden erscheinen. Sobald der Zeitpunkt der ersten Vorperiode abgelaufen ist (und der Targetreiz ist noch nicht erschienen), steigt die Wahrscheinlichkeit für das Auftreten an den verbleibenden drei Vorperioden auf 33 %. Ist auch die zweite Vorperiode abgelaufen, ohne dass der Targetreiz erschienen ist, steigt die Wahrscheinlichkeit für die dritte und vierte Vorperiode auf 50 % und schließlich erscheint der Targetreiz mit 100 % Wahrscheinlichkeit an der längsten Vorperiode, falls er bis dahin noch nicht dargeboten wurde. Versuchspersonen passen offensichtlich im Verlauf eines Versuchsdurchgangs ihre Erwartung und die damit einhergehende Vorbereitung der Handlungsbereitschaft an diese sukzessive Veränderung der Auftretenswahrscheinlichkeit an, denn die Reaktionszeiten sinken mit längeren Vorperioden.

Die Prädiktion, wann ein Targetreiz erscheinen wird, ist nicht nur dann möglich, wenn Personen ausreichend Lernerfahrung über das (wahrscheinliche) Auftreten eines Reizes haben, sondern sie kann auch explizit durch Hinweisreize (sogenannte *Cues*) erfolgen. In einer Studie von Coull und Nobre (1998) wurde ein Targetreiz nach einer kurzen oder langen Vorperiode präsentiert. In jedem Versuchsdurchgang wurde zuvor ein Hinweisreiz präsentiert, der angab, ob der Targetreiz nach der kurzen oder langen Vorperiode erscheinen wird. Versuchspersonen nutzten diese Information, denn sie reagierten schneller, wenn der Targetreiz nach der kurzen Vorperiode erschien und der Hinweisreiz dies zuvor angekündigt hatte, im Vergleich zu einem unangekündigten Erscheinen nach der kurzen Vorperiode. Erschien der Targetreiz nach der langen Vorperiode, war die Reaktionszeit nicht beeinflusst durch den Hinweisreiz. Hier lässt sich vermuten, dass die Versuchspersonen, wenn sie den Targetreiz nach der kurzen Vorperiode erwarteten, diese Erwartung anpassten, nachdem die kurze Vorperiode verstrichen war (z. B. Correa, Lupiáñez, Milliken und Tudela, 2004).

Die bisher beschriebenen experimentellen Befunde zeigen, dass Personen schneller reagieren, wenn ein Reiz an einem erwarteten Zeitpunkt erscheint. Sie sind also Evidenz für die Vorbereitung bzw. Aufmerksamkeitsausrichtung auf Zeitpunkte. Dabei ist jedoch nicht berücksichtigt, welcher Reiz bzw. welches Ereignis an den erwarteten Zeitpunkten erscheinen wird. Die Prädiktion über die Identität eines Reizes bzw. einer notwendigen Reaktion wird im Folgenden durch Experimente mit Korrelationen zwischen Zeit und Ereignissen belegt.

1.2 Spezifische Prädiktionsmechanismen in Handlungskontexten

In unserer Umwelt sind Zeitpunkte des Eintretens oft prädiktiv für bestimmte Ereignisse. Wenn Sie eine Eingabe auf einer Webseite machen und die Systemantwortzeit sehr lange dauert, ist es wahrscheinlich, dass eine Fehlermeldung kommt (Thomaschke, Kunchulia und Dreisbach, 2015). Und in der zwischenmenschlichen Kommunikation ist es wahrscheinlicher, dass eine positive Antwort kommen wird, wenn Fragen bzw. Bitten schnell beantwortet werden; die Reaktionszeiten des Gesprächspartners sind dagegen oft langsamer, wenn eine negative Antwort gegeben wird (siehe z. B. Roberts, Margutti und Takano, 2011). Dass sich Personen auf diese Zeit-Ereignis-Korrelationen einstellen und diese für ihre Handlungsplanung nutzen, wurde in vielen Experimenten bestätigt (z. B. Thomaschke und Dreisbach, 2013; Thomaschke et al., 2011; siehe auch Wagener und Hoffmann, 2010).

In der Basisversion dieser Experimente werden Targetreize nach einer kurzen oder langen Vorperiode präsentiert – dabei erscheint jeder Targetreiz gleich häufig und jede Vorperiode wird gleich häufig verwendet. Die spezifische Kombination von Vorperiode und Targetreiz ist jedoch in der Häufigkeit unterschiedlich, bspw. wird der Targetreiz, der eine linke Reaktion erfordert, in 90 % nach der kurzen und nur in 10 % nach der langen Vorperiode präsentiert, und der Targetreiz, der eine rechte Reaktion erfordert, wird in 90 % nach einer langen und nur in 10 % nach einer kurzen Vorperiode präsentiert. Versuchspersonen reagieren schneller bei den häufigen Kombinationen von Vorperiode und Targetreiz als bei den seltenen. Dies zeigt, dass Versuchspersonen den Zusammenhang zwischen Vorperiode und Targetreiz lernen und für die Handlungsplanung nutzen.

Die zeitliche Prädiktion, welches Ereignis einer spezifischen Vorperiode folgt, ist dabei erstaunlich flexibel und präzise. In einer Untersuchung von Thomaschke und Kollegen (2011) wurde ein Targetreiz häufig nach 500 ms präsentiert und der andere Targetreiz häufig nach 1100 ms. Als mögliche Vorperioden wurden die Zeitintervalle von 100 ms bis 1500 ms in Schritten zu je 100 ms variiert. Versuchspersonen reagierten auf den frühen häufigen Targetreiz bereits nach der 300-ms-Vorperiode schneller, d. h. sie bereiteten diese Reaktion frühzeitig vor. Interessanterweise zeigte sich aber schon bei der 600-ms-Vorperiode kein Vorteil für den frühen häufigen Targetreiz – die Versuchspersonen planen also, während die Vorperiode abläuft, schnell um.

In weiteren Untersuchungen mit Zeit-Ereignis-Korrelationen wurde untersucht, ob auch komplexere Ereignisse, wie Einstellungen des Aufmerksamkeitsfokus oder Aufgabenvorbereitungen durch Zeitpunkte prädiktiert werden können. Wendt und Kiesel (2011) nutzten das sogenannte Flankier-Paradigma (für eine Übersicht siehe Eriksen, 1995), um Veränderungen in Bezug auf Aufmerksamkeitsverteilungen zu manipulieren. In diesem Paradigma wird ein zentral präsentierter Targetreiz von sogenannten Flankierreizen umgeben. Versuchspersonen sind instruiert, auf den zentralen Targetreiz zu reagieren. Die Flankierreize können dieselbe Reaktion wie der Targetreiz erfordern, dann sind sie kongruent, oder die andere Reaktion, dann sind sie inkongruent. Bei diesem Paradigma wird der Aufmerksamkeitsfokus variiert – bei inkongruenten Flankierreizen wird der Aufmerksamkeitsfokus verengt, um die störende, inkongruente Information der Flankierreize auszublenden. Kongruente Flankierreize dagegen unterstützen die Reaktionsaktivierung. In diesem Fall ist der Aufmerksamkeitsfokus breiter. Wendt und Kiesel manipulierten die Häufigkeit von inkongruenten bzw. kongruenten Flankierreizen in Abhängigkeit von der Vorperiode. Für eine Gruppe von Versuchspersonen erschienen nach der 200-ms-Vorperiode häufig (in 80 % der Trials) inkongruente Flankierreize und nach 800 ms häufig kongruente Flankierreize. Für eine andere Gruppe von Versuchspersonen war die Korrelation zwischen Vorperiode und Kongruenz umgedreht. Versuchspersonen passten ihren Aufmerksamkeitsfokus entsprechend der Häufigkeit der Kombination zwischen Vorperiode und Kongruenz an – sie hatten einen größeren Kongruenzeffekt (ein

Indiz für breiten Aufmerksamkeitsfokus) bei derjenigen Vorperiode, bei der oft kongruente Flankierreize präsentiert wurden.

Selbst komplexe Verarbeitungsmodi, wie die Vorbereitung von spezifischen Aufgabeneinstellungen beim sequentiellen Multitasking, können durch Zeit-Ereignis-Korrelationen induziert werden. In Experimenten von Aufschnaiter und Kollegen wechselten Versuchspersonen zwischen den beiden Aufgaben, eine Ziffer entweder als größer oder kleiner fünf oder als gerade oder ungerade zu klassifizieren. Die Aufgabenabfolge wechselte zufällig und die Farbe der Ziffer gab an, welche Aufgabe jeweils ausgeführt werden musste. Zusätzlich wurde der Targetreiz nach einer kurzen (500 ms) oder langen (1500 ms) Vorperiode präsentiert. Eine der beiden Aufgaben wurde häufig nach der kurzen und die andere Aufgabe häufig nach der langen Vorperiode instruiert. Versuchspersonen lernten diesen Zusammenhang und nutzten ihn für die Handlungssteuerung – sie waren schneller, wenn diejenige Aufgabe gefordert war, welche von der aktuellen Vorperiode prädiktiert wurde, als wenn diejenige Aufgabe gefordert war, welche selten nach dieser Vorperiode kam (Aufschnaiter et al., 2018). Interessanterweise nutzen Versuchspersonen diese Zeit-Aufgaben-Korrelation, obwohl der Zusammenhang implizit bleibt, d. h. ohne dass Versuchspersonen explizites Wissen über die Korrelation von Vorperiode und Aufgabe berichten können. Dieser Befund ist im Rahmen der Prädiktierbarkeit von Ereignissen unter anderem beim Multitasking bedeutsam, da hier einige Effekte mit expliziter Vorhersage, andere jedoch auch mit impliziten (d. h. nicht berichtbaren) Vorhersagen die Leistung verbessern (für eine Übersicht siehe Bröker et al., 2017).

Nicht nur Vorperioden zu Beginn eines Versuchsdurchgangs ermöglichen eine Vorhersage des nachfolgenden Ereignisses. In komplexen Handlungssettings kann auch eine Korrelation zwischen einer Handlung und dem Zeitintervall *nach* Ausführung der Handlung bis zum Erscheinen des Handlungseffektes genutzt werden, um eine nachfolgende Reaktion zu prädiktieren. Haering und Kiesel (2012) instruierten Versuchspersonen zunächst frei zu wählen, ob sie eine rechte oder linke Taste drücken möchten. Dann wurde auf dem Bildschirm nach 400 ms (kurzes Aktions-Effekt-Intervall) oder nach 1200 ms (langes Aktions-Effekt-Intervall) eine Glühbirne farbig und die Versuchspersonen sollten daraufhin so schnell wie möglich eine

Taste drücken. Variiert wurde die Korrelation zwischen linker und rechter freier Wahl und dem Aktions-Effekt-Intervall. Versuchspersonen reagierten bei dem kurzen Aktions-Effekt-Intervall viel schneller, wenn dieses durch die freie Aktionswahl prädiktiert wurde, als bei seltenen Kombinationen von freier Wahl und Aktions-Effekt-Intervall. Und beim langen Aktions-Effekt-Intervall reagierten die Versuchspersonen häufiger irrtümlich schon bevor die Glühbirne farbig wurde, wenn sie eigentlich das kurze Intervall erwartet hatten, als wenn die freie Aktionswahl das lange Intervall prädiktierte. Dies zeigt, dass die Versuchspersonen Aktions-Effekt-Verzögerungen lernen und die Aktion prädiktiert, ob der Handlungseffekt früh oder spät erwartet wird.

Zusammenfassend zeigen die bisherigen Forschungen, dass zeitliche Prädiktionen die Handlungssteuerung unterstützen. Einerseits werden Zeitpunkte generell prädiktiert, um unspezifisch an diesen Zeitpunkten aufmerksam zu sein. Andererseits gibt es spezifische Prädiktionsmechanismen: Die zeitliche Verzögerung zwischen zwei Ereignissen prädiktiert, welches Ereignis auftritt bzw. welche Handlung als nächstes erforderlich ist. Und eine Handlung/Aktion sagt vorher, nach welcher Verzögerung ein weiteres Ereignis folgen wird, auf das erneut reagiert werden soll. Demgegenüber steht die verzerrte Zeitwahrnehmung beim Handeln, die im Folgenden anhand von spezifischen Fehlern der Wahrnehmung von Aktions-Effekten beschrieben wird.

2. Verzerrte Zeitwahrnehmung beim Handeln

Handlungsplanung und Handlungssteuerung sind zeitlich oft sehr präzise – bedingt durch verschiedene Arten von Prädiktionsmechanismen, wie im vorigen Abschnitt erläutert. Dies geht jedoch nicht einher mit einer präzisen Zeitwahrnehmung in Handlungskontexten. Stattdessen werden hier systematische Verzerrungen beobachtet. Unter dem Schlagwort »Intentional Binding« haben Haggard, Clark und Kalogeras (2002) eine systematische Verzerrung der zeitlichen Verortung von Aktions-Effekten berichtet.

In ihren Untersuchungen gaben Versuchspersonen Zeiturteile mit der sogenannten Libet-Uhr (Libet et al., 1983) an. Dabei wird eine analoge Uhr mit 12 Markierungen für die »5-Minuten-Positionen« und einem Uhrzeiger gezeigt. Der Zeiger der Uhr dreht sich so, dass er 2560 ms für eine komplette Umdrehung benötigt. Versuchspersonen werden instruiert, spezifische Ereignisse zeitlich zu verorten, indem sie den Zeigerstand von 1 bis 60 angeben, wann das Ereignis eingetreten ist. Anschließend wird diese Angabe in Zeitangaben in Millisekunden umgerechnet.

In Untersuchungen zum »Intentional Binding« werden Zeiturteile in experimentellen Bedingungen und in Baseline-Bedingungen abgegeben. In den experimentellen Bedingungen sind die Versuchspersonen instruiert, intentional eine Taste zu drücken, um damit einen Aktions-Effekt (typischerweise einen Ton) zu erzeugen. In der Hälfte der experimentellen Blöcke geben die Versuchspersonen den Zeitpunkt der Aktion (des Tastendrucks) an und in der anderen Hälfte den Zeitpunkt des Aktions-Effekts (des Tons). In den Baseline-Bedingungen gibt es eine Bedingung, in der nur eine Taste gedrückt wird, jedoch kein Aktions-Effekt erscheint, und eine zweite Bedingung, in der nur der Ton erscheint, jedoch als Stimulus, ohne dass zuvor eine Aktion stattgefunden hätte. Verglichen werden die Zeiturteile für den Tastendruck in der experimentellen Bedingung, mit Intention einen Effekt zu erzeugen, und in der Baseline-Bedingung, sowie die Zeiturteile für den Ton in der experimentellen Bedingung, in der dieser als Aktions-Effekt erzeugt wurde, und in der Baseline-Bedingung. Dabei zeigen sich systematische Verzerrungen der Zeitwahrnehmung: Der Tastendruck wird in der intentionalen Bedingung zeitlich später wahrgenommen als in der Baseline-Bedingung und der Ton wird in der intentionalen Bedingung zeitlich früher wahrgenommen als in der Baseline-Bedingung. Es scheint also, als ob Aktion und Effekt in der Wahrnehmung zeitlich näher zueinander rücken, d. h. sie scheinen durch die Intention zeitlich aneinander »gebunden« zu werden.

In einer Reihe von Experimenten haben Ruess, Thomaschke und Kiesel (2017b, 2018) untersucht, wie die zeitliche Wahrnehmungsverzerrung des Aktions-Effektes beeinflusst wird durch die tatsächliche Länge des Intervalls zwischen Aktion und Effekt (siehe Abbildung 1). Haggard, Clark und Kalogeras (2002) hatten in diesem Zusammenhang bereits gezeigt, dass Intervalle von 250, 450 und 650 ms zwischen Aktion und Effekt das Ausmaß an »Intentional

Binding« beeinflussen. Der Aktions-Effekt wurde beim 250 ms Intervall ca. 100 ms früher wahrgenommen als in der Baseline-Bedingung und das Ausmaß dieser Verzerrung nahm für die beiden längeren Zeitintervalle ab. Ruess und Kollegen (2017b) untersuchten »Intentional Binding« für kürzere Aktions-Effekt-Intervalle und fanden, dass die zeitlich verzerrte Wahrnehmung des Aktions-Effektes bis zum 300-ms-Intervall anstieg. In einer anderen Arbeit mit Aktions-Effekt-Intervallen von 500, 650 und 800 ms beobachteten Ruess und Kollegen (2018) ebenfalls einen leichten Anstieg der zeitlichen Verzerrung. Zusammenfassend ist das Ausmaß der zeitlichen Verzerrung der Wahrnehmung des Aktions-Effektes in Abbildung 1 dargestellt. Das Ausmaß der Verzerrung für die zeitliche Wahrnehmung von Aktions-Effekten ist bei Verzögerung von 200 bis 300 ms am deutlichsten ausgeprägt. Für Zeitintervalle, die länger als 300 ms sind, ist die zeitliche Verzerrung zunehmend geringer. Die Arbeit von

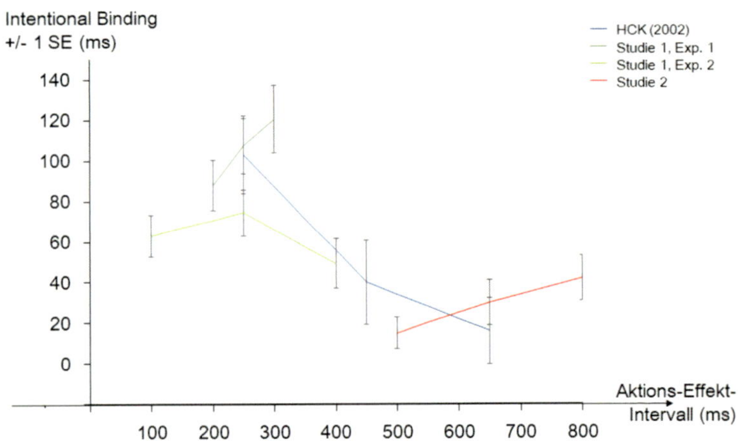

HCK: Haggard, P., Clark, S., & Kalogeras, J. (2002). Voluntary action and conscious awareness. *Nature Neuroscience, 5*, 382–385.
Studie 1: Ruess, M., Thomaschke, R., & Kiesel, A. (2017). The time course of intentional binding. *Attention, Perception, & Psychophysics, 79*, 1123-1131.
Studie 2: Ruess, M., Thomaschke, R., & Kiesel, A. (2018). The time course of intentional binding for late effects. *Timing & Time Perception, 6*, 54-70.

Abb. 1: Ausmaß der zeitlichen Verzerrung der Aktions-Effekt-Wahrnehmung (»*Intentional Binding*«) in Abhängigkeit von der Länge des Aktions-Effekt-Intervalls.

Ruess und Kollegen (2018) lässt vermuten, dass ab ca. 500 bis 600 ms wieder ein leichter Anstieg der zeitlichen Verzerrung existiert – dies werten wir gegenwärtig jedoch als vorläufigen Befund, der zunächst in weiteren Studien repliziert werden sollte.

Weiterhin ist gegenwärtig unklar, ob alle Arten von Aktions-Effekten der stärksten zeitlichen Verzerrung bei Aktions-Effekt-Intervallen zwischen 200 und 300 ms unterliegen. Aktuell vermuten wir, dass dem nicht so ist und dass es stattdessen Lerneffekte für spezifische Arten von Aktionen und Effekten gibt. Für Interaktionen mit dem Computer sind Verzögerungen der Antworten des Computers auf Eingaben des Bedieners von 200 bis 300 ms häufig. In Anlehnung an eine Studie von Stetson und Kollegen erscheint es plausibel, dass gewohnte Verzögerungen (in der Mensch-Computer-Interaktion) nicht (oder in geringerem Ausmaß) repräsentiert werden – siehe Stetson, Cui, Montague und Eagleman, 2006, für Evidenz, dass häufiges Erleben einer spezifischen Aktions-Effekt-Verzögerung dazu führt, dass dieses Intervall in der Zeitwahrnehmung nicht repräsentiert wird.

3. Dissoziation von Handlungsplanung und Erleben?

Zusammenfassend zeigen die beschriebenen Befunde der Verarbeitung von zeitlicher Information deutliche Unterschiede der Zeitverarbeitung in der Handlungsplanung und der Wahrnehmung von Ereignissen in der Zeit. Solche Dissoziationen von Wahrnehmung und Handlung sind in der Kognitionspsychologie auch in anderen Bereichen beobachtet worden (z. B. unter dem Stichwort »subliminales Priming«, siehe z. B. Kiesel, 2009) und sie regen zu philosophischen Überlegungen zum Zusammenhang bzw. zur Unabhängigkeit von bewusstem Erleben einerseits und Handlungsplanung bzw. -ausführung andererseits an.

Im Rahmen der verzerrten zeitlichen Wahrnehmung von Aktions-Effekten gibt es gegenwärtig keine gesicherte Evidenz, ob es sich bei der Zeitverarbeitung und der Zeitwahrnehmung tatsächlich um Dissoziationen von Handlungsplanung und Wahrnehmung handelt, da die verwendeten Untersuchungsparadigmen zu stark voneinander abweichen und die untersuchten Zeiträume teilweise unterschiedlich sind. Trotzdem möchten wir zum Abschluss eine Spekulation über die Funktion der Verzerrung der zeitlichen Wahrnehmung von Aktions-Effekten diskutieren. Es könnte sein, dass diese Verzerrung eine funktionale Rolle dabei spielt, dass aus der Vielzahl der potentiellen Veränderungen in der Umwelt diejenigen, die selbst erzeugt wurden, eine besondere Bedeutung für die Kausalitätswahrnehmung erhalten.

Einen solchen Zusammenhang zwischen der wahrgenommenen zeitlichen Nähe von Aktion und Effekt und der vermuteten Annahme, dass der Akteur selbst kausal für den Effekt ursächlich ist, konnten Ruess, Thomaschke und Kiesel (2017a) nachweisen. In dieser Studie wurden nach einer Aktion zwei Ereignisse mit leichtem zeitlichem Abstand zueinander präsentiert. Dabei zeigte sich, dass bei der Darbietung von zwei Ereignissen nach einer Handlung das früher auftretende Ereignis eher als der eigene Effekt wahrgenommen wird. In einer weiteren Studie beobachteten Ruess, Thomaschke und Kiesel (2020), dass die Länge des Aktions-Effekt-Intervalls gleichermaßen Einfluss auf die zeitliche verzerrte Wahrnehmung von Aktions-Effekten (den »Intentional Binding«-Effekt) und auf die Urteile, sich selbst als Verursacher des Effektes zu empfinden, hatte. Wir vermuten deshalb, dass es einen Zusammenhang gibt zwischen der Zeitverzerrung von Aktions-Effekten und dem Empfinden, selbst kausal verantwortlich für das Erscheinen dieses Effektes zu sein.

Literatur

Aufschnaiter, S., Kiesel, A., Dreisbach, G., Wenke, D. und Thomaschke, R.: Time-based expectancy in temporally structured task switching. In: *Journal of Experimental Psychology: Human Perception and Performance* 44, 2018, S. 856–870.

Broeker, L., Kiesel, A., Aufschnaiter, S., Ewolds, H.E., Gaschler, R., Haider, H., Künzell, S., Raab, M., Röttger, E., Thomaschke, R. und Zhao, F.: Why prediction matters in multitasking and how predictability can improve it. In: *Frontiers in Psychology 8,* 2017, 2021.

Correa, A., Lupiáñez, J., Milliken, B. und Tudela, P.: Endogenous temporal orienting of attention in detection and discrimination tasks. In: *Perception & Psychophysics* 66, 2004, S. 264–278.

Coull, J.T. und Nobre, A.C.: Where and when to pay attention: The neural systems for directing attention to spatial locations and to time intervals as revealed by both PET and fMRI. In: *Journal of Neuroscience* 18, 1998, S. 7426–7435.

Eriksen, C. W.: The flanker task and response competition: A useful tool for investigating a variety of cognitive problems. In: *Visual Cognition* 2, 1995, S. 101–118.

Haering, C. und Kiesel, A.: Time in action contexts: Learning when an action effect occurs. In: *Psychological Research* 76(3), 2012, S. 336–344.

Haggard, P., Clark, S. und Kalogeras, J.: Voluntary action and conscious awareness. In: *Nature Neuroscience* 5, 2002, S. 382–385.

Kiesel, A.: Unbewusste Wahrnehmung: Handlungsdeterminierende Reizerwartungen bestimmen die Wirksamkeit subliminaler Reize. In: *Psychologische Rundschau* 60, 2009, S. 215–228.

Libet, B., Gleason, C. A., Wright, E. W. und Pearl, D. K.: Time of conscious intention to act in relation to onset of cerebral activity (readiness potential): The unconscious initiation of a freely voluntary act. In: *Brain* 106(3), 1983, S. 623–642.

Müller-Gethmann, H., Ulrich, R. und Rinkenauer, G.: Locus of the effect of temporal preparation: Evidence from the lateralized readiness potential. In: *Psychophysiology* 40, 2003, S. 597–611.

Niemi, P. und Näätänen, R.: Foreperiod and simple reaction-time. In: *Psychological Bulletin* 89, 1981, S. 133–162.

Roberts, F., Margutti, P. und Takano, S.: Judgments concerning the valence of inter-turn silence across speakers of American English, Italian, and Japanese. In: *Discourse Processing* 48, 2011, S. 331–354.

Ruess, M., Thomaschke, R. und Kiesel, A.: Earlier effects are more often perceived as one's own action effects. In: *Timing & Time Perception* 5, 2017a, S. 228–243.

Ruess, M., Thomaschke, R. und Kiesel, A.: The time course of intentional binding. In: *Attention, Perception, & Psychophysics* 79, 2017b, S. 1123–1131.

Ruess, M., Thomaschke, R. und Kiesel, A.: The time course of intentional binding for late effects. In: *Timing & Time Perception* 6, 2018, S. 54–70.

Ruess, M., Thomaschke, R. und Kiesel, A.: Acting and reacting: Is intentional binding due to sense of agency or to temporal expectancy? In: *Journal of Experimental Psychology: Human Perception and Performance* 46, 2020, S. 1–9.

Stetson, C., Cui, X., Montague, P. R. und Eagleman, D. M.: Motor-sensory recalibration leads to an illusory reversal of action and sensation. In: *Neuron* 51(5), 2006, S. 651–659.

Thomaschke, R. und Dreisbach, G.: Temporal predictability facilitates action, not perception. In: *Psychological Science* 24, 2013, S. 1335–1340.

Thomaschke, R., Kunchulia, M. und Dreisbach, G.: Time-based event expectations employ relative, not absolute, representations of time. In: *Psychonomic Bulletin & Review* 22, 2015, S. 890–895.

Thomaschke, R., Wagener, A., Kiesel, A. und Hoffmann, J.: The specificity of temporal expectancy: Evidence from a variable foreperiod paradigm. In: *The Quarterly Journal of Experimental Psychology* 64, 2011, S. 2289–2300.

Wagener, A. und Hoffmann, J.: Temporal cuing of target-identity and target-location. In: *Experimental Psychology* 57, 2010, S. 436–445.

Wendt, M. und Kiesel, A.: Conflict adaptation in time: Foreperiods as contextual cues for attentional adjustment. In: *Psychonomic Bulletin and Review* 18, 2011, S. 910–916.

Alexander Gail

»Erinnerungen an die Zukunft«

Handlungsplanung in der Großhirnrinde

Gedächtnisfunktionen assoziieren wir meist mit dem Erinnern von vergangenen Ereignissen und gelernten Fakten. Gedächtnis ist aber auch notwendig, um die Zeit zwischen dem Entschluss zu einer Handlung und deren tatsächlicher Umsetzung zu überbrücken, also um zukünftige Handlungen zu planen und zielgerichtet zu agieren. Dieser prospektive, planerische Aspekt des Handelns, dieses »Erinnern« an die Zukunft, spiegelt sich in anhaltenden Aktivierungen weitverteilter Großhirnbereiche des Scheitel- und Frontallappens wider. Neben bildgebenden Verfahren beim Menschen wird Handlungsplanung als wichtige kognitive Funktion auch mit detaillierten elektrophysiologischen Messungen in Tiermodellen untersucht, u. a. bei nicht-humanen Primaten. Diese Studien dienen dem Verständnis der grundlegenden neurobiologischen Mechanismen dieser Gedächtnisleistung. Inzwischen werden diese Erkenntnisse aber auch zur Weiterentwicklung von Gehirn-Computer-Schnittstellen und Neuroprothesen verwendet. Mit Hilfe der aus der Gehirnaktivität ausgelesenen Information über eine geplante Handlung können moderne Neuroprothesen gesteuert werden. Was wissen wir über den Beitrag der Großhirnrinde zur Handlungsplanung und können wir damit in Zukunft über Gehirn-Computer-Schnittstellen Smart-Home-Umgebungen mühelos bedienen?

Handlungsplanung – eine in die Zukunft gerichtete Form des Arbeitsgedächtnisses

Eine zentrale Fähigkeit unseres Gehirns ist neben der unmittelbaren Verarbeitung auch die Speicherung von Information. Zusammen mit dem Ablegen (Enkodieren) und dem Abrufen von gespeicherter Information bilden diese Funktionen das Gedächtnis. Speichern kann man nur Information, die schon vorhanden ist. Insofern ist es nicht verwunderlich, dass Gedächtnis intuitiv in erster Linie mit »Erinnern« gleichgesetzt wird. Erinnern, das hat für uns etwas mit Vergangenheit zu tun, mit mentalem Wiedererleben früherer Eindrücke. Die Fähigkeit unseres Gehirns, Zeiträume zu überbrücken, in denen Informationen erhalten bleiben, obwohl die physische Realität vielleicht längst eine andere ist, erfüllt aber auch eine andere, eine in die Zukunft gerichtete Funktion.

Zielgerichtetes Handeln besteht nicht nur in der Aufgabe, das Richtige zu tun, sondern auch es zum richtigen Zeitpunkt zu tun. Prospektives Gedächtnis, auch Intentionsgedächtnis genannt, erlaubt es uns, Aufgaben in die Zukunft zu verlagern, die nicht unmittelbar umgesetzt werden können oder sollen. So können wir uns vornehmen, Lebensmittel zu kaufen, sobald der Laden wieder offen hat. Die prospektive Gedächtnisleistung der Handlungsplanung besteht darin, die Aufgabe zum gegebenen Zeitpunkt (Öffnungszeiten des Ladens) wieder in den Blick zu nehmen und sich an die inhaltlichen Details der ursprünglichen Planung (Brot, Butter, Milch etc. werden benötigt) zu erinnern. Handlungsplanung ist also ein Kernaspekt von zielgerichtetem Handeln und wichtiger Teil unseres kognitiven Kontrollsystems.

Primaten – und unter ihnen in besonderem Maße der Mensch – verfügen über die ausgeprägte Fähigkeit, Handlungen zielgerichtet zu planen. Damit haben sie Mikroorganismen einiges voraus. Zwar können auch Einzeller sich in zielgerichteter Art bewegen. Aber diese sogenannte Taxis ist eine auf einen externen Reiz hin oder davon weg gerichtete Orientierungsreaktion. Sie erfolgt recht vorherbestimmt entlang eines Signalgradienten, z. B. der Konzentration eines chemischen Stoffes, die von einer Nahrungsquelle ausgeht. Dagegen benötigen Tiere aktives Suchverhalten (*foraging*), wenn die Positionen der Nahrungsquellen nicht offensichtlich sind. Organismen, die über ein Gedächtnis verfügen, können diese Suche sehr viel effizienter gestalten: Ein Individuum, das weiß, welchen Teil eines Geländes es schon abgesucht hat, kann wiederholtes Aufsuchen eines »abgegrasten« Bereichs vermeiden und die Suche gezielt auf noch nicht besuchte Bereiche konzentrieren. Wir Menschen planen sogar vorausschauend (proaktiv). Ohne akuten Hunger, bereits in Erwartung eines zukünftig eintretenden Reizzustands (Hunger + leerer Kühlschrank) organisieren wir unseren Wocheneinkauf.

Bewusst verzögertes und planerisches Handeln erlaubt uns also die Unmittelbarkeit zwischen Reiz und Reaktion zu durchbrechen und erzeugt somit Flexibilität. Im Gegensatz zu reflexartigem Reagieren kann dadurch in ein und derselben äußerlichen Reizsituation sehr unterschiedlich reagiert werden. Innere, motivationale Aspekte können mit äußeren Eindrücken integriert werden, um zu einer auf Abwägungen basierenden Entscheidung zu gelangen. Wie bringt unser zentrales Nervensystem die Fähigkeit zu zielgerichtetem Handeln hervor und wie kommt es, dass wir Menschen so gut darin sind, Reiz und Reaktion bei Bedarf voneinander zu trennen?

Frontoparietale Schleifen für zielgerichtetes Handeln

Zunächst gilt festzuhalten: Nicht in allen Situationen ist Planung hilfreich! Aber unser Zentralnervensystem kann zum Glück beides: Einerseits werden schnelle Reaktionen auf Reize, wie sie für Schutzreflexe wie den Kniesehnenreflex elementar wichtig sind, durch dezidierte Schaltkreise zwischen Muskeln und Rückenmark effizient vermittelt. Andererseits hat unser sensomotorisches System im Lauf der Evolution einen komplexen Überbau über diesen Reflexbogen geschaffen. Die unmittelbar zwischen Muskeln und Motorneuronen rückgekoppelten Schaltkreise im Rückenmark werden durch vielfältige, sogenannte absteigende Bahnen aus Strukturen im Hirnstamm und bei höher entwickelten Organismen auch durch Bahnen direkt aus der Großhirnrinde beeinflusst. Am Ende sind die im Rückenmark befindlichen spinalen Motorneuronen, die die Bewegung verursachen, dieselben (*final common pathway*). Aber eine zwingende Unmittelbarkeit zwischen Reiz und Reaktion kann durch dieses Bauprinzip und den starken modulierenden Einfluss der absteigenden Bahnen vermieden werden. Der Mensch und andere höhere Primatenarten verfügen dabei als einzige über direkte Verbindungen von motorischen Bereichen der Großhirnrinde zu spinalen Motorneuronen der distalen Extremitäten, insbesondere der Hand, die ansonsten und bei den meisten Säugetierarten ausschließlich indirekt über Zwischenschaltkreise im Rückenmark beeinflusst werden können (Lemon, 2008).

Die Großhirnrinde (Kortex) ist mitnichten die einzige Hirnstruktur, die für die Kontrolle von Bewegungen und damit für die äußerlich erkennbare Ausdrucksform unseres Handelns eine Rolle spielt. Aber gerade in der Primatenevolution ist die Großhirnrinde der Teil des Zentralnervensystems, der mit Abstand am meisten Volumenaufwuchs erfuhr. Der relative Volumenanteil der Großhirnrinde ist mit 80 % beim Menschen fast doppelt so groß wie bei der Primatenteilordnung der Lemuren, während der Anteil bei der zu den Primaten parallel entwickelten Säugetierordnung der Spitzhörnchen nur rund 30 % beträgt. Der Volumenanteil des Kleinhirns, das für Bewegungskontrolle ebenfalls eine zentrale Rolle spielt, blieb dagegen über diese Ordnungen hinweg mit ca. 10–15 % relativ konstant (Breedlove und Watson, 2013).

Innerhalb der Großhirnrinde vergrößerten sich im Lauf der Evolution insbesondere die Assoziationsbereiche im frontalen Lappen und im Scheitellappen (Parietallappen), in der Linie der großen Menschenaffen und Menschen in den letzten ca. 15 Millionen Jahren im besonderen Maße der präfrontale Kortex (Smaers et al., 2017). Dies sind Bereiche, die nicht primär für die Verarbeitung von Sinnesreizen (Sensorik) oder die unmittelbare Generierung von Bewegungen (Motorik) zuständig sind. Stattdessen arbeiten ausgedehnte Teile des Frontallappens als prä- und sekundärmotorische Bereiche den primärmotorischen Kortexbereichen zu, während die absteigenden motorischen Bahnen fast ausschließlich in letzteren ihren Ursprung nehmen. Prämotorische Bereiche wiederum beziehen Information von handlungsassoziierten Bereichen sowohl aus präfrontalen als auch parietalen Assoziationsbereichen. Parietale und prämotorische Bereiche des frontalen Kortex sind dabei wechselseitig verschaltet. Es gibt also insbesondere bei höheren Primaten ein ausgedehntes frontoparietales sensomotorisches Netzwerk, das bei der Auswahl und Vorbereitung von Handlungen mitwirkt (Caminiti et al., 2017).

Die Organisation der frontoparietalen Schleifen ist nun geradezu dafür gemacht, flexibel auf äußere Reize zu reagieren. Im Parietalkortex werden Sinneseindrücke verschiedener Sinnesmodalitäten integriert, z. B. gesehene (visuell-räumliche) und gefühlte (somatosensorische) Information über die aktuelle Körperstellung wie die Position der Hand im Raum. Diese multisensorische Information wird an prämotorische Areale weitergereicht, wo sie – so die Vorstellung – mit einer assoziierten Handlung verknüpft wird. Der prämotorische Kortex wiederum übt direkt Einfluss auf den primären Motorkortex aus, der privilegierten Zugang zu dem im engeren Sinne motorischen System des Hirnstamms und des Rückenmarks hat. Ähnlich wie der Motorkortex entlang der mediolateralen Achse funktionell nach verschiedenen Körperregionen unterteilt ist (oft als motorischer »Homunculus« bezeichnet), gilt dies auch für die frontoparietalen Schleifen. Für die Planung von Armbewegungen sind der dorsale prämotorische Kortex (PMd) und die parietale Armbewegungsregion (*parietal reach region*, PRR) von herausragender Bedeutung. Parallel dazu gibt es sowohl parietal wie auch prämotorisch benachbarte Hirnregionen für Finger- und Greifbewegungen der Hand und solche für gezielte, sakkadische Augenbewegungen (Caminiti et al., 2017).

Als entscheidend für flexibles, an den Verhaltenskontext angepasstes Verhalten gilt, dass der prämotorische Kortex auch von präfrontalen Bereichen beeinflusst wird. Dieser Teil des Gehirns ist stark assoziiert mit der Fähigkeit, neue Regeln zu erlernen und flexibel und situationsabhängig zu reagieren (Wallis et al., 2003). Durch das Zusammenfließen von einerseits sensorischen Eingangssignalen verschiedener Sinnesmodalitäten aus parietalen Assoziationskortizes und andererseits erlernten Regeln und Kontextsignalen aus präfrontalen Regionen wird die frontoparietale Schleife zur Schnittstelle für flexible Handlungsplanung. Sinneseindrücke über die – vorwiegend räumlichen – Gegebenheiten in der Umwelt können auf Handlungsoptionen abgebildet und unter diesen anhand situationsabhängiger Auswahlkriterien (Kontext) ausgewählt werden. Frontoparietale Schleifen sind damit zentral für höhere kognitive Prozesse der Handlungsauswahl, also der Entscheidungsfindung, und der Handlungsplanung.

Mit Handlungsplanung einhergehende Gedächtnisprozesse spiegeln sich dabei in anhaltender Aktivierung von Nervenzellen zwischen Reiz und Reaktion wider, wie sie in den Arealen der frontoparietalen Schleifen sehr häufig zu finden sind (D'Esposito und Postle, 2015). Was sagen uns diese Nervenzellen der Großhirnrinde über eine geplante Bewegung? Welcher räumliche Aspekt der geplanten Bewegung spiegelt sich in der Selektivität dieser Nervenzellen wider? Was lernen wir von ihnen über die zeitliche Dynamik und Mechanismen der Entscheidungsfindung?

Planungssignale in parietalen und prämotorischen Neuronen

Um das im Detail, also auf der zellulären Ebene zu untersuchen, brauchen wir ein Tiermodell, das zielgerichtete Bewegungen nach erlernten Regeln durchführen kann und dessen sensomotorisches System dem menschlichen hinreichend ähnlich ist. Das ist bei Rhesusaffen der Fall. Den Tieren kann durch Verhaltenstraining – genauer: positives Verstärkungslernen – beigebracht werden, zielgerichtete Armbewegung anhand visueller Anweisung an einem Computerbildschirm durchzuführen. Immer wenn das Tier einen Durchgang erfolgreich absolviert hat, wird es belohnt. Neurophysiologen registrieren währenddessen, ohne dass das Tier es spüren kann, die Aktivität vieler einzelner Nervenzellen der Großhirnrinde gleichzeitig in einer oder mehreren Hirnregionen. Dazu benutzen sie Mikroelektroden, die in der Nähe der Nervenzellen positioniert werden. Die Elektroden sind haarfein, so dass das Gewebe nur minimal beeinflusst wird. Sie erlauben eine Messung von elektrischen Signalen, z. B. neuronale Feldpotentiale (»micro-EEGs«) und auch die einzelnen Millisekunden-genauen Zellimpulse, die zwischen den Nervenzellen kommuniziert werden.

In einem typischen Experiment für die Untersuchung von Planungsaktivität in sensomotorischen Hirnregionen hat das Tier die Aufgabe, aus der Mitte des Bildschirms heraus Bewegungen in verschiedene Himmelsrichtungen, ähnlich den Uhrzeiten auf einem Ziffernblatt, durchzuführen. Der Bildschirm ist dabei berührempfindlich oder das Tier bedient eine Art Joystick. Die Anweisung erfolgt durch einen Hinweisreiz. Die eigentliche Bewegung darf aber erst nach einem zweiten Hinweisreiz (»Go«-Signal) durchgeführt werden, davor kann sie schon geplant werden. Nachdem das Tier die Anweisung erhalten hat, und während es noch plant, erhöht sich die Häufigkeit der gemessenen Zellimpulse, die sog. Impuls- oder Feuerrate, in vielen Zellen der parietalen Armbewegungsregion und des prämotorischen Kortex (Gail et al., 2009). Nach der zweiten Anweisung führt das Tier die Bewegung aus. Danach nimmt die Impulsrate wieder ab. Der Anstieg der neuronalen Aktivität beginnt nicht erst mit Beginn der Bewegung, sondern schon mit dem Zeitpunkt, zu dem das Tier über die Bewegungsrichtung informiert wird, also sobald das Tier damit beginnen kann, die Bewegung zu planen. Es zeigt sich also eine Dynamik der neuronalen Aktivierung, die nicht unmittelbar an einen äußeren Reiz oder die produzierte Bewegung gekoppelt ist. Die Aktivierung wird zwar durch einen Hinweisreiz in Gang gesetzt, erhält sich aber danach selbst aufrecht. Sie erfüllt damit eine Gedächtnisfunktion (Martinez-Vazquez und Gail, 2018).

Damit ein solches neuronales Antwortmuster im Vorfeld einer Bewegung tatsächlich als Planungssignal geeignet ist, muss es natürlich auch Informationen über die Eigenschaften der geplanten Bewegung wie zum Beispiel die Bewegungsrichtung enthalten. Führt das Tier die Bewegung nicht nur in eine Himmelsrichtung aus, sondern nacheinander in alle angezeigten Richtungen, zeigen sich Unterschiede. Die Antwortprofile für verschiedene geplante Bewegungsrichtungen führen zu stärkerer oder schwächerer Aktivierung. Es zeigt sich, dass ein großer Anteil der Zellen im prämotorischen und im posterioren parietalen Kortex selektiv für die Richtung einer geplanten Armbewegung ist (Gail et al., 2009).

Das Beispiel veranschaulicht zwei wichtige Eigenschaften, die für die Planung einer Bewegung relevant sind: das Aufrechterhalten der Aktivierung bis zum Ausführen der Bewegung, um die Zeit seit dem Beginn der Planung zu überbrücken, und die Selektivität für räumliche Parameter der geplanten Bewegung. Um sicherzustellen, dass die Aktivität die geplante zukünftige Bewegung repräsentiert – und nicht etwa die Erinnerung an den vorhergegangenen Hinweisreiz –, nutzen wir in unseren Arbeiten einen Trick. Der Hinweisreiz wird nur kurz eingeblendet und je nach Farbe steht ein Hinweisreiz auf der rechten Seite für ein Armbewegungsziel an exakt der Stelle des Hinweisreizes (»pro«-Aufgabe) oder aber auf der gegenüberliegenden linken Seite des Bildschirms (»anti«-Aufgabe). Dabei stellt man fest, dass zwar der eingeblendete sensorische Hinweisreiz kurzzeitig die Aktivität in den Hirnarealen dominiert, aber innerhalb von ca. 100 ms wird diese Information abgelöst durch Signale, die das Bewegungsziel charakterisieren, das mit diesem Hinweisreiz verknüpft ist (Gail et al., 2006; Westendorff et al., 2010).

Diese »Übersetzung« der räumlichen Information des Hinweisreizes in die räumliche Information der assoziierten Handlung nennt man sensomotorische Transformation. Die Dynamik dieser Transformation lässt sich an der dynamischen Änderung der in der Population der Neuronen vorherrschenden Richtungsinformation ablesen. Die nach der Transformation in der darauffolgenden anhaltenden Aktivität der Zellen gespeicherte Gedächtnisinformation ist dann auf die Zukunft ausgerichtet, nicht auf die Vergangenheit, erfüllt also eine prospektive Funktion. Sie informiert über das, was das Tier tun will, nicht primär darüber, wie es dazu kam, dies tun zu wollen.

Wie so oft, gilt das mit Einschränkung. Denn sieht man sich die Aktivität der Neuronen genauer an, ist auch die Information darüber, wie der aktuelle Bewegungsplan instruiert wurde, noch aus dem Gesamtmuster der Aktivierung herauslesbar (Gail et al., 2009). Die beschriebene Form von Selektivität für räumliche Parameter geplanter Bewegungen kombiniert mit Gedächtnisfunktion ist typisch für parietale wie auch für prämotorische Regionen der Armbewegungsplanung, sowie für viele weitere parietale und frontale Assoziationskortizes. Vergleichbare Befunde gelten beispielsweise auch bei geplanten Greif- oder Augenbewegungen (Snyder et al., 2000; Michaels et al., 2018).

In der Forschung zur Handlungsplanung und Entscheidungsfindung werden die genannten Hirnareale in vielerlei Hinsicht untersucht. Im Folgenden sollen einige wenige Beispiele genannt werden, die mit zeitlichen Aspekten dieser Planung zu tun haben. So stellt sich z. B. die Frage, ab wann und unter welchen Voraussetzungen im Vorfeld einer Bewegung überhaupt Handlungspläne in frontalen bzw. parietalen Arealen nachweisbar sind. Und was bedeuten eventuelle Unterschiede für die jeweilige Rolle, die parietale und prämotorische Regionen zur Planung beitragen?

Hierarchie frontaler und parietaler Planungsareale

Erhält ein Rhesusaffe einen Hinweisreiz, der räumlich mit der Position übereinstimmt, zu der das Tier später greifen soll, dann zeigen das dorsale prämotorische (PMd) und posterior-parietale Armbewegungsareal (PRR) dieses Bewegungsziel gleich schnell an. Handelt es sich dagegen um ein indirektes Bewegungsziel, d. h. der Hinweisreiz auf der einen Seite des Bildschirms signalisiert ein späteres Greifziel auf der gegenüberliegenden Seite, dann wird dieses indirekte Bewegungsziel im prämotorischen Kortex ähnlich schnell wie das direkte Bewegungsziel angezeigt. Im parietalen Kortex jedoch ist die Information über das Ziel erst ca. 40–50 ms später erkennbar (Westendorff et al., 2010). Das heißt, Bewegungsziele, die nicht bereits unmittelbar aus dem visuellen Reiz hervorgehen, sondern erst durch die Anwendung einer gelernten Regel erschlossen werden müssen, sind im frontalen Kortex zuerst vorhanden und erst später im parietalen Kortex sichtbar.

Das Modell, das sich daraus für die Repräsentation von Bewegungszielen im parietalen Kortex ergibt, stellt sich für uns folgendermaßen dar: Der Hinweisreiz, egal ob für ein direktes oder indirektes Bewegungsziel, erzeugt eine kurzzeitige räumlich-selektive Aktivierung, die sich recht schnell über die gesamte frontoparietale Schleife erstreckt. Durch Einwirkung aus dem prämotorischen Kortex auf den parietalen Kortex wird diese räumliche Position entweder als Zielposition für die Bewegung bestätigt oder wird durch eine andere Zielposition, die mit diesem Hinweisreiz assoziiert ist, ersetzt. Im Fall der indirekten Bewegungen ist eine »Umkartierung« (*remapping*) notwendig und diese kostet Zeit (Zhang und Barash, 2000). Diese Zeit äußert sich in verzögerter Ortsselektivität der parietalen Neuronen für das Bewegungsziel, nachdem sie kurzzeitig die Position des Hinweisreizes angezeigt hatten. Diese verzögerte Ortsselektivität für das Bewegungsziel bei indirekten, regelbasierten Handlungsanweisungen geht auch einher mit langsameren Reaktionszeiten, wenn man dem Tier oder menschlichen Probanden in einer Reaktionszeitaufgabe keine Zeit zum Planen der Bewegung lässt (Westendorff und Gail, 2011). Dies deutet darauf hin, dass eine Handlung erst ausgelöst wird, wenn frontale und parietale Regionen gemeinsam das richtige Handlungsziel anzeigen. Dieses Konzept ist auch unter dem Namen »verteilter Konsens« bekannt (Cisek, 2012).

Eine Vorhersage aus diesem Modell ist, dass die Ortsselektivität im Parietalkortex von Eingangssignalen des prämotorischen Kortex abhängt, zumindest im Fall der indirekten, regelbasierten Bewegungen. Können wir einen solchen kausalen Zusammenhang nachweisen? Wir glauben, ja. Dazu verändern wir in einer aktuellen Studie die Nervenzellen des prämotorischen Kortex mit optogenetischen Methoden.

Durch lokales Einbringen eines fremden Genoms in die Nervenzellen des prämotorischen Kortex mit Hilfe eines harmlosen Virus, eine sogenannte Transfektion, wird ein großer Teil der prämotorischen Zellen im betroffenen Volumen lichtempfindlich gemacht (Fortuna et al., 2020; Trembley et al., 2020). Messen wir jetzt von so einer veränderten Zelle, ist das Antwortmuster wie gewohnt, es sei denn, wir beleuchten sie mit Laserlicht einer bestimmten Wellenlänge. In unserem Fall wird die Zelle unter solchem Lichteinfluss inaktiv, weil das eingebrachte Fremdgenom zu einem Einbau lichtabhängiger inhibitorischer Kanalproteine in die Zellmembran geführt hat. Wichtig für unseren Versuch: Die Membran der Zellen wird nicht nur im Bereich des Zellkörpers verändert, sondern auch über die gesamte Länge der Axone, also entlang der Fortsätze, über die die Zellen ihre Impulse zu anderen Zellen weiterleiten.

Strahlen wir nun Laserlicht im Parietalkortex ein, werden die Impulse unterdrückt, die eigentlich von den Zellen im prämotorischen Kortex im Parietalkortex ankommen sollten. Messen wir gleichzeitig von einer lokalen, unveränderten Zelle im Parietalkortex, können wir prüfen, inwieweit sich deren Aktivität ändert, wenn wir gezielt nur die Eingangssignale vom prämotorischen Kortex unterdrücken. Untersuchen wir die Folgen dieser projektionsspezifischen Inaktivierung der prämotorischen Eingangssignale im Parietalkortex im Mittel über viele Zellen, stellen wir zweierlei fest: Einerseits wird die neuronale Selektivität für direkte Bewegungsziele der parietalen Zellen durch die Inaktivierung der Eingangssignale aus dem prämotorischen Kortex nicht merklich verändert. Andererseits verzögert sich aber die Selektivität für indirekte Ziele, wenn die Eingangssignale vom prämotorischen Kortex lokal fehlen. Diese vorläufigen Befunde deuten stark darauf hin, dass parietale Repräsentationen von Bewegungszielen von prämotorischen Prozessen ursächlich abhängen, zumindest dann, wenn die Ziele durch eine gelernte Verhaltensregel bestimmt werden, also im besonderen Maße einer kognitiven Kontrolle unterliegen.

Erst Planen, dann Entscheiden?

Planungssignale in frontoparietalen Schleifen und deren zeitliche Abfolge sind auch unter dem Gesichtspunkt der Handlungsauswahl, also der Entscheidungsfindung interessant. Wie vorläufig dürfen bzw. wie definitiv müssen Handlungspläne sein, bevor sie in parietalen und prämotorischen Arealen messbar werden? Und welcher Hirnbereich zeigt eine Entscheidung zuerst an? Stellen wir uns den Fußballer beim Elfmeter vor. Es gibt zwei potentielle Ziele, die unterschiedliche sensomotorische Transformationen erfordern. Die Position des Torwarts markiert ein direktes Ziel, auf das der Spieler zielen kann (in der berechtigten Hoffnung, dass der Torwart zur Seite springt). Eine leere Ecke entspricht einem indirekten Ziel, das durch seine Lage relativ zur Torwartposition (und zum Torrahmen) definiert ist, ähnlich wie bei der oben genannten »anti«-Aufgabe das Greifziel auf der Seite gegenüber dem Hinweisreiz lag. Gibt es in der Phase, in der sich ein Stürmer noch nicht auf ein Ziel festgelegt hat, also mit gleicher Wahrscheinlichkeit Torwart oder Ecke wählen würde, schon eine neuronale Signatur für die beiden potentiellen Ziele in den frontoparietalen Planungsarealen? Oder tauchen Bewegungspläne erst auf, nachdem wir die Entscheidung über das zu verfolgende Bewegungsziel getroffen haben?

Um dies zu testen, haben wir die Situation des Stürmers (in stark vereinfachter Form) als Armbewegungsaufgabe für Rhesusaffen umgesetzt. Messungen in der parietalen Armbewegungsregion und im prämotorischen Kortex ergaben ein ähnliches Bild: Die beiden potentiellen Bewegungsziele aktivieren tatsächlich die beiden Neuronengruppen, die für die jeweiligen Bewegungsziele selektiv sind, auf anhaltende Weise während der Vorbereitung einer späteren Entscheidung. Andere Neuronengruppen sind dagegen inaktiv, wenn sie für Bewegungsziele selektiv sind, die in einem gegebenen Durchgang nicht zur Auswahl stehen (Klaes et al., 2011; 2012). Das heißt, Entscheiden und Planen sind offenbar keine rein sequentiellen Prozesse – wir fangen nicht erst an zu planen, nachdem wir entschieden haben –, sondern beides findet parallel statt und konkurrierende Handlungspläne sind gemeinsam repräsentiert in frontoparietalen Planungsarealen.

Aber inwiefern reflektieren die neuronalen Repräsentationen der beiden Handlungsoptionen den Entscheidungsprozess? Hat der Spieler eine eindeutige Präferenz, dann spiegelt sich diese in der neuronalen Aktivität wider. Nur das bevorzugte Bewegungsziel führt dann noch zu einer Aktivierung der zu diesem Ziel passenden Neuronen. Dabei handelt es sich nicht um eine Alles-oder-nichts-Aktivierung. Wie wir in weiterführenden Studien zeigen konnten, ist die relative Aktivierung der beiden konkurrierenden Neuronenpools, stellvertretend für Torwart oder Ecke, graduell abgestuft, solange die Entscheidung noch nicht gefallen ist. Je wahrscheinlicher die eine Handlungsoption gewählt wird, umso stärker ist deren Aktivierung und umso schwächer die Repräsentation der alternativen Option in der neuronalen Aktivität. Sobald sich für eine Option entschieden wird, »kippt« das System auf diese Seite und die neuronale Repräsentation wird eindeutig (Suriya-Arunroj und Gail, 2015; 2019). Wie bei den weiter oben beschriebenen eindeutigen, regelabhängigen Bewegungszielen zeigen auch bei zweideutigen Entscheidungssituationen die prämotorischen Neuronen den endgültigen Bewegungsplan einige -zig Millisekunden früher an als die parietalen Neuronen. Bevor es jedoch zu einer Entscheidung kommt, koexistieren in den Arealen der Bewegungsplanung Aktivierungsmuster für die beiden alternativen Handlungsziele, so als planten wir zwei Handlungen und würden erst dann entscheiden.

Bewegungsziele außerhalb unmittelbarer Reichweite

Die bisherigen Beispiele zeigen, dass die unmittelbar nächste geplante Handlung als anhaltende Aktivierung in den Planungsarealen der frontoparietalen Kortizes in Erscheinung tritt. Dies gilt zumindest in Situationen, in denen das Tier stillsitzt und diese Handlung in Ruhe als alleiniges nächstes Handlungsziel planen kann. Messtechnisch waren diese durch Stillsitzen charakterisierten Situationen bis vor Kurzem auch die einzigen, die mit Rhesusaffen getestet werden konnten. Im Alltag planen wir aber die nächste Handlung, während wir noch mit der aktuellen Handlung beschäftigt sind. Wenn wir in einem Raum das Licht einschalten wollen, dann müssen wir uns dem Wandschalter i. d. R. erst nähern. Beim Laufen nutzen wir den Arm, mit dem wir später den Schalter betätigen wollen, noch anderweitig, sei es, um ihn ergonomisch zu schlenkern oder eben noch schnell das Smartphone zu bedienen. Rhesusaffen wiederum verwenden ihre Vorderextremitäten einerseits zum vierbeinigen Laufen, andererseits zum zielgerichteten Greifen. Können wir auch mittelbare Bewegungspläne in frontoparietalen Hirnarealen ablesen, also Pläne, die nicht die unmittelbar bevorstehende, sondern die darauffolgende Handlung widerspiegeln?

Wir sind der Frage nachgegangen, ob Planungssignale in frontoparietalen Arealen für eine mittelbar geplante Armbewegung schon während der Annäherung an das Ziel feststellbar sind, also bereits während das Ziel noch außerhalb der unmittelbaren Reichweite des Arms liegt (Berger et al., 2019; Berger et al. 2020). Diese Frage konnte nur nach erheblicher technischer Entwicklungsarbeit beantwortet werden, denn Messungen von einzelnen Nervenzellen der Großhirnrinde in freibeweglichen Rhesusaffen waren bis vor Kurzem nicht möglich. Im ersten Schritt trainierten wir sich frei bewegende Rhesusaffen mit Hilfe einer speziellen computergesteuerten Versuchsumgebung darauf, zuverlässig wiederholbar ein präzise getimtes und räumlich strukturiertes sensomotorisches Verhalten zu zeigen. Wie bei klassischen Touchscreen-basierten Experimenten gab ein Hinweisreiz an, wo das Armbewegungsziel sein wird. Diese Zielposition musste sich das Tier merken, um dann auf ein weiteres Signal hin loszulaufen und das Ziel mit der Hand zu berühren. In der neuartigen Versuchsumgebung zeigt ein Feld mit vier farblich beleuchteten möglichen Berührzielen unmittelbar vor dem Tier Nahziele an. Ein weiteres Feld in etwa 1,5 m Entfernung von der Ausgangsposition des Tieres ermöglicht es, auch Fernziele, also Ziele außerhalb der unmittelbaren Reichweite, zu testen.

Um die komplexen Lauf- und Greifbewegungen des Tieres präzise zu erfassen, wurden im zweiten Schritt künstliche neuronale Netzwerke durch maschinelles Lernen darauf trainiert, verschiedene Körperpunkte in Videoaufzeichnungen zu detektieren (*motion capture*). Kameras aus verschiedenen Blickwinkeln erlaubten dann, die Armbewegung im dreidimensionalen Raum zu rekonstruieren. Als letzte Neuerung wurde die Hirnaktivität von möglichst vielen einzelnen Neuronen gleichzeitig per Funk von knapp 200 Elektroden aus drei Hirnarealen übertragen, während sich das Tier frei bewegt.

Die übertragene Datenmenge summiert sich auf ca. 200 × 30.000 = 6 Millionen Messpunkte pro Sekunde. Aus den komplexen Aktivitätsmustern an neuronaler Aktivität, die aus dem parietalen, prämotorischen und primärmotorischen Kortex gleichzeitig erfasst wurden, konnte so tatsächlich die geplante Bewegung zur rechten oder linken hinteren Ecke des Raumes abgelesen werden, bevor das Tier überhaupt losgelaufen war. Als wichtige Kontrolle konnten wir feststellen, dass diese Planungsinformation für entfernte Armbewegungsziele auch vorhanden ist, wenn die initiale Laufrichtung des Tieres konstant gehalten wird. Dies erreichten wir dadurch, dass das Tier zunächst durch eine schmale Türöffnung laufen musste, bevor es die entfernten Armbewegungsziele greifen konnte (Berger et al., 2020).

Diese Befunde sind interessant, da sie nahelegen, dass sowohl in parietalen als auch in prämotorischen Hirnbereichen Repräsentationen des Raums innerhalb und jenseits der unmittelbaren Reichweite, also jenseits des sog. peripersonalen Raums zu finden sind. Frühere neuropathologische Befunde von Patienten mit ausgedehnten Hirnschädigungen ließen vermuten, dass diese Raumrepräsentationen neuroanatomisch getrennt sein könnten. Diese Patienten zeigten Neglekt-Symptome, die entweder selektiv für den peripersonalen Raum oder selektiv für den Raum jenseits davon waren (Halligan und Marshall, 1991; Vuilleumier et al., 1998). Nach den neurophysiologischen Befunden aus den parietalen und prämotorischen Bereichen beim Rhesusaffen scheint eine dichotomische Trennung nach kognitiven Repräsentationen des Nah- und Fernraums im Bereich der Armbewegungsplanung nicht der Fall zu sein.

Perspektiven für die Neuroprothetik

Der Nachweis von mittelbaren, nicht auf das unmittelbare Körperumfeld bezogenen Bewegungsplänen in der Großhirnrinde gibt Raum für neue Ideen, wenn man das Phänomen vor dem Hintergrund möglicher translationaler Anwendungen in der Neuroprothetik betrachtet. In den letzten Jahrzehnten gab es enorme Fortschritte darin, die bewegungsbezogenen Signale des Motorkortex in Echtzeit auszulesen und computergestützt zu dekodieren. Die neuronalen Signale werden dabei im klassischen Ansatz unmittelbar hinsichtlich der intendierten Bewegung interpretiert, um daraus ein Bewegungskommando für einen Computer-Cursor, eine Armprothese oder einen Rollstuhl zu generieren. Diese Gehirn-Computer-Schnittstellen wurden zunächst mit gesunden Rhesusaffen entwickelt und seit ca. 15–20 Jahren in klinischen Studien an gelähmten Patienten erprobt (Hochberg et al., 2006).

Denkt man an die rasch voranschreitende Digitalisierung unserer Lebenswelten, erscheint es fast umständlich, einen hochkomplexen, teuren und aufgrund der vielen Bewegungsfreiheitsgrade anspruchsvoll zu bedienenden robotischen Arm per Gedankenkraft zu steuern, nur um einen einfachen Lichtschalter zu bedienen. Ein fernsteuerbarer Schalter in einem Smart Home könnte viel einfacher direkt per Gehirn-Computer-Schnittstelle betätigt werden. Im europäischen Konsortium Plan4Act (plan4act-project.eu) arbeiten Experten für ambientes betreutes Wohnen (AAL: *ambient assisted living*), Robotik, Computerwissenschaft, Mikroelektronik und Neurophysiologie der Großhirnrinde zusammen, um solche Ansätze voranzubringen. Dass eine solche Form der Steuerung einer smarten Umgebung sogar proaktiv möglich sein sollte, indem zum Beispiel eine am anderen Ende des Raums befindliche Tür per Gedankenkraft geöffnet werden kann, während sich der Bewohner mit seinem ebenfalls per Gedankenkraft gelenkten Rollstuhl noch durch den Raum bewegt, zeigen obige Befunde aus den frei beweglichen Tieren. Aktuell wird diese Grundlagenforschung mit Hilfe immer besserer Möglichkeiten der Funkübertragung von Signalen und KI-gestützter Auswertung von Videobildern auf größere und komplexere Versuchsumgebungen ausgedehnt, so dass man gespannt sein darf, ob und welche Erkenntnisse dieser Forschung Einzug in den Alltag halten werden.

Literatur

Berger, M., Neumann, P. und Gail, A.: Peri-hand space expands beyond reach in the context of walk-and-reach movements. In: *Scientific Reports* 9, 2019, 3013.

Berger, M., Agha, N. S. und Gail, A.: Wireless recording from unrestrained monkeys reveals motor goal encoding beyond immediate reach in frontoparietal cortex. In: *eLife* 9, 2020, e51322.

Breedlove, S. M. und Watson, N. V.: *Biological Psychology: An Introduction to Behavioral, Cognitive, and Clinical Neuroscience*, 7th edition, Sinauer 2013.

Caminiti, R., Borra, E., Visco-Comandini, F., Battaglia-Mayer, A., Averbeck, B. B. und Luppino, G.: Computational architecture of the parieto-frontal network underlying cognitive-motor control in monkeys. In: *eNeuro* 4, 2017, 10.1523/ENEURO.0306-1516.2017.

Cisek P: Making decisions through a distributed consensus. In: *Current Opinion in Neurobiology* 22(6), 2012, S. 927–936.

D'Esposito, M. und Postle, B. R.: The cognitive neuroscience of working memory. In: *Annual Review of Psychology* 66, 2015, S. 115–142.

Fortuna, M. G., Huer, J., Guo, H., Gruber, J., Gruber-Dujardin, E., Staiger, J. F., Scherberger, H., Treue, S. und Gail, A.: Histological assessment of optogenetic tools to study fronto-visual and fronto-parietal cortical networks in the rhesus macaque. In: *Scientific Reports* 10, 2020, 11051.

Gail, A. und Andersen, R. A.: Neural dynamics in monkey parietal reach region reflect context-specific sensorimotor transformations. In: *Journal of Neuroscience* 26, 2006, S. 9376–9384.

Gail, A., Klaes, C. und Westendorff, S.: Implementation of spatial transformation rules for goal-directed reaching via gain modulation in monkey parietal and premotor cortex. In: *Journal of Neuroscience* 29, 2009, S. 9490–9499.

Halligan, P. W. und Marshall, J. C.: Left neglect for near but not for far space in man. In: *Nature* 350, 1991, S. 498–500.

Hochberg, L. R., Serruya, M. D., Friehs, G. M., Mukand, J. A., Saleh, M., Caplan, A. H., Branner, A., Chen, D., Penn, R. D. und Donoghue, J. P.: Neuronal ensemble control of prosthetic devices by a human with tetraplegia. In: *Nature* 442, 2006, S. 164–171.

Klaes, C., Westendorff, S., Chakrabarti, S. und Gail, A.: Choosing goals, not rules: Deciding among rule-based action plans. In: *Neuron* 70, 2011, S. 536–548.

Klaes, C., Schneegans, S., Schoner, G. und Gail, A.: Sensorimotor learning biases choice behavior: A learning neural field model for decision making. In: *PLoS Computational Biology* 8, 2012, e1002774.

Lemon, R. N.: Descending pathways in motor control. In: *Annual Review of Neuroscience* 31, 2008, S. 195–218.

Martinez-Vazquez, P. und Gail, A.: Directed interaction between monkey premotor and posterior parietal cortex during motor-goal retrieval from working memory. In: *Cerebral Cortex* 28, 2018, S. 1866–1881.

Michaels, J. A., Dann, B., Intveld, R. W. und Scherberger, H.: Neural dynamics of variable grasp-movement preparation in the Macaque frontoparietal network. In: *Journal of Neuroscience* 38, 2018, S. 5759–5773.

Smaers, J. B., Gomez-Robles, A., Parks, A. N. und Sherwood, C. C.: Exceptional evolutionary expansion of prefrontal cortex in Great Apes and humans. In: *Current Biology* 27, 2017, S. 714–720 und S. 1549.

Snyder, L. H., Batista, A. P. und Andersen, R. A.: Intention-related activity in the posterior parietal cortex: A review. In: *Vision Research* 40, 2000, S. 1433– 1441.

Suriya-Arunroj, L. und Gail, A.: I plan therefore I choose: Free-choice bias due to prior action-probability but not action-value. In: *Frontiers in Behavioral Neuroscience* 9, 2015, 315.

Suriya-Arunroj, L. und Gail, A.: Complementary encoding of priors in monkey frontoparietal network supports a dual process of decision-making. In: *eLife* 8, 2019, e47581.

Tremblay, S. et al.: An open resource for non-human primate optogenetics. In: *Neuron* 108, 2020, S. 1075–1090.e6.

Vuilleumier, P., Valenza, N., Mayer, E., Reverdin, A. und Landis, T.: Near and far visual space in unilateral neglect. In: *Annals of Neurology* 43, 1998, S. 406–410.

Wallis, J. D. und Miller, E. K.: From rule to response: Neuronal processes in the premotor and prefrontal cortex. In: *Journal of Neurophysiology* 90, 2003, S. 1790–1806.

Westendorff, S. und Gail, A.: What is »anti« about anti-reaches? Reference frames selectively affect reaction times and endpoint variability. In: *Experimental Brain Research* 208, 2011, S. 287–296.

Westendorff, S., Klaes, C. und Gail, A.: The cortical timeline for deciding on reach motor goals. In: *Journal of Neuroscience* 30, 2010, S. 5426–5436.

Zhang, M. und Barash, S.: Neuronal switching of sensorimotor transformations for antisaccades. In: *Nature* 408, 2000, S. 971–975.

Martin Meyer

Neuronentakt und Sprachsignal

Zeitabläufe im Gehirn während der Sprachverarbeitung

»The fit between language and its underlying mechanism arose because language has evolved to fit the human brain, rather than reverse.«[1]

Charles Darwin (1882)

Raus mit der Sprache!

Ist es nicht erstaunlich, dass wir von Sprache jeden Tag Gebrauch machen, ohne im mindesten darüber nachzudenken, wie dies eigentlich möglich ist? Wir sprechen mit anderen Menschen, mit uns (oder unseren Hunden), wir hören ihnen zu, wir antworten, oftmals in mehreren Sprachen. Wir wenden die gesprochene Sprache als Mittel der Kommunikation selbstverständlich ein ganzes Leben über an. Natürlich würden die meisten Menschen in die Feststellung einwilligen, dass Sprache auch eine Funktion des Gehirns darstellt. Jedoch ob im Gehirn ein wie auch immer beschaffenes Sprachzentrum diese Aufgabe bewältigt oder ob sich die neuronale Signatur der Sprache(n) überhaupt wissenschaftlich untersuchen und beschreiben lässt, wissen naturgemäß die wenigsten unter uns.

Dieser Beitrag zielt darauf ab, diese Fragen möglichst einfach zu beantworten. Zu diesem Zweck müssen wir uns zu Beginn zwei weitere Fragen stellen. Zum einen ist zu klären, was Lautsprachen eigentlich ausmachen. Wie sind sie physikalisch und akustisch beschaffen? Welche Informationen transportieren Sprachsignale und wie sind diese Informationen kodiert? Zum anderen ist es erforderlich zu verstehen, wie das Gehirn diese Sprachsignale aufnimmt und verarbeitet. Wie wird dann unsere Lautsprache in die Sprache des

---

1 »Die Passung zwischen der Sprache und dem ihr zugrunde liegenden Mechanismus entstand, weil sich die Sprache ans menschliche Gehirn anpassen musste, nicht umgekehrt.« [Üs. d. Hrsg.].

Gehirns übersetzt und wie ist diese Gehirnsprache überhaupt beschaffen?

Natürlich weiß die Forschung noch nicht auf alle diese Fragen dezidierte Antworten. Systematische Forschung zur Sprache-Gehirn-Beziehung ist eigentlich erst seit der Etablierung bildgebender Verfahren (funktionelle Magnetresonanztomographie / fMRT, Elektro- bzw. Magnetenzephalographie/EEG bzw. MEG) möglich. Anders als in der Gedächtnisforschung kann man auf dem Gebiet der Sprache keine Vor- oder Vergleichsstudien zum Tiermodell heranziehen. Bis in die 1990er Jahre war daher die Läsionsforschung weitgehend modellbildend. Beobachtungen an hirnverletzten Menschen gaben einige Hinweise auf eine mögliche kausale Beziehung zwischen dem Ort einer Hirnverletzung und einem daraus resultierenden Defizit beim Wahrnehmen, Verstehen und Produzieren von Sprache. Aufgrund der großen Unschärfe von Läsionen und der beträchtlichen interindividuellen Varianz der zerebralen Sprachorganisation ist der Erkenntnisgewinn beim Läsionsmodell eher gering, bisweilen sogar irreführend. Heute gilt es als erwiesen, dass das klassische neurologische Modell der Sprache, welches im 19. Jahrhundert durch Paul Broca, Karl Wernicke und Ludwig Lichtheim etabliert wurde, überholt ist (Binder, 2017; Catani und Mesulam, 2008; Tremblay und Dick, 2016; Weiller et al., 2011). Demnach ist Sprache keine monolithische Funktion, die im Gehirn in einem oder zwei Sprachzentren beherbergt ist. Vielmehr lassen sich sprachrelevante Funktionen in weit verteilten, primär kortikalen, aber auch subkortikalen Regionen der linken und rechten Hirnhälfte verorten (Vigneau et al., 2006; 2011). Doch nicht die zerebrale Lokalisation der Sprache soll in erster Linie im Mittelpunkt des Beitrags stehen. Vielmehr richtet dieser Text das Augenmerk auf die Frage, *wie* das Gehirn Sprache aufnimmt und verarbeitet. Dieser Frage geht die Wissenschaft seit ungefähr zehn Jahren mit neuen methodischen Ansätzen und großer Akribie nach. Doch um sich dem tieferen Verständnis dieses Problems zu nähern, ist es zuvorderst erforderlich, sich mit den akustischen Grundlagen der Lautsprache vertraut zu machen.

Lautsprache

Als Lautsprache (engl. »speech«) bezeichnen wir beim Menschen das, was man im Alltag unter »Sprechen« bzw. »Sprachverstehen« begreift. Obwohl die akustische Modalität den Standard der menschlichen Sprachübermittlung darstellt, kann Sprache auch über nicht-akustische Modalitäten übertragen werden[2].

Forschende, die sich intensiv mit den evolutionären und neuronalen Grundlagen der Lautsprachen beschäftigt haben, sind zu dem Schluss gekommen, dass sie typische Merkmale einer evolutionären Entwicklung aufweisen. Weder sind sie infolge eines »Big Bangs« von einem Moment auf den nächsten entstanden, noch sind sie von einer weiter nicht bekannten Schöpfung entworfen oder erschaffen worden. Überall im Tierreich oder auch in der menschlichen Frühgeschichte trifft man auf biologische Präadaptionen der Lautsprachen. So weist der Gesang der Singvögel eine komplexe hierarchische Struktur auf, die in ihrer Rekursivität Ähnlichkeiten mit der syntaktischen Struktur von Satzkonstruktionen hat (Abe und Watanabe, 2011). Auch ist das motorische Erbe der Lautsprachen nicht zu übersehen. Einem einflussreichen Szenario zufolge kann man die Evolution der Lautsprache bereits mit der Etablierung des Systems der »Spiegelneuronen« in vormenschlichen Primaten erklären. Demnach stellte die Weiterentwicklung des Beobachtens und Imitierens von Greifbewegungen die Weichen für eine dialogbasierte dyadische Form der Kommunikation, die als Protosprache bezeichnet wird (Arbib, 2005; Corballis, 2010; Rizzolatti und Arbib, 1998). Mensch-

---

[2] Tatsächlich soll es in diesem Beitrag primär um die Lautsprache gehen. Bis heute ist es umstritten, wann sich die Lautsprachen in ihrer heutigen Gestalt entwickelt haben. Die Schätzungen reichen von ca. 2 Millionen bis ca. 100.000 Jahren vor unserer Zeit. In jedem Fall haben sich Lautsprachen lange vor den Schriftsprachen etabliert. Wir betrachten die Entstehung der Lautsprachen als eine Errungenschaft, die sich entsprechend der Gesetzmäßigkeiten der Evolutionstheorie entwickelt hat. Schriftliche Formen von Sprachen sind erst vor ca. 5.000–10.000 Jahren als Teil des kulturellen Fortschritts menschlicher Zivilisationen entstanden. Ihre Organisation im menschlichen Gehirn unterscheidet sich fundamental von der Repräsentation der Lautsprachen. Daher soll auch die Betrachtung der Schriftsprachen in dem vorliegenden Beitrag ausgeklammert werden. Auf die zerebrale Organisation von Gebärdensprachen kann an dieser Stelle ebenfalls nicht ausführlich eingegangen werden. Interessierten Leserinnen und Lesern wird der Artikel von MacSweeney et al. (2008) empfohlen.

liche Sprachen bzw. ihre zerebrale Repräsentation sind facettenreiche Gebilde, die sich im Laufe der Menschheitsgeschichte ähnlich einem Flickenteppich manifestiert haben und Wurzeln in allen Bereichen der Biologie aufweisen.

Ebenso wie Töne und Geräusche wird auch die Lautsprache zu sprechenden und zuhörenden Menschen durch die Luft transportiert. Die Luft dient dabei als Trägermedium für die Schallwellen. Je nach Beschaffenheit des akustischen Signals (Lautheit, Frequenz, Komplexität) nehmen die Schallwellen eine andere Form an. Mit anderen Worten, Laute, Geräusche, aber auch Sprache sind erst einmal nichts anderes als Luftdruckschwankungen, die in Wellenform durch den Raum reisen. Alle diese akustischen Signale weisen charakteristische Muster und Strukturen auf und dehnen sich in Raum und Zeit aus. Selbst ein kurzer gesprochener Satz (*»Die Ärztin sieht das Kind«*) stellt bereits ein reiches akustisches Signal dar, das für das Gehirn einer Empfängerin eine Fülle von Informationen bereithält. Wäre der Satz zum Beispiel als Frage formuliert (*»Die Ärztin sieht das Kind?«*), würde sich der Verlauf der Intonationskontur von dem einer Aussage in der letzten Hälfte des Satzes unterscheiden. Unterschiede in den langsamen akustischen Modulationen markieren dabei die Differenz zwischen einer Frage und einer Aussage.[3]

Nicht alles, was für das Verständnis eines Satzes wichtig ist, wird tatsächlich mit dem akustischen Signal mitgeliefert. Der oben erwähnte Beispielsatz ist semantisch zweideutig. Auch wenn die meisten Menschen eine Lesart präferieren, nach der »die Ärztin« das grammatische Subjekt des Satzes und damit der »Agent« ist, wäre auch eine gegenteilige Interpretation möglich. In diesem Fall würde das bisherige grammatische Objekt des Satzes nun die Rolle des Subjekts einnehmen. Der Patient »das Kind« würde zum Agenten, denn auf die Frage, wen denn das Kind sieht, ließe sich mit ***»Die Ärztin*** *sieht das Kind!«* antworten. Im alltäglichen Sprachgeschehen

---

[3] Neben den langsamen akustischen Modulationen kennt man in der Sprachwissenschaft auch zeitliche Muster im Sprachsignal, die im Bereich von wenigen Dutzend Millisekunden modulieren. Diesen kommt eine besondere Bedeutung bei der Unterscheidung von Silben zu. So besteht der Unterschied zwischen *»Ich mag Kinder vs. Ich mag Rinder vs. Ich mag Tinder«* lediglich in einer jeweils leicht um wenige Millisekunden unterschiedlichen Vokaleinsatzzeit bei den jeweils disambiguierenden Silben /ki/, /ri/, und /ti/ bei im Übrigen identischem Signalverlauf (Fitch et al., 1997).

fallen uns solche Zweideutigkeiten und Unschärfen nicht auf. Dabei ist die menschliche Sprache angefüllt mit solchen vermeintlichen Fallgruben. Nur unserem Gehirn haben wir es zu verdanken, dass wir nicht am laufenden Band in diese Gruben stürzen. Unser Gehirn hat es im Umgang mit der Sprache zu einer nahezu perfekten Expertise gebracht, die Planken über die Fallgruben legt, damit wir sicher Äußerungen unserer Mitmenschen interpretieren und angemessen darauf antworten können.

Ein weiteres, weit einfacheres Beispiel veranschaulicht diesen Mechanismus noch deutlicher: Ein Mann sagt *»Da vorne steht ein Baum auf dem Weg. Aber ich muss doch mit dem Auto hier durch! Was soll ich machen?«* Die Antwort seines Beifahrers lautet: *»Einfach umfahren«*. Ist das eine gute Idee? Das hängt von der Betonung der Antwort und von der Fähigkeit des Fahrergehirns ab, die akustische Information richtig wahrzunehmen und adäquat zu verarbeiten. Hört und versteht der Fahrer: *»Einfach um**fahren**«*, wird er den Wagen vorsichtig um das Hindernis bewegen. Hört und versteht er indessen *»Einfach **um**fahren«*, wird er den Baum möglicherweise frontal und mit fatalen Folgen rammen.

Alle oben genannten Beispiele bedienen sich einer Ebene der Sprache, die man in der Forschung zur Sprache-Gehirn-Beziehung lange Zeit unterschätzt hat. Zu dieser Ebene zählen insbesondere Prosodie[4] oder Rhythmus[5] einer sprachlichen Äußerung. So wird zum Beispiel einem Wort oder einem Satz durch betonte Aussprache

---

[4] Prosodie ist ein Oberbegriff, der in der Phonetik bzw. in der Linguistik als Bezeichnung für alle lautlichen Eigenschaften gilt, die nicht der subsyllabischen, segmentalen Ebene zugeordnet sind. Aus diesem Grund spricht man auch von suprasegmentalen Einheiten, auf der prosodische Modulationen ihre Wirkung entfalten. Die wichtigsten Funktionen prosodischer Markierungen betreffen die suprasegmentale Intonation (gelegentlich auch als Satzmelodie bezeichnet), den Satzmodus (Frage, Aussage), den Fokus (Wort- und Satzakzent), aber auch Tempo, Intensität und Affekt einer sprachlichen Äußerung, sowie semantische Disambiguierung in tonalen Sprachen (Thai, Mandarin). Für eine umfangreiche Einführung sei auf ein Buchkapitel verwiesen (M. Meyer et al., 2018).

[5] Traditionell wird »Rhythmus« als eine Facette dem Oberbegriff »Prosodie« untergeordnet. Erst seit kurzem betrachtet man Rhythmus in der Sprache unter anderen Gesichtspunkten. Zum einen wird die ursprüngliche Klassifikation und Differenzierung von Sprachen in unterschiedliche Rhythmusfamilien (»syllable-timed« vs. »stress-timed«) zunehmend angezweifelt. Zum anderen wird Rhythmus als ein Muster verstanden, das stärker mit der strukturierenden Funktion des Gehirns verbunden ist als dass es eine linguistisch relevante Eigenschaft von Sprachen ist.

eine lautliche Struktur gegeben, die auch für die syntaktischen und semantischen Ebenen bedeutungsvoll sein kann, wie wir gerade gelernt haben. Nur schon durch das Absenken oder Anheben der Grundfrequenz (F_0) der Stimme entscheidet sich, ob eine Äußerung den Charakter einer Frage oder einer Aussage hat. Auch die Position eines Satzakzents kann wie im nachfolgenden Beispielsatz über eine distinkte Interpretation bestimmen (»***Peter*** *verspricht Anna, zu arbeiten und das Büro zu putzen*« vs. »*Peter verspricht* ***Anna,*** *zu arbeiten und das Büro zu putzen*« vs. »*Peter verspricht Anna, zu arbeiten und* ***das Büro*** *zu putzen*«). Für das Gehirn einer Hörerin bergen akustische Modulationen, die sich über mehrere hundert Millisekunden erstrecken, die Schlüsselinformation, die über die eine oder andere Interpretation einer Äußerung entscheidet. Dazu zählt neben der Intonationskontur, also der Betonung, auch die Sprechgeschwindigkeit oder die Intensität.

Noch bevor Kinder die ersten Worte wirklich verstehen und selbst sprechen können, bauen sie ein akustisches Inventar ihrer Muttersprache auf. Dieses besteht primär aus einer endlichen Menge von kleinsten bedeutungsunterscheidenden Merkmalen, den Phonemen, sowie prosodischen Mustern, die ihnen helfen, sich in ihre Erstsprache(n) hineinzuhören. Prosodie spielt im prälexikalischen Stadium eine eminent wichtige Rolle bzw. Vorbedingung für den Aufbau komplexerer sprachlicher, u. a. syntaktischer Kompetenzen (Frazier et al., 2006; Kreiner und Eviatar, 2014). Die 6000 heute noch aktiv gesprochenen unterschiedlichen Lautsprachen (bspw. Deutsch, Französisch) weisen zum Teil sehr spezifische prosodische Muster auf, die sich sogar schon in den Lautäußerungen von Neugeborenen nachweisen lassen (Mampe et al., 2009). Etwas anders scheint es sich mit dem Sprachrhythmus zu verhalten, der eine universellere Rolle als strukturierendes Element bei akustischen Signalen zu spielen scheint. Tatsächlich sind auch nichtmenschliche Primaten in der Lage, verschiedene Sprachen aufgrund ihrer rhythmischen Struktur zu erkennen und voneinander zu unterscheiden (Tincoff et al., 2005). Auf die Unterscheidung zwischen Rhythmus und Prosodie werde ich im letzten Abschnitt noch einmal eingehen. Zuvor aber schauen wir jetzt den Sparringspartner der Lautsprache genauer an.

Neuronentakt

Nach vorsichtigen Schätzungen existieren ca. 100 Milliarden Nervenzellen (Neuronen) im menschlichen Gehirn. Die Hauptaufgabe der Neuronen ist die Signalübertragung, also die Kommunikation zwischen verschiedenen Hirnregionen über kurze wie auch lange Distanzen und Zeiträume. Die physikalische Grundlage dieser Kommunikation bilden elektrische Potentiale, die sich über die Ausläufer der Neuronen zu den benachbarten Nervenzellen bewegen, mit denen sie über jeweils zahllose Verbindungen (Synapsen) verschaltet sind. Auf diese Weise reift ein menschliches Gehirn zu einem gigantischen Netzwerk heran, welches sämtliche sensorischen, motorischen, assoziativen und kognitiven Funktionen organisiert.

Umgangssprachlich nutzt man Begriffe wie »Erregung« oder »Feuern», um den Zustand bzw. die Tätigkeit einer oder mehrerer Nervenzellen zu beschreiben. Tatsächlich handelt es sich dabei um einen Prozess, der mit dem Eintreffen eines (oder vieler) elektrophysiologischen Signals, das von einer Nachbarzelle an der Zellmembran übermittelt wird, beginnt. Übersteigt die Stärke dieses Impulses eine bestimmte Schwelle, wird am Axonhügel eines Neurons ein Aktionspotential ausgelöst, das das Signal zum synaptischen Terminal eines Axons weiterträgt. Ein solches Aktionspotential ist ein zeitlich begrenztes Ereignis, welches mehrere Phasen umfasst. Auch hier spricht man etwas salopp ähnlich einer Batterie von »Entladen« und »Aufladen« einer Nervenzelle. Allerdings spielen sich diese Vorgänge auf der neuronalen Ebene im Bereich von wenigen Millisekunden ab.

Seit ungefähr hundert Jahren weiß man, dass sich die Häufigkeit (Frequenz) eines solchen Erregungsablaufs je nach Ort und Aufgabe im Gehirn unterscheidet. Man spricht in diesem Zusammenhang auch von schnellen und langsamen Frequenzen, die wie alle Signalschwingungen mit der physikalischen Einheit Hertz (Hz) angegeben werden. »Feuert« eine Nervenzelle zehnmal pro Sekunde, entspricht das einer Frequenz von 10 Hz. Diese elektrophysiologischen Ereignisse gelten als die unmittelbaren Substrate der Hirnaktivität und können mittels entsprechender Messverfahren (z. B. Elektro- oder Magnetenzephalographie) erfasst werden. In der Regel misst man an der Kopfoberfläche eines Menschen die Summenaktivität von Neuronennetzwerken, die aus mehreren zehntausend Nervenzellen bestehen. Fachleute unterscheiden heute fünf verschiedene Frequenzbänder (δ: <1–2 Hz, θ: 3–8 Hz, α: 8,5–13 Hz, β: 13–30, γ: >30 Hz), die somit hauptsächlich den Takt für sämtliche Hirnfunktionen, also auch für die Wahrnehmung von Lautsprache, vorgeben. Diese periodische Nervenzellaktivität wird auch als Schwingung oder Oszillation bezeichnet. Eine bestimmte Hirnregion kann also beispielsweise mit einer Frequenz von 4 Hz oder 40 Hz oszillieren.

Neuronale Ensembles, die in der Hörrinde eines Menschen sitzen, nehmen akustische Reize (Töne, Laute, Sprache, Umweltgeräusche) aus der Umwelt auf. Dabei kommt den Frequenzbändern und ihren physikalischen Eigenschaften große Bedeutung zu. Ähnlich einem akustischen Signal ist auch die Hirnaktivität ein physikalischer Vorgang, der sich in der Zeit entfaltet. Die Hörrinde in den beiden Hälften des menschlichen Gehirns ist jeweils darauf spezialisiert, die spektralen und vor allem die zeitlichen Modulationen zu erkennen, die in Sprachsignalen enthalten sind. Dieser Mechanismus ermöglicht es dem Gehirn zuerst einmal, eine Lautsprache von einem anderen akustischen Signal (Verkehrslärm, Hundebellen etc.) zu unterscheiden. Dabei spielt es vorläufig keine Rolle, ob es eine Sprache ist, die ich a) nicht (er)kenne, b) vielleicht (er)kenne, aber nicht verstehe (weil ich diese Sprache nicht beherrsche), c) (er)kenne und verstehe oder d) (er)kenne, aber akustisch nicht verstehe (weil eventuell der Hintergrundlärm so hoch ist). In jedem dieser vier Fälle wird das Sprachsignal zum einen durch die langsame θ-Frequenz in relativ großen Zeitfenstern (ca. 250 ms ≙ 4 Hz) abgetastet (Luo und Poeppel, 2007). Mittels dieser groben Auflösung wird das akustische Signal auf charakteristische langsam modulierende Muster durchsucht und es werden sprachtypische zeitliche Verläufe (Rhythmus und Intonation) erkannt. Wahrscheinlich gleichzeitig kommen die schnellen γ-Frequenzen hinzu, welche die phonologischen Muster in kleinen Zeitfenstern (ca. 25 ms ≙ 40 Hz) aufnehmen und für die Weiterverarbeitung in die hinteren Anteile der beiden Schläfenlappen weiterleiten (Hickok und Poeppel, 2007).

Somit weisen die akustischen Sprachsignale ein physikalisches Format auf, welches mit den Gehirnschwingungen in einem vergleichbaren Frequenzbereich auf einer frühen, initialen Ebene der Spracherkennung und -vorverarbeitung korrespondiert. Dieser Vorgang wird als »*neural speech tracking*« bezeichnet (Wöstmann et al., 2017). Das Gehirn prüft demnach akustische Muster anhand ihrer zeitlichen Beschaffenheit auf ihre Korrespondenz zu den eigenen Schwingungsmustern der Nervenzellverbände (Ghitza, 2011). Natürlich ist dabei immer noch eine subtile Phasenanpassung (»phase resetting«) nötig (Abbildung 1).

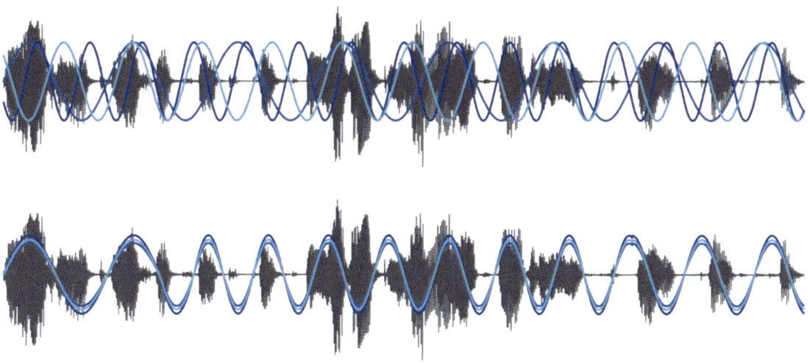

Abb. 1: Die obere Hälfte der Abbildung veranschaulicht den Moment, in dem ein Sprachsignal in den für die Erkennung relevanten Arealen der Großhirnrinde eintrifft. Das Sprachsignal (dargestellt in Form eines Oszillogramms in schwarzer Farbe) ist ein Satz (»Dora konnte faktisch ihren permanenten Ruf ausnutzen.«). Es entfaltet sich über den Zeitraum von einigen Sekunden und weist den charakteristischen aperiodischen Verlauf der lautlichen Information eines Satzes auf (x-Achse). Der Schalldruck, also die akustische Energie, ist auf der y-Achse abgebildet.
Die Gehirnwellen (dargestellt in Form von Schwingungen gleicher Amplitudenstärke in blauer Farbe) repräsentieren Oszillationen in unterschiedlichen (schnellen und langsamen) Frequenzbändern. Sie dienen als neuronale Trägersignale für akustische Modulationen in einer initialen Phase der Spracherkennung bzw. -verarbeitung.
Die untere Hälfte der Abbildung zeigt dasselbe Sprachsignal. Natürlich kann sich das Sprachsignal im Nachhinein, also einmal ausgesprochen und auf den Weg geschickt, nicht mehr ändern. Wir bemerken aber im Vergleich mit der oberen Hälfte der Abbildung eine Veränderung in dem Muster der neuronalen Schwingungen. Diese haben sich dynamisch ausgerichtet und variieren die Phasen der Amplituden, um die spektralen und primär temporalen Muster des Sprachsignals abzudecken. Damit passen sich die neuronalen Oszillationen dem aperiodischen Verlauf des Sprachsignals an. Um bei unserem Beispiel aus dem Text zu bleiben, könnte man sagen, dass die Reiterinnen ihre Geschwindigkeit dem Tempo der Pferde angepasst haben und sich nun nach und nach in die Sättel schwingen.

Anhand eines anschaulichen Beispiels möchte ich diesen Zusammenhang etwas bildhafter erklären. Was muss eine Reiterin tun, um sich erfolgreich auf den Rücken eines laufenden Pferdes zu schwingen? Sie muss ihre Geschwindigkeit möglichst exakt dem Tempo des Pferds anpassen.

Ähnlich dieser Reiterin muss das Gehirn seine Schwingungen möglichst phasengleich mit der Frequenz der Schwingungen des Sprachsignals abgleichen, um sich im »richtigen Moment in den Sattel zu schwingen«, also die im Sprachsignal enthaltenen schnellen und langsamen zeitlichen Muster abzudecken. Natürlich gibt es in der Sprachverarbeitung nicht ein »Pferd«, sondern eine Horde »Pferde«, die alle mit unterschiedlichen Geschwindigkeiten im gleichen Moment ankommen, so dass das Gehirn ausreichend »Reiterinnen« zum Aufsitzen zur Verfügung hält. Viele spezifische Aspekte sind in diesem Zusammenhang noch nicht geklärt, aber die derzeit publizierten Studien (Bourguignon et al., 2020; Keitel et al., 2018; L. Meyer, 2018; Murphy, 2021; Zoefel und VanRullen, 2016) berichten übereinstimmend die gleichen Beobachtungen: Neuronale Oszillationen in schnellen und langsamen Frequenzbereichen nehmen die phonetisch, prosodisch und rhythmisch relevanten Informationen einer er-/bekannten Sprache auf, wodurch ein neurophysiologisches Format für die Weiterverarbeitung geschaffen wird (Giraud und Poeppel, 2012).

Auch eine uns nicht bekannte oder von uns nicht erkannte Lautsprache wird zuerst einmal aufgrund der Abbildung von akustischen Modulationen auf neuronale Oszillationen im θ-Bereich als Lautsprache identifiziert. Schnelle Modulationen im γ-Band treten allerdings charakteristischerweise nur dann auf, wenn das Gehirn einer Person subtile phonetische Informationen einer Mutter- oder vertrauten Zweit- oder Drittsprache erkennt und dann auf einer weiteren Ebene die Integration semantischer und syntaktischer Information stattfindet (Peña und Melloni, 2012). Weiterhin weisen Studien darauf hin, dass das Gehirn bei der Verarbeitung eines Satzes mit Zeiteinheiten unterschiedlicher Länge jongliert und diese in eine Ordnung zueinander bringt.

Ein Satz könnte lauten: »*Im Krug ist Bier*«. Das System erkennt, dass innerhalb eines Signalumlaufs vier Zeitfenster (4 Hz), die wiederum einzelne Silben repräsentieren (»Im« – »Krug« – »ist« –

»Bier«), enthalten sind. Wie bei den russischen Matrjoschka-Puppen kann man zur nächstgrößeren Einheit übergehen. In einem 2-Hz-Zeitfenster lassen sich dann Silben zu einer größeren Struktur formen. Nominal- (»*Im Krug*«) und Verbalphrasen (»*ist Bier*«) stellen solche größeren Einheiten dar. Schlussendlich erkennt das System, dass in einem Zeitumlauf von einer Sekunde (1 Hz) ein abgeschlossener Satz untergebracht ist (Ding et al., 2016). Diese Segmentierungen basieren zuerst einmal auf den langsamen δ- und θ-Frequenzen.

Das Gehirn bittet zum Tanz

An dieser Stelle halten wir kurz inne und fassen zusammen. Es gibt kurze und lange akustische Muster, die wichtige sprachliche Informationen enthalten. Die kurzen Modulationen ereignen sich in Zeiträumen zwischen 5 und 90 ms. Sie enkodieren primär phonologisch relevante Information, die dazu dient, Silben (/da/, /ka/, /pa/) voneinander zu unterscheiden. Neuronale Prozesse im γ-Frequenzband tasten diese akustische Information ab und extrahieren die relevanten Lautkombinationen. Die langsamen Modulationen spielen sich in Zeiträumen zwischen 100 und 1.000 ms ab. Sie werden entsprechend von zeitlich korrespondierenden neuronalen Trägerfrequenzen im δ- und θ-Frequenzband aufgenommen. Auf der linguistischen Ebene entsprechen diese langsamen, suprasegmentalen Modulationen prosodischen Eigenschaften des Sprachsignals (siehe Fußnote 4).

Per Definition reiht sich der Sprachrhythmus ebenfalls unter die Menge prosodischer Phänomene ein. Aufgrund von empirischen Beobachtungen sind allerdings in jüngster Zeit Zweifel an dieser Zuordnung entstanden (Poeppel und Assaneo, 2020). Demnach haben Prosodie und Rhythmus unterschiedliche Wurzeln und auch divergierende Aufgaben, obwohl sie auf der neuronalen Ebene mit den Oszillationen im δ- und θ-Frequenzband korrespondieren.

Nach heutigem Wissen kann man davon ausgehen, dass nahezu alle Lautsprachen, die jemals entstanden sind, ihre akustische Struktur an den dominanten Verarbeitungsmodus und die Modalitäten des Gehirns adaptiert haben und nicht umgekehrt (Darwin, 1882). Sollte Charles Darwin mit dieser Vermutung recht gehabt haben, müsste es eine universell gültige Schnittstelle geben, an der die Lautsprache Kontakt mit der Sprache des Gehirns, also den neuronalen Oszillationen, aufnimmt. Neueren Überlegungen zufolge stellt der Sprachrhythmus diese Schnittstelle dar. Rhythmische Muster finden sich überall in der Umwelt in Signalen biologischen oder künstlichen Ursprungs: in Radio- und Funkwellen ebenso wie in der Herzaktivität. Aber auch das Flügelschlagen eines Schmetterlings oder die Meeresbrandung an einem Strand lässt sich als rhythmisches Signal begreifen. Sprachsignale weisen offensichtlich ebenfalls einen Grundrhythmus auf, denn sie haben eine reguläre zeitliche Struktur, die vermutlich stark mit Mechanismen der Wahrnehmung und der Motorik verknüpft ist (Poeppel und Assaneo, 2020).

In einer viel beachteten Studie zeigten Forschende anhand von neun untersuchten Sprachen aus aller Welt die Existenz eines langsamen Rhythmus (2–6 Hz) im Modulationsspektrum auf (Ding et al., 2017). Offenkundig haben Lautsprachen während ihrer Evolution und Ausbreitung über den Globus auf eine gemeinsame Eigenschaft zurückgegriffen, nämlich eine langsame Grundfrequenz oder einen universellen Rhythmus, die einfach von den Gehirnen der Menschen aufgrund ihrer Beschaffenheit überall auf der Welt aufgenommen werden kann. Dieses Fundament der funktionellen Architektur des menschlichen Gehirns liegt demnach in der Rhythmik der Gehirnaktivität begründet.

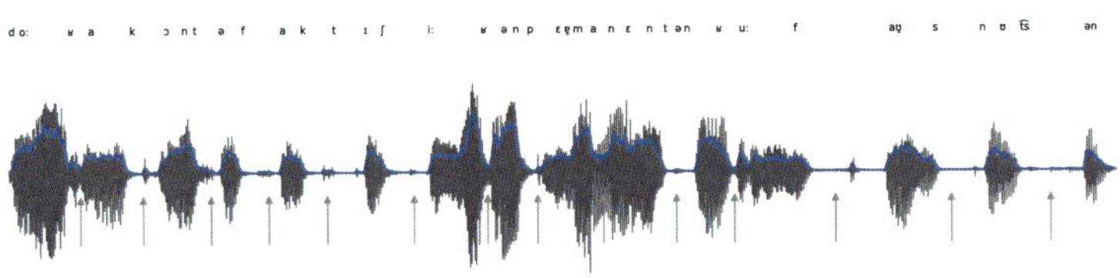

Abb. 2: Die Abbildung zeigt das Oszillogramm des Satzes (»Dora konnte faktisch ihren permanenten Ruf ausnutzen.«). Die blaue Linie stellt die Hüllkurve des akustischen Signals dar, die die Modulation der Sprachlaute nachzeichnet und repräsentiert. Die Hüllkurve weist eine deutliche zeitliche Regularität auf, die es in der aperiodischen Intonationskontur in dieser Form nicht gibt. Die schwarzen Pfeile zeigen die rhythmisch auftretenden Senken im Satzsignal, die ungefähr den Silbengrenzen entsprechen.

Warum scheinen diese Überlegungen jetzt *prima facie* nicht im Einklang mit dem bisherigen Wissen? Wie oben beschrieben wurde der Sprachrhythmus bis anhin als eine Facette der Prosodie betrachtet. Demnach wäre Rhythmus eng mit den akustischen Eigenschaften von Sprachen verknüpft. Tatsächlich aber sind die rhythmischen Muster weniger eine Eigenschaft von Lautsprachen, sondern sind ein fester Bestandteil des zerebralen Apparats, der primär darauf ausgerichtet ist, Umweltreize – also auch Lautsprache – einfacher wahrnehmbar und hirnkompatibel zu machen.

Ergänzt werden diese Beobachtungen noch durch zahllose Befunde aus den artikulatorischen und linguistischen Bereichen. Demnach beruht die Mechanik der meisten Artikulatoren, der Mundbewegungen während des Sprechens und der Rate der produzierten Silben ebenfalls auf einem stabilen rhythmischen Muster mit einer Frequenz zwischen 4 und 5 Hz (Poeppel und Assaneo, 2020).

Der evolutionäre Vorteil für dieses Zusammenspiel liegt auf der Hand. Ein stabiler, endogener Rhythmus, der sich in mehreren Modalitäten und Domänen des Gehirns ausmachen lässt, fungiert wie ein zerebraler Taktgeber, der die Wahrnehmung von Sinnesreizen, die auch nur annähernd regelmäßige Muster aufweisen, begünstigt. Vielleicht dient auch hier eine Analogie zum besseren Verständnis. Wenn zwei Menschen einen Walzer tanzen, ist es auch nur eine der beiden Personen, die »führt», also den Takt vorgibt, während die andere Person sich idealerweise an diesen Rhythmus anpasst. Auf die Hirn-Umwelt-Beziehung übertragen, fällt dem Gehirn die Rolle der »führenden« Person zu.

Mit großer Wahrscheinlichkeit handelt es sich bei diesem »Tanz« nicht um ein Unikum, das sich nur in der Gehirn-Sprache-Beziehung finden lässt. Es steht eher zu vermuten, dass sich auch andere Wahrnehmungs- und Bewegungsprozesse dem Takt des Gehirns hingeben. Poeppel und Assaneo nennen eine Reihe weiterer Beispiele aus der Biologie: Geruchswahrnehmung basiert auf quasirhythmischen Inhalationen durch die Nase, Menschen stützen sich bei der sensorischen Exploration von Gegenständen auf periodische Fingerbewegungen, die visuelle Exploration von räumlichen Aspekten einer Situation wird im Primatengehirn durch systematische, regelmäßige Sakkadenbewegungen gesteuert, welche auf eng verknüpften motorischen Prozessen aufsitzen. Demnach lässt sich schlussfolgern, dass endogene, zerebrale, rhythmische Bewegungsmuster die Wahrnehmungssysteme um einen äußerst effektiven Mechanismus bei der Erfassung der Umwelt mit der idealen zeitlichen Auflösung unterstützen. Das auditorische System, welches nur einen schwachen endogenen Rhythmus sein Eigen nennt, erhält massive Unterstützung durch das motorische System, mit dem es aus evolutionärer Sicht eng verknüpft ist (Corballis, 2003). Sprachrhythmen sind anders als Intonationsverläufe, die eindeutige linguistische Funktionen haben, in der Neuromechanik des Gehirns zu verorten. Sie dienen dazu, das Fehlen einer starken auditorisch-motorischen Kopplung auf der frühen sensorischen Ebene zu kompensieren und dem Sprachsignal eine besonders gut zu verarbeitende Struktur zu verschaffen. Ungeachtet, ob ein Gehirn ein regelmäßiges Lachen oder ein rhythmisch vorgetragenes Gedicht hört, kann man hämodynamische Aktivität in denselben kortikalen und neostriatalen Netzwerken beobachten, die auch zur Sprachproduktion beitragen. Die Wahrnehmung von Rhythmen in der Umwelt ist geradezu ein zerebraler Imperativ, was wiederum erklärt, warum Menschen auch fast automatisch in gleichmäßiges Wippen oder Schunkeln verfallen, wenn sie der Rhythmus einer musikalischen Darbietung erfasst.

Natürlich sind in diesem Zusammenhang noch viele Fragen offen. Kann Aufmerksamkeit einen weiteren Einfluss auf das Zusammenspiel zwischen Sprache und Gehirn nehmen? Wie verhält es sich bei Personen, die an einem (altersbedingten) Hörverlust leiden? Kann ein »holpriger Tanz« von Sprache und Gehirn ein Grund für dyslektische Symptome oder andere Entwicklungsverzögerungen sein? Kann man das »Tanzen« vielleicht trainieren? Diesen Fragen geht die Forschung derzeit mit Hochdruck und innovativen bildgebenden Verfahren nach. Was auch immer zukünftige Studien an Details herausfinden werden, so lässt sich schlussendlich in jedem Fall festhalten, dass die gewonnenen Erkenntnisse zur Rolle von Rhythmus als Schrittmacher und Steigbügelhalter der Lautsprache sicher von Bestand sein werden. Zu stichhaltig und plausibel präsentiert sich diese Erkenntnis und ist perfekt im Einklang mit Theodosius Dobzhanskys bekanntem Essaytitel *»Nothing in biology makes sense except in the light of evolution« (Nichts in der Biologie ergibt Sinn außer im Licht der Evolution).*

Anmerkung: Mein Dank geht an Chantal Oderbolz für die Bereitstellung der Abbildungen sowie eine kritisch-konstruktive Durchsicht des Manuskripts.

Literatur

Abe, K. und Watanabe, D.: Songbirds possess the spontaneous ability to discriminate syntactic rules. In: *Nature Neuroscience* 14, 2011, S. 1067–1074. DOI: 10.1038/nn.2869.

Arbib, M.A.: The mirror system hypothesis stands but the framework is much enriched. In: *Behavioral and Brain Sciences* 28(2), 2005, S. 149–159. DOI: 10.1017/S0140525X0547003X.

Binder, J.R.: Current controversies on Wernicke's area and its role in language. In: *Current Neurology and Neuroscience Reports* 17(8), 2017, 58. DOI: 10.1007/s11910-017-0764-8.

Bourguignon, M., Molinaro, N., Lizarazu, M., Taulu, S., Jousmäki, V., Lallier, M., Carreiras, M. und De Tiège, X.: Neocortical activity tracks the hierarchical linguistic structures of self-produced speech during reading aloud. In: *NeuroImage* 216, 2020, 116788. DOI: 10.1016/j.neuroimage.2020.116788.

Catani, M. und Mesulam, M.: The arcuate fasciculus and the disconnection theme in language and aphasia: History and current state. In: *Cortex 44*(8), 2008, S. 953–961. DOI: 10.1016/j.cortex.2008.04.002.

Corballis, M.C.: Hand-to-hand combat, or mouth-to-mouth resuscitation? In: *Behavioral and Brain Sciences* 26, 2003, S. 199-208. DOI: 10.1017/S0140525X03590069.

Corballis, M.C.: Mirror neurons and the evolution of language. In: *Brain and Language* 112(1), 2010, S. 25–35. DOI: 10.1016/j.bandl.2009.02.002.

Darwin, C.: *The Descent of Man and Selection in Relation to Sex* (2nd ed.), John Murray, London 1882.

Ding, N., Melloni, L., Zhang, H., Tian, X. und Poeppel, D.: Cortical tracking of hierarchical linguistic structures in connected speech. In: *Nature Neuroscience* 19(1), 2016, S. 158–164. DOI: 10.1038/nn.4186.

Ding, N., Patel, A.D., Chen, L., Butler, H., Luo, C. und Poeppel, D.: Temporal modulations in speech and music. *Neuroscience & Biobehavioral Reviews* 81, 2017, S. 181–187. DOI: 10.1016/j.neubiorev.2017.02.011.

Fitch, R.H., Miller, S. und Tallal, P.: Neurobiology of speech perception. In: *Annual Review of Neuroscience* 20(1), 1997, S. 331–353. DOI: 10.1146/annurev.neuro.20.1.331.

Frazier, L., Carlson, K. und Clifton jr., C.: Prosodic phrasing is central to language comprehension. In: *Trends in Cognitive Sciences* 10(6), 2006, S. 244–249. DOI: 10.1016/j.tics.2006.04.002.

Ghitza, O.: Linking speech perception and neurophysiology: Speech decoding guided by cascaded oscillators locked to the input rhythm. In: *Frontiers in Psychology* 2, 2011, 130. DOI: 10.3389/fpsyg.2011.00130.

Giraud, A.-L. und Poeppel, D.: Cortical oscillations and speech processing: Emerging computational principles and operations. In: *Nature Neuroscience* 15(4), 2012, S. 511–517. DOI : 10.1038/nn.3063.

Hickok, G. und Poeppel, D.: The cortical organization of speech processing. In: *Nature Reviews Neuroscience* 8(5), 2007, S. 393–402. DOI: 10.1038/nrn2113.

Keitel, A., Gross, J. und Kayser, C.: Perceptually relevant speech tracking in auditory and motor cortex reflects distinct linguistic features. In: *PLOS Biology* 16(3), 2018, e2004473. DOI: 10.1371/journal.pbio.2004473.

Kreiner, H. und Eviatar, Z.: The missing link in the embodiment of syntax: Prosody. In: *Brain and Language* 137, 2014, S. 91–102. DOI: 10.1016/j.bandl.2014.08.004.

Luo, H. und Poeppel, D.: Phase patterns of neuronal responses reliably discriminate speech in human auditory cortex. In: *Neuron* 54(6), 2007, S. 1001–1010. DOI: 10.1016/j.neuron.2007.06.004.

MacSweeney, M., Capek, C. M., Campbell, R. und Woll, B.: The signing brain: The neurobiology of sign language. In: *Trends in Cognitive Sciences* 12(11), 2008, S. 432–440. DOI: 10.1016/j.tics.2008.07.010.

Mampe, B., Friederici, A. D., Christophe, A. und Wermke, K.: Newborns' cry melody is shaped by their native language. In: *Current Biology* 19(23), 2009, S. 1994–1997. DOI: 10.1016/j.cub.2009.09.064.

Meyer, L.: The neural oscillations of speech processing and language comprehension: State of the art and emerging mechanisms. In: *European Journal of Neuroscience* 48(7), 2018, S. 2609–2621. DOI: 10.1111/ejn.13748.

Meyer, M., Keller, M. und Giroud, N.: Suprasegmental speech prosody and the human brain. In: *The Oxford Handbook of Voice Perception,* hrsg. von S. Frühholz und P. Belin. Oxford University Press, Oxford 2018, S. 142–166. DOI: 10.1093/oxfordhb/9780198743187.013.7.

Murphy, E.: *The Oscillatory Nature of Language*. Cambridge University Press, Cambridge 2021.

Peña, M. und Melloni, L.: Brain oscillations during spoken sentence processing. In: *Journal of Cognitive Neuroscience* 24(5), 2012, S. 1149–1164. DOI: 10.1162/jocn_a_00144.

Poeppel, D. und Assaneo, M. F.: Speech rhythms and their neural foundations. In: *Nature Reviews Neuroscience* 21(6), 2020, S. 322–334. DOI: 10.1038/s41583-020-0304-4.

Rizzolatti, G. und Arbib, M. A.: Language within our grasp. In: *Trends in Neurosciences* 21, 1998, S. 188–194.

Tincoff, R., Hauser, M., Tsao, F., Spaepen, G., Ramus, F. und Mehler, J.: The role of speech rhythm in language discrimination: Further tests with a non-human primate. In: *Developmental Science* 8(1), 2005, S. 26–35. DOI: 10.1111/j.1467-7687.2005.00390.x.

Tremblay, P. und Dick, A. S.: Broca and Wernicke are dead, or moving past the classic model of language neurobiology. In: *Brain and Language* 162, 2016, S. 60–71. DOI: 10.1016/j.bandl.2016.08.004.

Vigneau, M., Beaucousin, V., Hervé, P. Y., Duffau, H., Crivello, F., Houdé, O., Mazoyer, B. und Tzourio-Mazoyer, N.: Meta-analyzing left hemisphere language areas: Phonology, semantics, and sentence processing. In: *NeuroImage* 30(4), 2006, S. 1414–1432. DOI: 10.1016/j.neuroimage.2005.11.002.

Vigneau, M., Beaucousin, V., Hervé, P.-Y., Jobard, G., Petit, L., Crivello, F., Mellet, E., Zago, L., Mazoyer, B. und Tzourio-Mazoyer, N.: What is right-hemisphere contribution to phonological, lexico-semantic, and sentence processing? In: *NeuroImage* 54(1), 2011, S. 577–593. DOI: 10.1016/j.neuroimage.2010.07.036.

Weiller, C., Bormann, T., Saur, D., Musso, M. und Rijntjes, M.: How the ventral pathway got lost – And what its recovery might mean. In: *Brain and Language* 118(1-2), 2011, S. 29–39. DOI: 10.1016/j.bandl.2011.01.005.

Wöstmann, M., Fiedler, L. und Obleser, J.: Tracking the signal, cracking the code: Speech and speech comprehension in non-invasive human electrophysiology. In: *Language, Cognition and Neuroscience* 32(7), 2017, S. 855–869. DOI: 10.1080/23273798.2016.1262051.

Zoefel, B. und VanRullen, R.: EEG oscillations entrain their phase to high-level features of speech sound. In: *NeuroImage* 124, 2016, S. 16–23. DOI: 10.1016/j.neuroimage.2015.08.054.

Eva Landmann und Anne Böckler-Raettig

Die Dauer (D)eines Blickes

Wie Blicke soziale Interaktion unterstützen

Es ist mit Blick auf aktuelle Krisen nicht schwer, Beispiele für das Scheitern des zwischenmenschlichen Miteinanders zu finden. Täglich hören wir in den Nachrichten von erfolglosen Friedensverhandlungen, schlecht abgestimmten Infektionsschutz-Maßnahmen oder sich im Kreis drehenden Diskussionen über eine gerechte Ressourcen-Verteilung. Zugleich sind wir Menschen jedoch extrem gut darin, räumlich und zeitlich präzise mit anderen zu interagieren. Das erleben wir alle in unserem Alltag, auch wenn wir es meistens als selbstverständlich hinnehmen. Denken Sie einmal bewusst darüber nach: Wie können Menschen ihre Bewegungen so exakt aufeinander abstimmen, dass sie sich im schnellen Lauf passgenau einen Fußball zuspielen und sich beim Tangotanzen nicht auf die Füße treten? Wie schaffen sie es mit langen Reden, aber auch ganz ohne Worte mitzuteilen, was sie über ein Thema (sei es nun der neueste Tatort oder die Weltpolitik) wissen, denken und fühlen? Wie gelingt es ihnen, an ihrem Arbeitsplatz mit Kolleginnen und Kollegen zusammenzuarbeiten, die am gegenüberliegenden Schreibtisch oder aber auf einem völlig anderen Kontinent sitzen?

Je mehr man darüber nachdenkt, desto mehr staunt man über diese »Meisterleistungen« und stellt sich vielleicht die Frage, mit der sich besonders in den letzten Jahren auch die psychologische Forschung befasst hat: Was sind die (mehr oder weniger einfachen) Mechanismen, die unseren sozialen Interaktionen zugrunde liegen? Interessanterweise sind es häufig sehr basale Prozesse und Fertigkeiten, die zum Gelingen von Interaktionen beitragen. In diesem Zusammenhang spielen die Augen eine zentrale Rolle. Wir Menschen sind nämlich außerordentlich sensibel für die Blicke anderer, wobei zwei Phänomene besonders gut erforscht sind.

»Gaze Following«: Wir folgen den Blicken anderer

Das erste Phänomen ist das sogenannte *Gaze Following*, also das Folgen des Blicks einer anderen Person in eine bestimmte Richtung oder zu einem bestimmten Objekt. Einfacher gesagt: die Tendenz dorthin zu schauen, wo andere hinschauen. Beispiele aus unserem Alltag sind zahlreich: Wir können gar nicht anders, als den Blicken unserer Mitmenschen zu folgen, wenn jemand plötzlich gebannt aus dem Fenster starrt oder etwas auf unserem T-Shirt beäugt – wir wollen schließlich wissen, was derart interessant ist, sei es nun ein vorbeifliegender Vogel oder ein Tomatenfleck auf unserer Kleidung.

Studien haben diesen Effekt systematisch unter die Lupe genommen (Driver et al., 1999; Friesen und Kingstone, 1998). Für diese Experimente saßen Versuchspersonen vor einem Computerbildschirm, auf dem entweder rechts oder links ein Buchstabe erschien. Die Aufgabe bestand darin, den Buchstaben so schnell wie möglich zu erkennen und eine dazugehörige Taste zu drücken, wobei die Zeit bis zu diesem Tastenanschlag gemessen wurde (die sogenannte Reaktionszeit). Zusätzlich war auf dem Bildschirm ein Gesicht zu sehen, das entweder dorthin sah, wo wenig später der Buchstabe auftauchte, oder in die entgegengesetzte Richtung blickte. Über viele Durchgänge hinweg zeigte sich, dass die Reaktionszeiten kürzer waren, d. h. dass schneller reagiert wurde, wenn der Blick des Gesichts auf den Buchstaben gerichtet war. Und das, obwohl die Versuchspersonen angewiesen wurden, das Gesicht zu ignorieren. Dennoch scheinen sie automatisch ihre Aufmerksamkeit auf die Stelle gerichtet zu haben, auf die das Gesicht schaute, und konnten den Buchstaben dort folglich schneller erkennen.

In der Regel müssen wir Menschen also gar nicht bewusst über Gaze Following nachdenken, sondern führen es ganz intuitiv in der Interaktion mit anderen aus. Wir fangen auch schon früh damit an: Bereits im Laufe des ersten Lebensjahres beginnen Säuglinge, ihre Aufmerksamkeit dorthin zu richten, wo eine erwachsene Person hinschaut (Hood et al., 2003). Ganz ähnlich wie menschliche Kleinkinder können auch einige unserer tierischen Verwandten wie Schimpansen den Blicken anderer folgen, um den Gegenstand des Interesses zu ermitteln (Tomasello et al., 1999). Egal ob menschlicher oder nicht-menschlicher Primat, ob alt oder jung – wir alle folgen reflexhaft Blicken. *Wessen* Blick wir folgen, ist dabei ebenfalls vielgestaltig. Eine stark vereinfachte Zeichnung eines Gesichts reicht aus, um unsere Aufmerksamkeit in eine bestimmte Richtung zu lenken (Friesen und Kingstone, 1998), aber auch in unübersichtlichen Alltagssituationen kann Gaze Following beobachtet werden, wenn auch weniger ausgeprägt (Gallup et al., 2012).

»Direct Gaze«: Blickkontakt zieht uns an

Neben dem Gaze Following gibt es ein weiteres Phänomen in unserem Blickverhalten, das unsere sozialen Interaktionen prägt – der sogenannte *Direct Gaze Effekt*. Damit beschrieben wird die besondere Wirkung, die es auf uns hat, direkt angeschaut zu werden. Betreten wir etwa einen Raum mit vielen Menschen, wird unsere Aufmerksamkeit wie ein Magnet auf die eine Person gelenkt, die uns neugierig ansieht, während das Meer aus Gesichtern, die den Blick abgewandt haben, erst einmal in den Hintergrund rückt. Besonders sensibel dafür, angeschaut zu werden, sind Menschen übrigens schon von Geburt an (Farroni et al., 2002; Farroni et al., 2007). Diese Eigenschaft haben wir mit verschiedenen Tieren gemeinsam und es ist leicht zu verstehen, warum: Eine Beutetier, das erkennt, wenn ein Fressfeind in seine Richtung blickt, kann rasch reagieren und etwa durch Totstellen der Entdeckung entgehen (Emery, 2000).

Bei Menschen wird die Wirkung von Blickkontakt auch von anderen Aspekten beeinflusst. Besonders stark reagieren wir etwa auf direkten Blick, wenn er mit einer Bewegung (einem weiteren »Aufmerksamkeitsfänger«) kombiniert ist. Zur Untersuchung dieser Effekte wurden in einem Experiment (Böckler, van der Wel und Welsh, 2014) verschiedene Gesichter auf einem Computerbildschirm gezeigt. Die Versuchspersonen mussten dabei möglichst schnell auf einen bestimmten Buchstaben reagieren, der jeweils auf einem der Gesichter erschien (siehe Abbildung 1). Die Überlegung war dabei folgende: Zieht ein Gesicht von vornherein besonders die Aufmerksamkeit der Versuchspersonen an, kann ein Buchstabe, der auf diesem Gesicht zu sehen ist, auch besonders schnell entdeckt werden. Es zeigte sich in der Studie, dass Gesichter, die den Blick abgewandt hielten, sehr wenig beachtet wurden. Gesichter, die die Versuchsperson unverwandt ansahen, zogen die Aufmerksamkeit durch den direkten Blick schon mehr an, ebenso wie Gesichter, die sich bewegten (z. B. indem sie sich abwandten). Die stärkste Aufmerksamkeit (und dadurch die höchste Geschwindigkeit beim Entdecken der Buchstaben) zeigte sich jedoch bei Gesichtern, die von abgewandtem Blick zu direktem Blick wechselten und sozusagen »Blickkontakt aufnahmen«. Plötzlich angeschaut zu werden übt also eine starke Wirkung auf uns Menschen aus.

Aber welche Rolle spielen bei diesen grundlegenden Phänomenen der Blickverarbeitung denn nun zeitliche Aspekte? Wir vermuten: eine zentrale. Beide Phänomene – Gaze Following und der Direct Gaze Effekt – haben bezüglich ihres zeitlichen Verlaufs Eigenschaften, die sie besonders wertvoll machen für die zwischenmenschliche Inter-

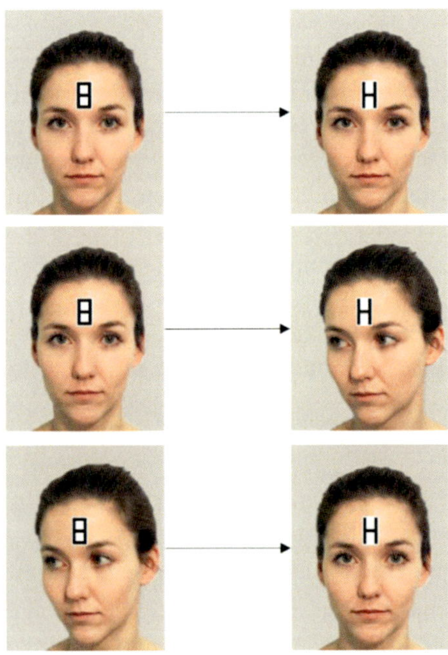

Abb. 1: Sowohl ein konstanter direkter Blick (oben) als auch ein Wechsel der Blickrichtung (Mitte) ziehen unsere Aufmerksamkeit an. Am stärksten ist die Wirkung jedoch, wenn beides zusammenkommt und wir plötzlich angeschaut werden (unten) (Böckler, van der Wel und Welsh, 2014).

aktion. Zunächst einmal sind sie extrem schnell und unmittelbar (Senju und Johnson, 2009). Wir müssen nicht lange darüber nachdenken, wie wir auf den Blick eines anderen reagieren, sondern tun dies quasi automatisch. Dadurch sind Blicke sehr effizient für unsere zwischenmenschliche Kommunikation, Koordination und Kooperation. Zugleich halten die Blick-Effekte, sei es das Folgen des Blicks unseres Gegenübers auf ein Objekt oder sei es die tiefere Verarbeitung eines Gegenübers, das uns anschaut, zeitlich auch länger an als vergleichbare Phänomene, die in einem nicht-sozialen Kontext, zum Beispiel durch einen Blitz oder einen Knall, ausgelöst werden (Böckler, van der Wel und Welsh, 2014; Frischen et al., 2007). Diese zeitliche Stabilität ist für zwischenmenschliche Interaktionen besonders nützlich, da diese insgesamt meist unvorhersehbar sind und eine hohe Flexibilität verlangen.

Um besser verstehen zu können, wie diese scheinbar simplen Blick-Phänomene und ihre zeitlichen Eigenschaften zum Gelingen von Interaktionen beitragen, werden wir nun einige Funktionen von Blicken genauer betrachten. Dies kann natürlich keinen vollständigen und erschöpfenden Überblick geben, sondern soll beispielhaft aufzeigen, wie vielseitig die Bedeutung für das soziale Miteinander ist.

Blicke regulieren Nähe und Zugehörigkeit

Eine wichtige Funktion des menschlichen Blickverhaltens ist es, Nähe und Zugehörigkeit zu anderen zu regulieren. Auch Sie haben bestimmt schon Blicke zu diesem Zweck eingesetzt: Vielleicht hat eine Lehrerin oder ein Lehrer Sie einmal zu Schulzeiten gegen Ihren Willen von Ihrer besten Freundin weggesetzt, was Sie aber nicht daran hinderte, immer wieder über das Klassenzimmer hinweg Blicke zu tauschen, um sich der gegenseitigen Verbundenheit zu versichern. Auch im Alltag von Erwachsenen finden sich viele Beispiele dafür, wie Blicke genutzt werden, um Kontakt herzustellen. Sitzen Sie etwa in einem Wartezimmer und wollen mit der Person auf dem Nachbarstuhl ein Gespräch beginnen, werden Sie in aller Regel zunächst einmal Blickkontakt mit ihr aufnehmen und so ihre Bereitschaft ausloten, sich auf eine Konversation einzulassen (Cary, 1978).

Andererseits gibt es aber auch Situationen, in denen das Reduzieren und Vermeiden von Blickkontakt eingesetzt wird, um (ungewünschte) Nähe zu verringern. Denken Sie beispielsweise an einen beengten Aufzug: Dort würden Sie wohl eher den Blicken der anderen ausweichen, um auf diese Weise etwas dringend benötigte Distanz herzustellen. Während das Vermeiden von Blickkontakt im Lift wahrscheinlich zum Wohlbefinden aller Beteiligten beiträgt, kann es in anderen Situationen ein Signal für sozialen Ausschluss sein. In einer Studie zu diesem Thema (Böckler, Hömke und Sebanz, 2014) wurden die Versuchspersonen in zwei Gruppen eingeteilt. In der ersten Gruppe sahen sie zwei virtuelle Personen auf dem Bildschirm, die sich und der Versuchsperson im Wechsel Blicke zuwarfen, in etwa wie bei einem Ballspiel: Die Person, die zuletzt angeschaut worden war, durfte in der nächsten Runde entscheiden, wem sie in die Augen schauen wollte. In der anderen Gruppe mussten die Versuchspersonen dabei zusehen, wie die beiden virtuellen Partner wiederholt Blicke austauschten, ohne die jeweilige Versuchsperson in diese Interaktionen einzubeziehen. Obwohl dieses Spiel nur etwa 5 Minuten dauerte, war das offenbar ausreichend, um bei der zweiten Gruppe ein Gefühl sozialer Ausgeschlossenheit und dafür typische Folgen auszulösen: Die »ignorierten« Versuchspersonen schätzten nach dem Spiel ihren Selbstwert geringer ein und beurteilten auch ihre Interaktionspartner negativer als Versuchspersonen, die bei den Blickinteraktionen mitspielen konnten.

Wie diese Beispiele zeigen, folgen wir Menschen bei der Regulation sozialer Nähe durch unser Blickverhalten einer ganzen Reihe von Regeln, die wir meist völlig unbewusst anwenden. Stellen Sie sich etwa vor, Sie sitzen in der U-Bahn und Ihr Blick trifft den Ihres Gegenübers: Wie lange sollte sie oder er den Blickkontakt mit Ihnen halten, damit die Situation nicht unangenehm wird? Sowohl ein allzu hastiges Abwenden der Augen als auch ausgedehntes Starren würden wohl auf Ihrer Seite zu Unbehaglichkeit führen. Aber was ist die »richtige« Dauer eines Blickes? Zu dieser Fragestellung wurden knapp 500 Besucherinnen und Besucher eines Londoner Museums untersucht, die ganz unterschiedlichen Nationalitäten und Generationen angehörten (Binetti et al., 2016). Diese Besucher wurden gebeten, sich vor einen Computer zu setzen und Videos von verschiedenen Menschen anzuschauen, die alle mit neutralem Gesichtsausdruck direkt in die Kamera bzw. in die Augen der Versuchspersonen schauten. Unabhängig von ihrem Hintergrund und auch unabhängig von der Herkunft, dem Geschlecht oder dem Alter der Personen in den Videos beurteilten die Museumsgäste im Durchschnitt eine Blickdauer von 3 bis 4 Sekunden als am angenehmsten.

Sollten wir uns für optimalen Interaktionserfolg also die 3-Sekunden-Blickkontakt-Regel angewöhnen? Eher nicht. Die »optimale« Blickdauer hängt nämlich auch von den beteiligten Personen und der jeweiligen Situation ab. Insbesondere während Interaktionen, bei denen man selbst oder das Gegenüber in einem Zustand hoher emotionaler Erregung ist (d. h. starke Gemütsbewegungen erlebt), kann eine kürzere Dauer des Blickkontaktes durchaus angemessen sein. So erhöht etwa beim Flirten tiefes In-die-Augen-Schauen die Spannung, wird aber auch schnell überwältigend. In diesem Fall ist es wahrscheinlich, dass eine der flirtenden Personen schließlich den Blick senkt, um die eigenen Emotionen zu händeln (Kendon, 1967). Auch in Gesprächen, in denen jemand von traurigen und belastenden Erlebnissen erzählt, wird vom Gegenüber weniger Blickkontakt erwartet (Breil und Böckler, 2021). Taktvolles Wegsehen gibt hier der erzählenden Person die Chance, unbeobachtet mit den aufkommenden Gefühlen umzugehen. In beiden Fällen trägt ein Abwenden des Blickes dazu bei, entweder die eigene emotionale Erregung oder die einer anderen Person zu regulieren.

Zusammenfassend kann man also festhalten, dass Blickkontakt und insbesondere dessen Dauer ein wirksames nonverbales Mittel ist, um unseren Mitmenschen Interesse, Nähe und Zugehörigkeit zu signalisieren – oder eben den Wunsch nach Ruhe oder Abstand. Und obwohl die Grenze zwischen »zu wenig« und »zu viel« häufig im Sekundenbereich liegt, gelingt es uns meist sehr gut (und mühelos), die richtige Dauer abzuschätzen und einen für alle Beteiligten angenehmen Wechsel zwischen Blickkontakt und Blickabwendung herzustellen.

Blicke helfen beim sozialen Verstehen

Eine weitere Funktion von Blicken im sozialen Miteinander ist es, das Verstehen zwischen Interaktionspartnern zu verbessern. Ganz ohne zu fragen können wir oft erschließen, was unser Gegenüber will, was ihm gefällt und was es gleich tun wird. Blicke sind in dieser Hinsicht verräterisch: Richten sich beispielsweise die Augen einer Katze begehrlich auf den Wurstteller auf der Küchentheke, bringen erfahrene Haustierbesitzer die Salami höchstwahrscheinlich schon in Sicherheit, bevor die Katze überhaupt zum Sprung ansetzt.

In ähnlicher Weise können wir die Interessen und Vorlieben unserer Mitmenschen erkennen, wenn wir ihrem Blick folgen. Und in vielen Fällen färben ihre Präferenzen sogar auf uns ab: Wir neigen dazu, zu mögen, was andere mögen. Stellen Sie sich etwa vor, Sie stehen in einer Kunstgalerie und eine ganze Menschentraube betrachtet andächtig ein bestimmtes Bild. Auch ohne Expertise im Bereich Kunst würden Sie in diesem Fall wohl nicht am hohen Wert des Gemäldes zweifeln und vielleicht sogar selbst die große Ausdruckskraft bewundern. Im Einklang damit fanden Wissenschaftlerinnen und Wissenschaftler in verschiedenen Studien, dass Menschen Gegenstände lieber mögen, wenn sie zuvor von anderen angeschaut wurden (Manera et al., 2014). Neben der Einschätzung von unbelebten Objekten wird aber auch unser Urteil über andere Menschen von Blickverhalten mitbestimmt: Wir finden Personen sympathischer, wenn sie uns ihre Augen zuwenden und dadurch signalisieren, dass sie uns interessant und vielleicht sogar attraktiv finden (Mason et al., 2005). Das gilt im Übrigen auch für Roboter: Androiden, die Blickkontakt mit Menschen in ihrer Umgebung aufnehmen, werden positiver bewertet als Roboter, die keinen Blickkontakt herstellen (Shimada et al., 2011).

Blickkontakt spielt insgesamt eine bedeutende Rolle beim Verstehen der Gefühle, Absichten und Handlungen unseres Gegenübers. So können wir Gesichter, die uns anschauen, schneller erkennen und klassifizieren (Ist es ein weibliches Gesicht? Kennen wir die Person sogar?) und wir merken uns Gesichter auch besser, wenn sie uns direkt anschauen. Wie kommt es dazu? Auf der neurologischen Ebene zeigen bildgebende Verfahren, die die Durchblutung des Gehirns erfassen, dass bestimmte Gehirnareale besonders aktiv werden, wenn Menschen ein Gesicht wahrnehmen, das sie direkt ansieht (Senju und Johnson, 2009). Schaut das Gesicht dagegen in eine andere Richtung, zeigen dieselben Areale vergleichsweise weniger Aktivierung. Und was dabei besonders interessant ist:

Die betreffenden Gehirnregionen sind Teil eines Netzwerkes, das als »soziales Gehirn« bezeichnet wird, da es nach aktuellem Stand der Forschung an vielen Prozessen menschlicher Kommunikation und Interaktion beteiligt ist. Direkter Blickkontakt trägt auf diese Weise dazu bei, dass wir soziale Informationen besser verarbeiten können.

Die Hinweise, die wir aus den Blicken unseres Gegenübers ziehen, werden auch mit anderen sozialen Informationen integriert, zum Beispiel beim Erkennen des emotionalen Befindens anderer Menschen. In diesem Kontext ist es hilfreich, Emotionen grob in zwei Kategorien einzuteilen: Einerseits gibt es Emotionen, die eher zur Annäherung an andere Personen führen, etwa mit dem Impuls sie zu umarmen (im Fall von Freude) oder ihnen eine Kopfnuss zu verpassen (im Fall von Wut). Bei anderen Emotionen neigen Menschen dazu, den Kontakt zu anderen zu vermeiden, weil sie z. B. gerade negative Erlebnisse verarbeiten (bei Trauer) oder eine Kopfnuss befürchten (bei Angst). Steht jemand vor der Aufgabe, zu erkennen, welche dieser Emotionen das Gesicht des Gegenübers ausdrückt, kann dessen Blickrichtung nützliche Hinweise geben: Vermeidet die andere Person den Kontakt und hält dementsprechend ihren Blick abgewandt, empfindet sie wohl eine vermeidungsorientierte Emotion, also beispielsweise Angst oder Trauer. Stellt sie dagegen durch direkten Blickkontakt Nähe her, ist eine annäherungsorientierte Emotion wahrscheinlicher. Diese theoretische Überlegung wurde durch die Ergebnisse von wissenschaftlichen Studien (Adams und Kleck, 2003; 2005) unterstützt, in denen die Versuchspersonen annäherungsorientierte Emotionen wie Ärger schneller auf Gesichtern erkannten, die sie direkt ansahen, als auf Gesichtern, die den Blick abgewandt hielten (siehe Abbildung 2). Die Erkennung von vermeidungsorientierten Emotionen wie Angst war dagegen auf Gesichtern mit abgewandtem Blick leichter. Um die Aufgabe möglichst schnell zu lösen, kombinierten die Versuchspersonen also die Informationen, die ihnen einerseits durch die Blickrichtung und andererseits durch den Gesichtsausdruck zur Verfügung standen. Unsere neuen Studien (Breil et al., 2022) zeigen, dass diese Integration von Blickinformationen mit weiteren sozialen Informationen wie dem Gesichtsausdruck extrem schnell erfolgen kann: Weniger als eine halbe Sekunde wird dafür benötigt. Dies unterstreicht weiter die hohe Effizienz und die Flexibilität der Nutzung von Blicken für das soziale Verstehen. Durch unsere schnelle Verarbeitung von Blickreizen ermöglichen uns die Blicke unserer Mitmenschen also einen tieferen Einblick in deren emotionale und mentale Zustände.

Blicke unterstützen Kommunikation

Blicke helfen uns nicht nur, unsere Mitmenschen zu verstehen, sondern unterstützen uns auch dabei, mit ihnen zu kommunizieren. Zum einen kann ein Blick selbst bereits eine bestimmte Bedeutung haben. Stellen Sie sich zum Beispiel einen typischen Freitagabend in einer Bar vor. Auch wenn es zu laut ist, um ein Wort von den Gesprächen zu verstehen, können Sie dennoch allein durch die Blicke der anderen Gäste die kleineren und größeren Dramen mitverfolgen, die sich in Ihrer Umgebung abspielen: Da macht in einer Ecke des Raumes eine Person einer anderen schöne Augen und punktet mit ihrem koketten Schlafzimmerblick. Angesichts dieser Tändelei können es sich die Umstehenden wahrscheinlich nicht verkneifen,

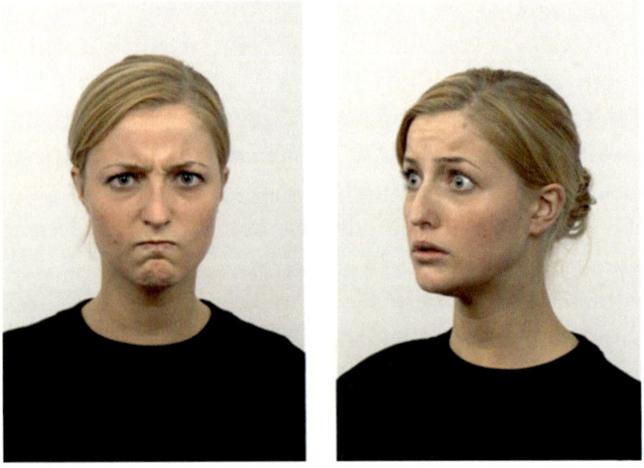

Abb. 2: Annäherungsorientierte Emotionen wie Wut erkennen wir leichter bei einem direkten Blick, vermeidungsorientierte Emotionen wie Angst leichter bei abgewandtem Blick (Fotos aus der Radboud Face Database, Langner et al., 2010).

den einen oder anderen amüsierten Blick zu wechseln. An der Theke ist dagegen genervtes Augenrollen über einen allzu platten Anmachspruch zu beobachten und der erfolglose Charmebolzen wird von einem vernichtenden Blick durchbohrt. Die Augen allein sprechen hier also schon Bände!

Darüber hinaus spielt Blickkontakt eine wichtige Rolle dabei, Gespräche zu strukturieren, und reguliert etwa den Wechsel zwischen Sprechen und Zuhören (Ho et al., 2015; Kendon, 1967). Betrachten wir zum Beispiel ein Gespräch zwischen zwei Gästen der oben erdachten Bar. Bei ihrer angeregten Diskussion über das beste Feierabend-Getränk nehmen die beiden abwechselnd jeweils die Rolle der sprechenden und der zuhörenden Person ein, was von charakteristischem Blickverhalten begleitet und gesteuert wird: Während etwa der Wein-Fan die Vorteile eines guten Tropfens erörtert, schaut er seinem Gegenüber nur selten in die Augen. Wenn Menschen sich beim Sprechen nämlich auf ihr Argument konzentrieren wollen (und/oder signalisieren möchten, dass sie gerade weder Ablenkung noch Unterbrechung wünschen), neigen sie dazu, ein wenig an ihrem Gegenüber vorbeizuschauen, also gerade nicht in dessen Augen. Erst am Ende des Plädoyers nimmt unser Wein-Verfechter deshalb wieder längeren Blickkontakt auf, was der zuhörende Bier-Fan (korrekt) als Signal versteht, das Wort zu ergreifen und sich zugunsten einer kühlen Maß zu äußern. Der Wein-Fan kann nun entspannt zuhören und beobachtet dabei die Augen seines Gegenübers, bis er durch dessen direkten Blick aufgefordert wird, selbst wieder zu sprechen.

Wenn während eines solchen Dialogs Blickkontakt hergestellt wird, erfüllt dies verschiedene Funktionen: einerseits das Gewinnen und andererseits das Übermitteln von Informationen. Auf der Seite der sprechenden Person kann ein direkter Blick etwa Aufschluss darüber geben, ob das Gegenüber das Gesagte versteht oder gedanklich bereits abgeschweift ist. Zugleich sendet der Blickkontakt aber auch die Botschaft »Was ich gerade sage, ist wichtig!« und vielleicht sogar »Pass gefälligst auf!«. Die zuhörende Person drückt umgekehrt durch einen direkten Blick aus, dass sie dem Gespräch ihre ganze Aufmerksamkeit widmet und nicht gerade auf ihr Handy schielt. Zugleich kann sie aber auch den Blick der sprechenden Person nutzen, um den Inhalt des Gesagten besser einzuordnen. War da ein Zwinkern? Eine angehobene Augenbraue? Gerade bei uneindeutigen

Äußerungen können Blicke schnell und einfach die Bedeutung des Gesagten klären.

Für ein besseres Verständnis ist es auch hilfreich, dem Blick des Sprechenden zu folgen, um zu sehen, was er oder sie anschaut. Je nach Gegenstand der Aufmerksamkeit könnte der Satz »Was für eine gigantische Schlange!« eher resigniertes Achselzucken vor der Kasse oder eine hastige Flucht aus dem Supermarkt bedingen. Auch wissenschaftliche Untersuchungen zeigen, dass die Übereinstimmung und insbesondere die zeitliche Kopplung des Blickverhaltens von Gesprächspartnern beeinflusst, wie gut ihr gegenseitiges Verständnis ist. In einer Studie dazu (Richardson und Dale, 2005) bekam jeweils eine Versuchsperson die Aufgabe, über die populäre Serie »Friends« zu sprechen, während sie vor Fotos der namensgebenden Freundinnen und Freunde saß. Eine zweite Versuchsperson betrachtete später die gleichen Bilder und hörte dabei das Gesagte an. Die Augenbewegungen von beiden Personen wurden währenddessen aufgezeichnet und anschließend verglichen. Es zeigte sich, dass ihre Blickbewegungen durchaus nicht unabhängig voneinander waren, sondern die zuhörende Person häufig die gleichen Bilder betrachtete wie die sprechende Person, mit einer Verzögerung von ungefähr zwei Sekunden. Wie eng die Augenbewegungen der Partner zeitlich gekoppelt waren, hatte dabei Einfluss darauf, wie gut die zuhörende Person nach der Aufgabe Fragen zum Gesagten beantworten konnte. Erfolgreiches Verstehen hängt also nicht allein von den gewählten Worten ab, sondern auch von so unscheinbar wirkendem Verhalten wie dem Folgen eines Blicks während des Gesprächs. Schließlich macht es einen Unterschied, wen wir meinen, wenn wir über »Monicas bessere Hälfte« sprechen, ihren Bruder Ross oder ihren heimlichen Geliebten Chandler.

Blicke helfen bei der Koordination von Handlungen

Eine letzte Funktion von Blicken, die wir in diesem Beitrag noch thematisieren möchten, ist die Unterstützung der Koordination von Handlungen. Wir Menschen sind hervorragend darin, unser Tun aufeinander abzustimmen und – sprichwörtlich – Hand in Hand zu arbeiten. Was der Volksmund hier nicht erwähnt, ist der Beitrag unserer Blicke dazu, dass diese Hände sich nicht ständig ins Gehege kommen, im richtigen Moment mitanpacken und (um ein anderes Sprichwort zu bemühen) zeitlich präzise wie ein Rad ins andere greifen. Denn wenn wir wissen, wo eine andere Person hinschaut, können wir vorhersagen, was sie gleich wo tun wird, und unsere eigenen Handlungen daran anpassen.

Das ist zum Beispiel nützlich, wenn Menschen gemeinsam etwas suchen: Stellen Sie sich vor, Sie sitzen zu zweit vor einem Wimmelbild und versuchen, in dem Cartoon-Gedränge ein ganz bestimmtes Männchen im rot-weißen Pullover zu entdecken. Wenn Sie sehen, dass Ihr Gegenüber gerade die rechte Seite des Bildes unter die Lupe nimmt, widmen Sie sich vermutlich ohne viel Überlegung der linken Hälfte. Diese Suchstrategie ist so einfach wie effektiv: Wo eine andere Person sucht oder schon gesucht hat, muss man selbst nicht mehr hinsehen. Die Absteckung der Suchbereiche könnte man dabei lang und breit aushandeln, viel effizienter geht es aber allein durch Blicke. Zu diesem Ergebnis kam eine Studie, bei der jeweils zwei Versuchspersonen nach einem »Q« unter vielen »O«s suchen mussten (Brennan et al., 2008). Am besten schnitten dabei die Paare ab, die sich nicht unterhalten, aber gegenseitig ihre Blickbewegungen verfolgen konnten. Vier Augen sehen also tatsächlich mehr als zwei – vor allem wenn sie gut aufeinander abgestimmt sind.

Haben Sie sich schon einmal überreden lassen, beim Aufstellen eines Ikea-Regals zu assistieren? Mit der Anleitung in der Hand haben Sie vermutlich schnell höchst kryptische Instruktionen gegeben wie »Jetzt nimm mal das Ding, was da drüben liegt, und steck es dann in das Loch von diesem großen Teil – nein, in das andere! – und zieh das dann mit dem Dingsda fest.« Trotz fehlender Eloquenz stand eine Stunde und viel Schweiß später tatsächlich ein Möbelstück vor Ihnen, das seinen Zweck erfüllte. Wie funktioniert das? In einer Studie zu dieser Fragestellung (Clark und Krych, 2004) bauten die Versuchspersonen-Paare keine Schränke, sondern Modelle aus Lego-Steinen. Dabei sah nur eine Versuchsperson die Vorlage und musste ihrer Partnerin oder ihrem Partner möglichst präzise beschreiben, welcher Stein wo platziert werden musste. Die Ergebnisse des Experiments zeigten, dass die Versuchspersonen Blicke nutzten, um diesen Bauprozess effektiv zu koordinieren und vor allem den aktuellen Stand ihres Verständnisses abzugleichen. So konnte etwa ein verwirrter Blick der bauenden Versuchsperson den Redefluss der instruierenden Person unterbrechen und diese zu einer genaueren Erklärung veranlassen. Andersherum konnte die instruierende Person zeitnah reagieren, wenn ihr Partner oder ihre Partnerin gerade dabei war, nach dem falschen Baustein zu greifen.

Um zu erkennen, welchen Gegenstand eine Person gleich ergreifen wird, müssen wir Menschen nicht einmal darauf warten, dass sie tatsächlich die Hand ausstreckt. Die Bewegungen unserer Hände und unseres Blicks sind aneinander gekoppelt, wobei die Augen den Händen immer knapp vorausgehen (Flanagan und Johansson, 2003; Johansson et al., 2001). Bildlich gesprochen spähen die Augen schon einmal die Lage aus und melden, wenn Veränderungen an der Handbewegung vorgenommen werden müssen, weil beispielsweise der Baustein doch weiter links liegt als anfangs gedacht oder ein unerwartetes Hindernis im Weg auftaucht. Untersuchungen zeigen, dass es uns am besten gelingt, Handlungen mit unserem Gegenüber zu koordinieren, wenn dessen Blicke seinen Handbewegungen etwa eine halbe Sekunde vorausgehen (Khoramshahi et al., 2016). Eine präzise zeitliche Abstimmung ist für die zwischenmenschliche Zusammenarbeit also hoch relevant – und wird durch unser automatisches Blickverhalten und unser müheloses Blickverstehen beständig unterstützt.

Zusammenfassung: Blicke haben es in sich!

Was kann man nun mitnehmen aus dieser (doch bunten) Zusammenstellung menschlicher Interaktionen? Zunächst einmal, dass unsere Blicke im sozialen Miteinander eine vielleicht unscheinbare, aber deshalb nicht weniger bedeutende Rolle spielen. Dabei sind besonders zwei Phänomene gut erforscht: Wir folgen reflexhaft den Blicken anderer Personen (Gaze Following) und werden wie magnetisch von direkt auf uns gerichteten Blicken angezogen (Direct Gaze Effekt). Diese Mechanismen mögen erst einmal trivial klingen, nehmen jedoch großen Einfluss auf viele Komponenten unseres Miteinanders. So können sie uns unter anderem dabei unterstützen, die Nähe zu unseren Mitmenschen zu regulieren, sie zu verstehen, mit ihnen zu kommunizieren und unsere Handlungen zu koordinieren.

Unsere Blicke sind gerade durch ihre Schnelligkeit und Flexibilität ein exzellentes Werkzeug, dessen Rolle im sozialen Miteinander noch längst nicht vollständig erforscht ist. Vielleicht ist es uns ja gelungen, Ihre Neugier zu wecken und Ihnen vor Augen zu führen, wie unsere alltäglichen sozialen Interaktionen auch von so unscheinbaren Dingen wie der Dauer eines Blickes bestimmt werden.

Literatur

Adams, R. B. und Kleck, R. E.: Perceived gaze direction and the processing of facial displays of emotion. In: *Psychological Science* 14(6), 2003, S. 644–647. DOI: 10.1046/j.0956-7976.2003.psci_1479.x.

Adams, R. B. und Kleck, R. E.: Effects of direct and averted gaze on the perception of facially communicated emotion. In: *Emotion* 5(1), 2005, S. 3–11. DOI: 10.1037/1528-3542.5.1.3.

Binetti, N., Harrison, C., Coutrot, A., Johnston, A. und Mareschal, I.: Pupil dilation as an index of preferred mutual gaze duration. In: *Royal Society Open Science* 3(7), 2016, 160086. DOI: 10.1098/rsos.160086.

Böckler, A., Hömke, P. und Sebanz, N.: Invisible man: Exclusion from shared attention affects gaze behavior and self-reports. In: *Social Psychological and Personality Science* 5(2), 2014, S. 140–148. DOI: 10.1177/1948550613488951.

Böckler, A., van der Wel, R. P. R. D. und Welsh, T. N.: Catching eyes: Effects of social and nonsocial cues on attention capture. In: *Psychological Science* 25(3), 2014, S. 720–727. DOI: 10.1177/0956797613516147.

Breil, C. und Böckler, A.: Look away to listen: The interplay of emotional context and eye contact in video conversations. In: *Visual Cognition* 29(5), 2021, S. 277–287. DOI: 10.1080/13506285.2021.1908470.

Breil, C., Raettig, T., Pittig, R., van der Wel, R. P. R. D., Welsh, T. und Böckler, A.: Don't look at me like that: Integration of gaze direction and facial expression. In: *Journal of Experimental Psychology: Human Perception & Performance* 48(10), 2022, S. 1083–1098. DOI: 10.1037/xhp0001046.

Brennan, S. E., Chen, X., Dickinson, C. A., Neider, M. B. und Zelinsky, G. J.: Coordinating cognition: The costs and benefits of shared gaze during collaborative search. In: *Cognition* 106(3), 2008, S. 1465–1477. DOI: 10.1016/j.cognition.2007.05.012.

Cary, M. S.: The role of gaze in the initiation of conversation. In: *Social Psychology* 41(3), 1978, S. 269–271. DOI: 10.2307/3033565.

Clark, H. H. und Krych, M. A.: Speaking while monitoring addressees for understanding. In: *Journal of Memory and Language* 50(1), 2004, S. 62–81. DOI: 10.1016/j.jml.2003.08.004.

Driver, J., Davis, G., Ricciardelli, P., Kidd, P., Maxwell, E. und Baron-Cohen, S.: Gaze perception triggers reflexive visuospatial orienting. In: *Visual Cognition* 6(5), 1999, S. 509–540. DOI: 10.1080/135062899394920.

Emery, N. J.: The eyes have it: The neuroethology, function and evolution of social gaze. In: *Neuroscience and Biobehavioral Reviews* 24(6), 2000, S. 581–604. DOI: 10.1016/s0149-7634(00)00025-7.

Farroni, T., Csibra, G., Simion, F. und Johnson, M. H.: Eye contact detection in humans from birth. In: *Proceedings of the National Academy of Sciences* 99(14), 2002, S. 9602–9605. DOI: 10.1073/pnas.152159999.

Farroni, T., Massaccesi, S., Menon, E. und Johnson, M. H.: Direct gaze modulates face recognition in young infants. In: *Cognition* 102(3), 2007, S. 396–404. DOI: 10.1016/j.cognition.2006.01.007.

Flanagan, J. R. und Johansson, R. S.: Action plans used in action observation. In: *Nature* 424(6950), 2003, S. 769–771. DOI: 10.1038/nature01861.

Friesen, C. K. und Kingstone, A.: The eyes have it! Reflexive orienting is triggered by nonpredictive gaze. In: *Psychonomic Bulletin & Review* 5(3), 1998, S. 490–495. DOI: 10.3758/BF03208827.

Frischen, A., Bayliss, A. P. und Tipper, S. P.: Gaze cueing of attention: Visual attention, social cognition, and individual differences. In: *Psychological Bulletin* 133(4), 2007, S. 694–724. DOI: 10.1037/0033-2909.133.4.694.

Gallup, A. C., Hale, J. J., Sumpter, D. J. T., Garnier, S., Kacelnik, A., Krebs, J. R. und Couzin, I. D.: Visual attention and the acquisition of information in human crowds. In: *Proceedings of the National Academy of Sciences of the United States of America* 109(19), 2012, S. 7245–7250. DOI: 10.1073/pnas.1116141109.

Ho, S., Foulsham, T. und Kingstone, A.: Speaking and listening with the eyes: Gaze signaling during dyadic interactions. In: *PLOS One* 10(8), 2015, e0136905. DOI: 10.1371/journal.pone.0136905.

Hood, B. M., Macrae, C. N., Cole-Davies, V. und Dias, M.: Eye remember you: The effects of gaze direction on face recognition in children and adults. In: *Developmental Science* 6(1), 2003, S. 67–71. DOI: 10.1111/1467-7687.00256.

Johansson, R. S., Westling, G., Bäckström, A. und Flanagan, J. R.: Eye–hand coordination in object manipulation. In: *The Journal of Neuroscience* 21(17), 2001, S. 6917–6932. DOI: 10.1523/JNEUROSCI.21-17-06917.2001.

Kendon, A.: Some functions of gaze-direction in social interaction. In: *Acta Psychologica* 26, 1967, S. 22–63. DOI: 10.1016/0001-6918(67)90005-4.

Khoramshahi, M., Shukla, A., Raffard, S., Bardy, B. G. und Billard, A.: Role of gaze cues in interpersonal motor coordination: Towards higher affiliation in human-robot interaction. In: *PLOS One* 11(6), 2016, e0156874. DOI: 10.1371/journal.pone.0156874.

Langner, O., Dotsch, R., Bijlstra, G., Wigboldus, D. H. J., Hawk, S. T. und van Knippenberg, A.: Presentation and validation of the Radboud Faces Database. In: *Cognition & Emotion* 24(8), 2010, S. 1377–1388. DOI: 10.1080/02699930903485076.

Manera, V., Elena, M. R., Bayliss, A. P. und Becchio, C.: When seeing is more than looking: Intentional gaze modulates object desirability. In: *Emotion* 14(4), 2014, S. 824–832. DOI: 10.1037/a0036258.

Mason, M. F., Tatkow, E. P. und Macrae, C. N.: The look of love: Gaze shifts and person perception. In: *Psychological Science* 16(3), 2005, S. 236–239. DOI: 10.1111/j.0956-7976.2005.00809.x.

Richardson, D. C. und Dale, R.: Looking to understand: The coupling between speakers' and listeners' eye movements and its relationship to discourse comprehension. In: *Cognitive Science* 29(6), 2005, S. 1045–1060. DOI: 10.1207/s15516709cog0000_29.

Senju, A. und Johnson, M. H.: The eye contact effect: Mechanisms and development. In: *Trends in Cognitive Sciences* 13(3), 2009, S. 127–134. DOI: 10.1016/j.tics.2008.11.009.

Shimada, M., Yoshikawa, Y., Asada, M., Saiwaki, N. und Ishiguro, H.: Effects of observing eye contact between a robot and another person. In: *International Journal of Social Robotics* 3(2), 2011, S. 143–154. DOI: 10.1007/s12369-010-0072-9.

Tomasello, M., Hare, B. und Agnetta, B.: Chimpanzees, Pan troglodytes, follow gaze direction geometrically. In: *Animal Behaviour* 58(4), 1999, S. 769–777. DOI: 10.1006/anbe.1999.1192.

Norman Sieroka

Zeitliche Vielfalt

Erscheinungsformen von Zeit und die Aufgabe der Philosophie

1. Einleitung

Ziel dieses Aufsatzes ist es, einen kurzen Überblick zu liefern über wichtige Themen und Grundfragen in der Philosophie der Zeit. Damit einher geht auch eine Beantwortung der Frage, inwiefern die Philosophie einen wichtigen Beitrag liefern kann, um nicht nur unser Wissen zu vertiefen, sondern auch unseren Umgang mit Zeit in Wissenschaft und Alltag kritisch zu reflektieren.

Abschnitt 2 beginnt mit einer Arbeitsdefinition zum Begriff Zeit und zu dem, was das Ziel der Philosophie ist. Im dritten Abschnitt werden einige begriffliche und auch metaphysische Hintergründe geliefert. Zunächst werden zwei Typen von Zeitordnungen unterschieden. Danach werden kurz die herkömmlichen Positionen innerhalb der Philosophie der Zeit vorgestellt und ihre jeweiligen Vor- und Nachteile benannt. Dadurch werden jeweils auch »Standardallianzen« ersichtlich, die sich zwischen diesen Positionen und bestimmten einzeldisziplinären Interessensschwerpunkten und Erklärungsansprüchen ergeben.

Der vierte Abschnitt illustriert anhand eines Beispiels, wie Einzelwissenschaften und Philosophie zusammenarbeiten können bei der Beantwortung grundlegender Fragen zum Thema Zeit. Behandelt wird die Zusammenarbeit zwischen Philosophie und Kognitionswissenschaften im Bereich der Hörforschung, in der, wie zu zeigen sein wird, Zeit bzw. zeitliche Regularitäten eine herausragende Rolle spielen.

Der Aufsatz schließt mit einem Abschnitt, der nochmals einiges zusammenfasst und einen allgemeineren Ausblick liefert über die weitere Tragweite dessen, was hier exemplarisch am Verhältnis von Philosophie und ausgewählter Einzelwissenschaft behandelt wurde. Denn nicht nur in diesem Fall haben zeittheoretische Fragen letztlich fast immer mit der Koordination oder Taktung von Ereignissen zu tun – so etwa in breiteren wissenschaftlichen wie auch in weiterreichenden gesellschaftlichen Kontexten beispielsweise des Politischen, Kulturellen oder der Gesundheit.

2. Was ist Zeit? Was macht Philosophie der Zeit?

Nüchtern und als Arbeitshypothese formuliert ist Zeit ein Ordnungsparameter oder eine Dimension von Ereignissen (Sieroka, 2018, S. 10). Man ordnet persönliche Erlebnisse wie beispielsweise Urlaubserinnerungen, schmerzhafte Zahnarztbesuche usw.; man ordnet aber auch äußere Gegebenheiten wie beispielsweise Sonnenuntergänge, Vulkanausbrüche oder auch Landtagswahlen. Das heißt, die Ereignisse (Erlebnisse, Gegebenheiten, …) sind das Primäre, und sie sind es, die sich zeitlich ordnen lassen. Nicht die Zeit ist das Primäre; und sie ist insbesondere keine Substanz – so zumindest lautet die These, von der ich im Folgenden ausgehe (Sieroka, 2018, S. 99–101). Zeit ist nicht selbst etwas Materielles. Man kann vielleicht behaupten, dass »die Dinge in den 90er Jahren irgendwie anders waren«; aber es ist nicht sinnvoll zu sagen, es hätten sich »die 90er Jahre selbst anders angefühlt«.

Entsprechend dieser verschiedenen Arten von Ereignissen (persönliche Erlebnisse, physikalische und gesellschaftliche Gegebenheiten, …) gibt es verschiedene Zeitformen und verschiedene Zeitskalen (Sieroka, 2009). Zeitformen sind in diesem Sinne beispielsweise die physikalische Zeit, in der sich Vulkanausbrüche verorten, die erlebte Zeit, in der sich die Urlaubserinnerungen verorten, oder auch eine gesellschaftliche Zeit, an der wir uns beispielsweise in politischen Kontexten orientieren, oder auch die sogenannte historische Zeit der Geschichtswissenschaftler, die Tiefenzeit der Geologen usw. Dementsprechend gibt es auch verschiedene Zeitskalen: Physikalisch mögen Stunden und Sekunden relevant sein; im politischen Kontext beispielsweise Legislaturperioden; im religiösen (christlichen) Kontext das Kirchenjahr; im Kontext größerer gesellschaftlicher Ereignisse (wie z. B. von Konzerten und Kongressen) der Fahrplan der Deutschen Bahn; für die Geologie die Erdzeitalter usw. Und einige davon (wie etwa die Sekunde in der Physik) haben in ihrem Bereich sogar grundlegenden definitorischen Charakter.

Was ist vor diesem Hintergrund nun das Ziel der Philosophie? Gemäß dem britischen und vom Pragmatismus beeinflussten Philosophen Alfred North Whitehead ist es ihr Ziel, die gegenwärtigen Ausdrucksformen menschlicher Erfahrung zu koordinieren (Whitehead, 1933, S. 286). Allgemein heißt das: Als Menschen haben und machen wir Erfahrungen unterschiedlichster Art, die aber irgendwie zueinander in Beziehung stehen oder zumindest stehen sollten. Insofern Menschen geistige Wesen sind, haben sie beispielsweise Erinnerungen und Hoffnungen; insofern sie Teil einer bestimmten Form einer Gesellschaft sind, sammeln sie z. B. politische oder religiöse Erfahrungen; insofern Menschen leibliche Wesen sind, die einen Körper haben, erfahren sie den Impuls und die Energie, die ein fallender Stein auf ihren Fuß überträgt und damit physiologische Prozesse initiiert, und vieles mehr. Für jeden einzelnen Menschen sollten diese Erfahrungen nun aber in irgendeiner Weise zusammenpassen. Denn ich werde ja nicht jeweils ein anderer, nur weil mir, während ich mich an irgendetwas erinnere, ein Stein auf den Fuß fällt, weil ich während einer politischen Diskussion Hunger bekomme oder weil mich, während ich an einem Aufsatz schreibe, ein Freund anruft.

Nun stellt sich die Frage, was bzw. welcher Begriff geeignet sein könnte, um diese Koordinationsleistung zu erbringen und diese diversen Erfahrungskontexte sinnvoll zueinander in Beziehung zu setzen. Hier scheint gerade die Zeit ein herausragender Kandidat zu sein. Denn, wie erwähnt, lassen sich ja sowohl geistige wie körperliche wie gesellschaftliche Ereignisse zeitlich ordnen. Entsprechend besteht die Koordinationsaufgabe dann darin, die verschiedenen genannten Zeiten und Zeitskalen zueinander in Beziehung zu setzen, sie sozusagen jeweils und wechselseitig zu takten. Koordination im zeitlichen Kontext kann dann sowohl das Nacheinander gleichartiger Ereignisse auf einer Zeitskala und innerhalb einer Zeitform bedeuten als auch das Nach- und Nebeneinander verschiedener Ereignistypen und damit verschiedener Zeitformen (siehe Abschnitt 4).

Eine solche Koordination unterscheidet sich ihrem Anspruch nach markant von einer Reduktion. Es geht im Folgenden nicht darum, von Beginn an eine Zeitform als »die eine und einzig wahre« zu nobilitieren und alle anderen Formen auf sie zurückzuführen.

Stattdessen werden verschiedene Formen von Zeit ernst genommen und in ihren Eigenschaften untersucht und verglichen.

Bemerkenswert ist weiterhin, dass dieses Unternehmen der Koordination selbst zeitlich bedingt ist. Deshalb war es oben so formuliert, dass es um die Koordinierung »der *gegenwärtigen* Ausdrucksformen menschlicher Erfahrung« gehe. Denn Philosophie ist kein (unidirektionales) Fortschrittsunternehmen, wie dies für einige andere Bereiche wie etwa die Physik oder die Feinmechanik der Fall ist.

3. Begrifflicher und metaphysischer Hintergrund

3.1 Veränderung und Wiederkehr

Was zeitliche Abfolgen und damit zeitliche Ordnungen betrifft, gibt es typischerweise zwei konkurrierende Grundintuitionen: Zum einen wird Zeit mit Veränderung assoziiert, mit dem Fortschreiten von etwas. Zum anderen wird Zeit mit wiederkehrenden Ereignissen assoziiert; Zeit hat, grob gesagt, etwas mit Rhythmus zu tun (Sieroka, 2018, S. 58–62, 83–84).

Beides, Vorstellungen der Veränderung und der Wiederkehr, sind relevant sowohl in der Wissenschaft als auch im Alltag. In der Wissenschaft werden beispielsweise Zeitreihenanalysen durchgeführt. Dabei wird eine Menge von Daten ausgewertet im Hinblick auf zum einen wiederkehrende und zum anderen sich verändernde Elemente. So mag man etwa, wenn man den CO_2-Gehalt der Atmosphäre untersucht, nicht vornehmlich an den wiederkehrenden jahreszeitlichen Schwankungen zwischen Frühjahr, Sommer, Herbst und Winter interessiert sein, sondern vor allem an einem allgemeinen Trend, ob bzw. in welchem Maße über die Jahre hinweg der CO_2-Gehalt angestiegen ist. Dazu muss man aber eben beide Elemente voneinander unterscheiden können.

Auch Analoguhren versinnbildlichen diese beiden Grundintuitionen auf eindrückliche Weise: Die Zeiger bewegen sich fortwährend; sie schreiten voran – allerdings in zyklischer (wiederkehrender) Weise. Sie drehen sich im Kreis und streichen immer wieder über dieselben Zahlen des Zifferblatts.

Ein weiteres Beispiel liefert der Alltag selbst, von dem sich viele einerseits keine allzu große Tristesse erhoffen, der also Veränderung beinhalten soll, der aber andererseits auch nicht völlig unstrukturiert verlaufen soll. Letzteres beinhaltet ein gewisses Maß an Ritualen, an wiederkehrenden Ereignissen (*Jour fixe*), die als Orientierung dienen. Und genau wie bei der Uhr markiert erst beides zusammen, also Veränderung und Wiederkehrendes gemeinsam, ein orientiertes Fortschreiten und damit das, was man beim Uhrzeiger wie beim Leben gerne mit »Sinn« bezeichnet (Sieroka, 2018, S. 83–85).[1]

3.2 Lagezeitliche und modalzeitliche Ordnungen

Es gibt noch eine andere Art, Zeitordnungen zu unterscheiden: nämlich, wie es im Fachjargon heißt, in »modal-« und »lagezeitliche«.

Die Lagezeit oder auch »B-Reihe« (*tenseless order*) bedient sich des Verhältnisses von »früher – später« als Ordnungsrelation. Das heißt, Ereignisse werden danach geordnet, welches vor bzw. nach welchem anderen geschieht – typischerweise unter Angabe von Daten und Uhrzeiten. Lagezeitlichen Angaben begegnet man also beispielsweise auf Fahrplänen, wenn es heißt »Abfahrt 10:08«, oder auf Schildern mit Ladenöffnungszeiten, auf denen steht »montags–freitags 8–16 Uhr«. Lagezeitliche Ordnungen haben etwas Statisches an sich, insofern sie immer gleichbleiben. 10:05 Uhr ist immer drei Minuten früher als 10:08 Uhr; und den Saisonfahrplan der Straßenbahn oder die Öffnungszeiten des Supermarktes muss man nicht jeden Tag im Internet aufrufen und aktualisieren. Die besonderen Referenzpunkte, die für die entsprechenden Zeitangaben nötig sind, werden lediglich in Form von Konventionen und aus Bequemlichkeitsgründen eingeführt: So beginnt die tägliche Stundenzählung bei uns üblicherweise um Mitternacht mit 0 Uhr (das könnten wir aber auch anders machen), die Woche hat sieben Tage und beginnt montags (das könnten wir ebenfalls anders machen), …

Zum anderen gibt es die Modalzeit oder »A-Reihe« (*tensed order*). Hier lautet die grundlegende Ordnungsrelation »vergangen – gegen-

---

[1] Und je nachdem, in welcher Wissenschaft oder in welcher Kultur man sich bewegt, mögen die beiden Grundintuitionen des Wiederkehrenden (ggf. Zyklischen) und des Fortschreitenden (ggf. Linearen) unterschiedliche relative Gewichtungen erhalten – siehe etwa Demandt (2015, S. 301–330).

wärtig – zukünftig«. Diese Form der Zeitordnung liefert insbesondere Informationen darüber, was *gegenwärtig* ist, also was *jetzt gerade* der Fall ist. Im Gegensatz zur Lagezeit ist die Modalzeit eine dynamische Ordnung, denn sie hat einen ausgezeichneten Referenzpunkt, der nicht auf bloßer Konvention besteht und der sogar »wandert«: die Gegenwart. Ein typisches Beispiel für eine modalzeitliche Angabe ist ein Notizzettel an einer Bürotür, auf dem steht: »Bin gleich wieder da.« Diese Aussage enthält keine Uhrzeiten und Daten, macht also keine lagezeitlichen Angaben. Stattdessen bezieht sich die Angabe (implizit) auf Gegenwärtiges und Zukünftiges, nämlich auf den Zeitpunkt des aktuellen Schreibens der Notiz selbst und auf die baldige Rückkehr zum Büro.

Nun kann man den Unterschied zwischen diesen beiden Zeitordnungen auch metaphysisch in Anschlag bringen (siehe Abb. 1; vgl. auch Mellor, 1998). Sogenannte B-Theoretiker sind dementsprechend diejenigen, die die B-Reihe für grundlegend halten. Laut ihnen ist die fundamentale Ordnung von Ereignissen die nach früher und später. Die Unterscheidung zwischen vergangen, gegenwärtig und zukünftig spielt für sie allenfalls eine nachgeordnete Rolle. Das bedeutet aber auch, dass für B-Theoretiker in gewisser Weise »immer alles« existiert. Dazu ein Beispiel: Ich mag vielleicht nicht *wissen*, ob es am 06.01.2029 in Bremen schneien wird oder nicht, aber es ist nichtsdestoweniger wahr bzw. falsch, dass es an diesem Tag dort schneit. Wenn es aber wahr oder falsch ist, dann gibt es, so das Argument der B-Theoretiker, eben einen Tatbestand bezüglich des Bremer Wetters am 06.01.2029 – und diesen Tatbestand gibt es heute, wie am 06.01.2029, wie am 11.11.1986, usw. Kurz gesagt: es gibt ihn immer. Man bezeichnet B-Theoretiker deshalb manchmal auch als »Eternalisten«.

Demgegenüber vertreten A-Theoretiker die Sichtweise, dass die modalzeitlichen Unterscheidungen metaphysisch die relevanten sind. Zum Beispiel kann man der Meinung sein, es stehe einem die Zukunft noch offen, wohingegen die Vergangenheit fix sei, und man in oder mit der Gegenwart sozusagen voranschreite. Eine solche Sichtweise nennt sich »Possibilismus«, weil eben zukünftige Möglichkeiten (Possibilitäten) bestehen; oder man spricht von einem »growing block view«, weil mit dem Voranschreiten der Gegenwart immer mehr Vergangenes fixiert wird. Die extremere Form der

A-Theorie ist demgegenüber der sogenannte Präsentismus. Hier wird argumentiert, dass nicht nur die Zukunft nicht existiert – denn die Zukunft sei ja das, was genau *noch nicht* ist –, sondern dass auch die Vergangenheit nicht existiert – denn die Vergangenheit sei ja genau das, was es *nicht mehr* gibt (Bourne, 2006).

Für die weitere Diskussion ist es hilfreich, kurz die allgemeinen Schwierigkeiten der A- und B-Theorie zu nennen (Sieroka, 2018, S. 21–34). Die B-Theorie hat Probleme, das Erleben des Zeitflusses zu erklären, da es laut ihr ja »immer alles« gibt. Allgemeiner wird sie auch den Unterschieden in unseren geistigen Bezugnahmen nicht gerecht. Denn diese Bezugnahmen unterscheiden sich sehr stark entlang der Ordnung von vergangen – gegenwärtig – zukünftig: Das, was ich erlebe, ist gegenwärtig (ich erlebe nie die Zukunft); ich erinnere mich an die Vergangenheit, aber nicht an die Zukunft; Hoffnungen, Erwartungen, Sorgen habe ich sinnvollerweise bezüglich der

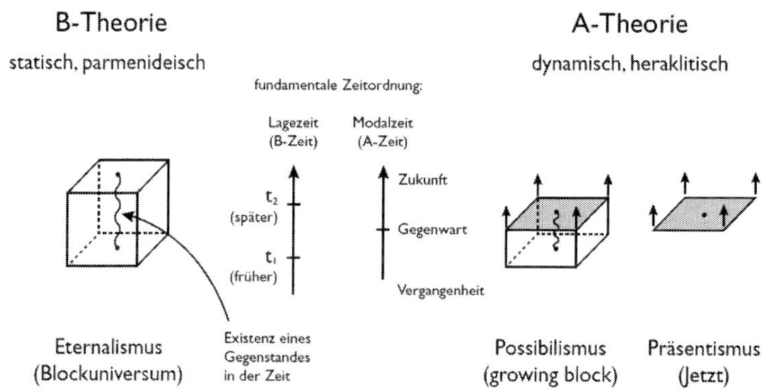

Abb. 1: Standardpositionen in der Metaphysik der Zeit: B-Theoretiker vertreten typischerweise eine statische Position. Da für sie Vergangenheit, Gegenwart und Zukunft – oder genauer: vergangene, gegenwärtige und zukünftige Ereignisse und Dinge – immer existieren, wird für sie die Welt zu einem lagezeitlich geordneten Blockuniversum. Raum und Zeit werden konzeptionell analog behandelt, und man spricht auch von einem »Eternalismus«. Im Gegensatz dazu halten A-Theoretiker eine modalzeitliche Ordnung für fundamental und vertreten eine dynamische Sichtweise – entweder in Form eines Possibilismus, demzufolge Vergangenes und Gegenwärtiges existiert, oder eines Präsentismus, demzufolge lediglich das existiert, was gegenwärtig ist. (Aus Sieroka, 2018, S. 19.)

Zukunft, aber nicht bezüglich der Vergangenheit usw. Schließlich mag man der B-Theorie auch ganz allgemein vorwerfen, sie »verräumliche« die Zeit zu sehr. Zeit werde von ihr in Analogie zum Raum behandelt, der sich zwar nicht nach früher – später, wohl aber nach oben – unten, links – rechts, vorne – hinten (oder dergleichen) ordne. Doch die damit suggerierte Ähnlichkeit von Raum und Zeit sei eben trügerisch – angefangen mit der Gerichtetheit, die es bei der Zeit, aber nicht beim Raum gibt. Denn ich kann mich zwar sowohl nach links wie auch nach rechts bewegen (nach vorne wie auch nach hinten, nach oben wie auch nach unten), aber niemals vom Späteren hin zum Früheren.

Eine große Schwierigkeit, die A-Theorien haben, ist das sogenannte McTaggart-Argument. Laut diesem Argument, das seit rund hundert Jahren intensiv unter Philosophen diskutiert wird, ist die A-Reihe allein gar nicht ausreichend, um Zeit einzuführen.[2] Eine weitere Schwierigkeit ist, dass A-Theorien nur auf den ersten Blick das Vergehen oder das Fließen der Zeit erklären. Bei genauerer Betrachtung scheinen A-Theorien es vielmehr bloß zu postulieren, ohne beispielsweise die Geschwindigkeit dieses Fließens explizieren zu können (Sieroka, 2018, S. 26–27). Ein weiterer gewichtiger Einwand, wenn eine A-Theorie insbesondere mit Bezug auf die physikalische Zeit vertreten werden soll, ergibt sich im Kontext der Speziellen Relativitätstheorie. Nach dieser Theorie gibt es nämlich keine absolute Gleichzeitigkeit. Ob Ereignisse gleichzeitig sind, hängt vom Bezugssystem ab und ist somit nicht für alle Beobachter gleich. Wenn aber für unterschiedliche Beobachter unterschiedliche Ereignisse gleichzeitig sind, dann sind für sie insbesondere auch unterschied-

---

[2] Gemäß A-Theorie, so McTaggart, seien sämtliche Ereignisse (oder auch Tatsachen, Gegenstände …) zeitlich einzig über die Eigenschaft charakterisiert, vergangen, gegenwärtig und zukünftig zu sein; doch seien diese drei Eigenschaften untereinander inkompatibel. Etwas, das bspw. gegenwärtig ist, ist eben nicht vergangen. Die mögliche Entgegnung, wonach ein Ereignis eben nicht *gleichzeitig* vergangen und gegenwärtig sei, bietet laut McTaggart keinen wirklichen Ausweg, sondern verschiebt das Problem nur auf eine höhere Stufe. Denn auch dann gäbe es unter den zeitlich fundamentalen Eigenschaften wiederum solche (wie etwa »gegenwärtig vergangen« und »gegenwärtig gegenwärtig« zu sein), deren Inkompatibilität man nur auf (noch) höherer Stufe auflösen könne. Laut McTaggart ergibt sich somit ein unendlicher Regress, der beweise, dass eine A-Reihe nicht die alleinige Grundlage von Zeit sein könne. – Ausführliche Diskussionen zum McTaggart-Argument finden sich u. a. in Mellor (1998), Dainton (2010).

liche Ereignisse gegenwärtig. Das heißt, es gibt keine Gegenwart, die für alle gleich wäre. Dies stellt ein großes Problem für A-Theorien dar – es sei denn, man ist gewillt, sozusagen »jedem seine bzw. ihre Gegenwart« zuzugestehen und damit letztlich jedem auch eine eigene Welt, in der nur sie bzw. er existiert (Dainton, 2010, S. 81–102).

Vor dem Hintergrund dieser jeweiligen Schwierigkeiten der A- und B-Theorien wird umgekehrt zugleich ersichtlich, in welchen Kontexten welche Theorien vermutlich ihre Stärken haben. Besonders überzeugend ist die B-Theorie typischerweise dann, wenn der Fokus auf physikalischen Zuständen liegt – oder allgemeiner: auf der Beschreibung der Natur. Hier ist in der Regel allein wichtig, ob gilt: »$t_1 < t_2$« (ob eben t_1 *früher* als t_2 ist); und es ist in diesem Kontext unwichtig, ob t_1 gestern war, jetzt ist oder morgen sein wird. Deshalb teilt man im Physikunterricht oder einer Physikvorlesung die Zeitachse eines Bewegungsdiagramms nicht nach »gerade eben«, »jetzt«, »gleich« oder Ähnlichem ein, sondern eben in »t_1«, »t_2«, …, oder in konkrete Sekundenanzahlen oder Ähnliches.

Umgekehrt sind A-Theorien typischerweise dann von Belang und haben Vorrang, wenn der Fokus auf geistigen Zuständen liegt (auf der Subjektivität oder dem Erleben). Wenn es um das Erleben geht, ist es beispielsweise relevant, ob der Zahnarzt *jetzt* bohrt, und nicht, ob es 10:08 Uhr oder 11:17 Uhr ist, wenn er bohrt.

4. Verbindungen zwischen Disziplinen und Zeitordnungen

Das Ziel der Philosophie der Zeit, so wie es oben eingeführt wurde, ist die Frage nach den koordinierenden Verhältnissen – man könnte auch sagen: nach den »Taktungen« – von Ereignissen. Wie bereits erwähnt, stellt sich diese Frage auf zwei Arten: zum einen als die Frage nach dem Nacheinander von Ereignissen innerhalb einer Zeitform; zum anderen als die Frage nach dem Nebeneinander von Ereignissen verschiedener Zeitformen.

Die erste Frage stellt sich beispielsweise in interessanter und kontroverser Form, wenn man im Bereich der Grundlagen der Physik die unterschiedlichen Zeitkonzepte in Quantenmechanik und Relativitätstheorie betrachtet (siehe hierzu Sieroka, 2021). Ich werde mich im Folgenden allerdings auf die zweite Frage konzentrieren; und zwar im Kontext der Kognitionswissenschaften. Genauer wird es um die auditorische Wahrnehmung gehen, wobei relative Taktungen zwischen Ereignissen verschiedener Zeitformen zum Tragen kommen, die teils modalzeitlich und teils lagezeitlich sind.

4.1 Beispiel: Zeit (und) Hören

Wie verhalten sich überhaupt zeitliche Regularitäten zu Wahrnehmungseigenschaften? Gibt es insbesondere einen Zusammenhang zwischen Ereignissen mit bestimmten physikalischen Regularitäten und dem, *wie* etwas wahrgenommen wird? An dieser Stelle ist das Hören ein besonders geeigneter Untersuchungsgegenstand, weil hier dieser Zusammenhang besonders eng ist (Sieroka, 2009; 2015). Klangeigenschaften sind mehr oder weniger sämtlich zeitliche Eigenschaften. Insbesondere Tonhöhe, Klangfarbe, Tondauer und Rhythmus basieren sämtlich auf zeitlichen Regularitäten (Terhardt, 1998; Zwicker und Fastl, 1999; Sieroka, 2015, S. 128–149).

Und auch komplexere auditorische Klangeigenschaften sind eng mit zeitlichen Regularitäten verbunden. Ähnlich wie beim Sehen gibt es auch beim Hören Gestaltphänomene (auch »Klangszenen« genannt), inklusive diverser typischer Ambiguitäten. Doch während beim Sehen solche Ambiguitäten mit *Räumlichkeit* zu tun haben, sind Ambiguitäten des Hörens insbesondere *zeitlichen* Ursprungs (Bregman, 1990). So haben beispielsweise visuell-ambige Kippbilder, wie der Necker-Würfel, im Auditorischen ein Analogon in Form von zeitlich strukturierten Klangströmen (siehe Abb. 2). Die dort dargestellte Klangfolge ist eine alternierende Folge von zwei Tönen A und B unterschiedlicher Tonhöhe. Je nachdem, wie groß der Tonhöhenunterschied zwischen A und B ist und wie schnell die Abfolge gespielt wird, hört man entweder einen einzelnen galoppierenden Tonverlauf (*einen* Klangstrom) oder man hört zwei voneinander getrennte monotone Folgen (*zwei* Klangströme).

Solche Gestaltphänomene sind ein recht neuer Untersuchungsgegenstand in der auditorischen Grundlagenforschung (Gutschalk et al., 2005). Bemerkenswerterweise finden sie aber bereits seit langem in der Musik Verwendung (Sieroka, 2021; Herbin und Sieroka, im Erscheinen).

Dieses besonders enge Verhältnis zwischen zeitlichen Regularitäten und Wahrnehmungseigenschaften erlaubt eine intensive Untersuchung möglicher Verbindungen zwischen Modal- und Lagezeit. So gestatten neurophysiologische Messungen und Modellierungen, da sie auf der physikalischen Zeitskala basieren, einen lagezeitlichen Zugang zu Korrelaten modalzeitlicher Wahrnehmungseigenschaften. Denn aus den gemessenen und modellierten Daten können diese Eigenschaften bei entsprechender Expertise zum Teil dynamisch abgelesen werden (Sieroka, 2015, S. 134–135; Patterson, 1994). Das ist ähnlich wie beim »Lesen« einer Partitur: Wenn man darin geübt ist, gelingt es einem, das Dargestellte mit einem Klangerlebnis in Verbindung zu bringen.

Aber nicht nur Klangeigenschaften können untersucht werden, sondern auch allgemeiner die zeitlichen Abfolgen in Lage- und Modalzeit, also der Verlauf in den physikalischen Reizen im Vergleich zu demjenigen, was in welcher Reihenfolge wahrgenommen wird. Hier sind z. B. Maskierungsexperimente von zentralem Interesse.

Umgekehrte Verbindungen, also die von der Modal- hin zur Lagezeit, ergeben sich durch phänomenologische Analysen (Sieroka, 2015, S. 169–203). Hier bilden konzeptionelle Fragen über das Zeitbewusstsein den Ausgangspunkt. Insbesondere geht es um die

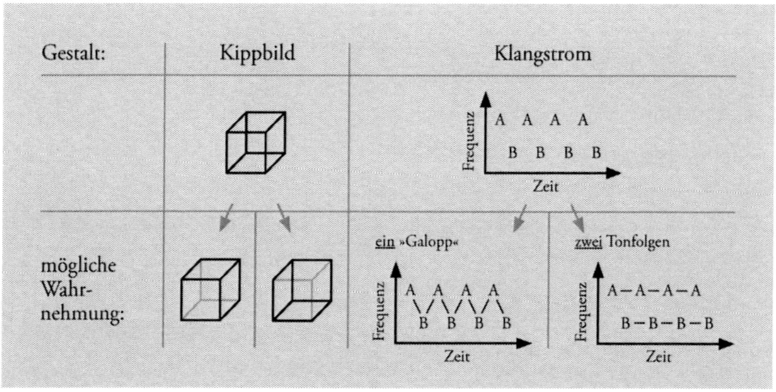

Abb. 2: Beispiel für die Wahrnehmung einer visuell und einer auditorisch ambigen Gestalt bzw. Klangszene. *Links*: Necker-Würfel als zweideutige Raumgestalt; *rechts*: eine Klangfolge als zweideutige Zeitgestalt. (Aus Sieroka, 2018, S. 73.)

Struktur und interne Dynamik, die Voraussetzung dafür ist, dass man überhaupt etwas wahrnimmt. Hört man beispielsweise den vierten Ton einer Melodie, so müssen die vorhergehenden Töne irgendwie noch präsent sein, damit es eben als Melodie erscheint und nicht als Stakkato unzusammenhängender Klangereignisse. Neben der physikalischen und physiologischen Ebene mit ihren Integrationsprozessen, die in Ohr und Gehirn stattfinden, gibt es hier eben auch auf der Ebene des Wahrgenommenen Strukturen und Dynamiken, die es zu analysieren und beschreiben gilt – und die dementsprechend also primär modalzeitlich sind. Anschließend stellt sich dann die Frage nach strukturellen Ähnlichkeiten: Welche Aspekte der lagezeitlichen Dynamik auf physiologischer Ebene ähneln in welcher Weise den modalzeitlichen Dynamiken im Wahrgenommenen? Außerdem ist im Zuge einer phänomenologischen Analyse nachvollziehbar, warum und wie es überhaupt möglich ist, aus der (modalzeitlich geprägten) Wahrnehmung eine lagezeitliche Ordnung zu etablieren. Denn das geschieht ja offensichtlich, wenn man über »frühere« und »spätere« Ereignisse spricht, einen Kalender führt, Uhren baut, physikalische Messungen macht, usw.

Das übergeordnete Forschungsziel, nämlich verschiedene Zeitformen in ihren »Taktungen« zu verstehen und zueinander in Beziehung zu setzen, wird hier also konkret zur Frage nach strukturellen Analogien zwischen den »modal- und lagezeitlichen Dynamiken«, die der Wahrnehmung bzw. der Physiologie zugrunde liegen (Sieroka, 2015, S. 212–239). Dieses methodische Vorgehen zielt nicht auf einen Reduktionismus; es zielt nicht darauf, alle Befunde von Beginn auf eine bestimmte (*a priori* ausgezeichnete) Zeitform zu reduzieren. Stattdessen geht es darum, durch die genaue Analyse der unterschiedlichen Dynamiken innerhalb verschiedener Zeitformen so etwas zu erzeugen wie eine »stereoskopische Tiefenschärfe« – um es einmal in einer visuellen Metapher auszudrücken (Varela, 1996; 1999). Ein tieferes Verständnis, so die Annahme, wird erzeugt, indem man, statt zu reduzieren und »wegzuerklären«, lage- und modalzeitliche Beschreibungen jeweils ernsthaft und genau verfolgt und die Ereignisse dann gemeinsam (d. h. in einem einheitlichen Beschreibungsrahmen) betrachtet – so wie eben bei der Stereoskopie aus der Betrachtung zweier zweidimensionaler Bilder der Eindruck des Dreidimensionalen, also einer zusätzlichen räumlichen Tiefe entsteht.

Und für einen solchen gemeinsamen Beschreibungsrahmen bietet sich eben genau der Zeitbegriff an. Denn Zeit ist, wie zu Beginn betont, in ihren unterschiedlichen Formen zentral für die unterschiedlichsten Arten von Ereignissen.

5. Schluss: Taktungen

Verschiedene Ereignisse, so hatte sich gezeigt, verorten sich innerhalb verschiedener Zeitformen und -skalen: Einheiten, die bei Betrachtungen der physikalischen Zeit grundlegend sind, sind andere als diejenigen, die dem politischen Leben zugrunde liegen; diese sind wiederum andere als die, die dem individuellen Erleben und Erinnern unterliegen usw. Und während einige dieser Zeitformen sich primär lagezeitlich ordnen, ordnen sich andere modalzeitlich.

Andererseits hat sich aber auch gezeigt, dass diese Ereignisse oftmals nicht völlig zusammenhangslos sind, sondern sich aufeinander beziehen lassen. Sie lassen sich koordinieren oder »takten«; und philosophische Fragen, so wurde deutlich, sind oftmals genau solche nach der Koordinierung oder Taktung.

Zum Abschluss lässt sich dies noch verallgemeinern. Denn nicht nur das Hören, sondern die gesamte Alltagswelt und das tägliche Miteinander sind geprägt und abhängig von der Taktung von Ereignissen (Sieroka, 2018, S. 83–85). Man orientiert sich, wie bereits erwähnt, an Fahrplänen, um rechtzeitig zu einer Veranstaltung zu gelangen; das Wetter hat Einfluss darauf, was ich für den Rest des Tages in meinen Rucksack packe; usw. Aber es geht nicht nur um solch vermeintlich triviale Taktungen. Taktungen sind für den Einzelnen auch dann besonders wichtig, wenn es um die geistig-körperliche Gesundheit geht: Diese hängt beispielsweise stark vom Schlaf-Wach-Rhythmus ab. Oder man denke auch, um ein anders gelagertes Beispiel zu nennen, an die seelsorgerische Funktion, die das Kirchenjahr für viele Christen übernimmt – und ähnlich entsprechend in anderen Religionsgemeinschaften. Und was sozusagen »die gesellschaftliche Gesundheit« anbelangt, so mag man an juristische Fragen der Verjährung von Strafen und der historischen Gerechtigkeit denken.

Wenn es so oft und in so vielen Bereichen um Taktungen geht, so mag man sich fragen, ob es also am sinnvollsten ist, überall nach einer perfekten Koordinierung zu streben, in der sozusagen alle Zeitformen vollständig synchronisiert und also sämtliche Ereignisse perfekt zueinander getaktet sind. Tatsächlich tragen De-Synchronisierungen oder das Aus-dem-Takt-Sein an sich oftmals pathologische Züge, und sie sind damit nicht erstrebenswert (Theunissen, 1991; Wittmann, 2012). Ein einfaches Beispiel sind Hektik und Langeweile. Man kann sie beschreiben als das Hinterherlaufen bzw. das Vorweglaufen der individuell erlebten Zeit gegenüber der Zeit, die sozusagen in der (physikalischen oder gesellschaftlichen) Umgebung herrscht. Mehr noch: Psychopathologen haben die bipolare Störung als eine dauerhafte und besonders starke solche De-Synchronisierung beschrieben (Fuchs, 2001). Eine weitere Form des Aus-dem-Takt-Seins ergibt sich durch etwas, das man »Fremdtaktung« nennen könnte. Ein sehr einfaches, aber auch schmerzhaftes Beispiel ist der Schlafentzug, bei dem von jemand anderem eine Schlaf-Wach-Taktung oktroyiert wird. In diese Kategorie der Fremdtaktungen gehören wohl auch die »Beschleunigungsbeschwerden«, von denen man neuerdings immer wieder lesen kann (Sieroka, 2018). Hier haben Menschen das Gefühl, mit den gesellschaftlichen Veränderungen, die um sie herum geschehen, nicht mehr im Takt zu sein, nicht mehr »mithalten« zu können.

Dennoch sind, ungeachtet all dieser Pathologien, zumindest kleine (kurzfristige) De-Synchronisierungen wichtig. Wenn immer alles perfekt getaktet ist, drohen Fehlidentifikationen, und es droht eine Verarmung der Erfahrungswelt (Blumenberg, 1986). Ist alles im Takt, so nimmt man den Unterschied zwischen verschiedenen Zeitformen nicht mehr wahr; und das kann dazu führen, dass man nur noch eine Zeitform und damit nur noch einen Erfahrungskontext für relevant hält. Es ist somit eine wichtige Aufgabe der Philosophie, verschiedene Zeitformen (physikalische Zeit, erlebte Zeit, …) mit all ihren Unterarten und ihren zum Teil lage-, zum Teil modalzeitlichen Grundstrukturen und -skalen ernst zu nehmen und sie vergleichend miteinander zu koordinieren. Das sichert nicht nur eine Vielfalt innerhalb der Forschung, sondern in der Tat die Vielfalt menschlicher Erfahrungen.

Literatur

Blumenberg, H.: *Lebenszeit und Weltzeit*, Suhrkamp, Frankfurt am Main 1986.

Bourne, C.: *A Future for Presentism*, Oxford University Press, Oxford 2006.

Bregman, A. S.: *Auditory Scene Analysis*, MIT Press, Cambridge (Mass.) 1990.

Dainton, B.: *Time and Space*. 2. ed., Acumen, Durham 2010.

Demandt, A.: *Zeit: Eine Kulturgeschichte*. 2. Aufl., Propyläen, Berlin 2015.

Fuchs, T.: Die Zeitlichkeit des Leidens. In: *Phänomenologische Forschungen* 1-2, 2001, S. 59–77.

Gutschalk, A., Micheyl, C., Melcher, J. R., Rupp, A., Scherg, M. und Oxenham, A. J.: Neuromagnetic correlates of streaming in human auditory cortex. In: *Journal of Neuroscience* 25, 2005, S. 5382–5388.

Herbin, C. und Sieroka, N.: Pradoxien des Auditiven? Ambiguitäten und Diskrepanzen beim Hören und in der Musik. In: *Paradoxien – Grenzdenken und Denkgrenzen von A(llwissen) bis Z(eit)*, hrsg. von A. M. Bauer, G. Damschen und M. Siebel. Brill/Mentis, Paderborn (im Erscheinen).

Horwich, P.: *Asymmetries in Time – Problems in the Philosophy of Science*, MIT Press, Cambridge (Mass.) 1987.

Mayato, R. S., Alonso, D. und Egusquiza, I. L.: Quantum clocks and stopwatches. In: *Time in Quantum Mechanics*, hrsg. von G. Muga, R. S. Mayato und I. L. Egusquiza. Springer, Berlin 2008, S. 235–278.

Mellor, D. H.: *Real Time II*, Cambridge University Press, Cambridge 1998.

Patterson, R. D.: The sound of a sinusoid: Time-interval models. In: *Journal of the Acoustical Society of America (JASA)* 96, 1994, S. 1419–1428.

Sieroka, N.: Ist ein Zeithof schon genug? – Neurophänomenologische Überlegungen zum Zeitbewusstsein und zur Rolle des Auditiven. In: *Philosophia Naturalis* 46, 2009, S. 213–249.

Sieroka, N.: *Leibniz, Husserl, and the Brain*, Palgrave Macmillan, Basingstoke 2015.

Sieroka, N.: *Philosophie der Zeit: Grundlagen und Perspektiven* (Reihe C. H. Beck Wissen), Beck, München 2018.

Sieroka, N.: Philosophie der Zeit. In: *Zeit in Natur und Kultur: Vorträge anlässlich der Jahresversammlung am 20. und 21. September 2019 in Halle (Saale) (Nova Acta Leopoldina)*, hrsg. von J. Hacker und T. Lengauer. Wissenschaftliche Verlagsgesellschaft, Stuttgart 2021, S. 23–41.

Terhardt, E.: *Akustische Kommunikation: Grundlagen mit Hörbeispielen*, Springer, Berlin 1998.

Theunissen, M.: *Negative Theologie der Zeit*, Suhrkamp, Frankfurt am Main 1991.

Varela, F. J.: Neurophenomenology: A methodological remedy for the hard problem. In: *Journal of Consciousness Studies* 3, 1996, S. 330–349.

Varela, F. J.: The specious present: A neurophenomenology of time consciousness. In: *Naturalizing Phenomenology*, hrsg. von J. Petitot, F. J. Varela, B. Pachoud und J.-M. Roy. Stanford University Press, Stanford 1999, S. 266–314.

Whitehead, A. N.: *Adventures of Ideas*, Cambridge University Press, Cambridge 1933.

Wittmann, M.: *Gefühlte Zeit. Kleine Psychologie des Zeitempfindens*, Beck, München 2012.

Zwicker, E. und Fastl, H.: *Psychoacoustics: Facts and Models*. 2. ed., Springer, Berlin 1999.

Bei diesem Beitrag handelt es sich um eine gekürzte und überarbeitete Fassung von Sieroka, 2021 (DOI: 10.26164/leopoldina_10_00273).

Die Autorinnen und Autoren

Prof. Dr. Anne Böckler-Raettig ist Professorin für Psychologie an der Universität Würzburg (bis 2021 an der Universität Hannover). Sie studierte Psychologie in Berlin, promovierte in Nimwegen mit einer Arbeit zur sozialen Interaktion und forschte am Max-Planck-Institut für Kognitions- und Neurowissenschaften in Leipzig sowie an der Universität Würzburg. Seit 2018 leitet sie eine Emmy-Noether-Forschungsgruppe der DFG in einem internationalen Projekt zu Mechanismen und Funktion des Blickkontakts in Kommunikationssituationen. Zu ihren aktuellen Forschungsschwerpunkten gehört die nonverbale Kommunikation, u. a. die Dauer von Blickkontakten.

Prof. Dr. Gregor Eichele ist Honorarprofessor für Entwicklungsbiologie an der Georg-August-Universität Göttingen, Adjunct Professor für Biochemie und Molekularbiologie am *Baylor College of Medicine,* Houston, USA, und Emeritus-Direktor am Max-Planck-Institut für Multidisziplinäre Naturwissenschaften in Göttingen. Dort leitete er die Abteilung Gene und Verhalten. Er studierte Chemie und Molekularbiologie in Basel, forschte in San Francisco, Boston und Houston. Für seine Forschungstätigkeit wurde er mit mehreren Preisen ausgezeichnet, darunter dem Friedrich-Miescher-Preis, der höchsten Schweizer Auszeichnung für Beiträge auf dem Gebiet der Biochemie. Zu seinen aktuellen Forschungsschwerpunkten gehört u. a. die molekulare Kontrolle zirkadianer Rhythmen sowie der Transport von Signalsubstanzen im Gehirn.

Prof. Dr. Alexander Gail ist Professor für Sensomotorische Neurowissenschaft und Neuroprothetik an der am Georg-Elisas-Müller-Institut für Psychologie an der Universität Göttingen und leitet die Forschungsgruppe Sensomotorik in der Abteilung Kognitive Neurowissenschaften am Deutschen Primatenzentrum, Leibniz-Institut für Primatenforschung, in Göttingen. Nach seinem Studium der Physik in Marburg und der dortigen Promotion in Neurophysik absolvierte er einen Forschungsaufenthalt am *California Institute of Technology* in Pasadena (Kalifornien). Zu seinen aktuellen Forschungsschwerpunkten gehört u. a. die zielgerichtete Handlungsplanung bei Primaten.

Prof. Dr. Heiko Hecht ist Professor für Psychologie an der Johannes-Gutenberg-Universität Mainz und leitet dort die Abteilung Allgemeine Experimentelle Psychologie. Er studierte Psychologie in Trier und Virginia (USA), forschte u. a. am *NASA Ames Research Center* und am *Massachusetts Institute of Technology* (beide USA) und habilitierte sich an der Ludwigs-Maximilians-Universität in München. Zu seinen Forschungsschwerpunkten gehört u. a. Wahrnehmen und Handeln in extremen Umgebungen, Virtuelle Realität, Intersensorische Integration und Handlungssteuerung sowie Intuitive Physik.

Prof. Dr. Andrea Kiesel ist Psychologin und Leiterin der Arbeitsgruppe Allgemeine Psychologie an der Universität Freiburg. Sie ist Koordinatorin eines DFG-Schwerpunktprogramms zum Thema Multitasking, ist in mehreren Forschungsverbünden u. a. im Exzellenzcluster *Living Materials Systems* (livMatS) und der Graduiertenschule zu statistischer Modellierung in der Psychologie (SMIP) aktiv. Sie studierte Psychologie in Würzburg, wo sie auch ihre Promotion zum Dr. phil und ihre Habilitation abschloss. Gegenwärtig ist sie Fachkollegiatin der DFG und Präsidentin der *European Society of Cognitive Psychology.* Sie forscht aktuell an der Schnittstelle von Kognition und Handlung, unter anderem im Rahmen von Nachhaltigkeit.

Eva Landmann studierte Psychologie an der Julius-Maximilians-Universität Würzburg und promoviert derzeit bei Prof. Dr. Anne Böckler-Raettig. Sie beschäftigt sich vor allem mit der Rolle von Blicken in Gesprächen und ihrem Einfluss auf Empathie und Perspektivenübernahme.

Prof. Dr. Martin Meyer ist Extraordinarius für Neurowissenschaften der Sprache am Institut für vergleichende Sprachwissenschaften der Universität Zürich und Honorarprofessor für Kognitive Neurowissenschaften an der Alpen-Adria-Universität Klagenfurt. Nach der Promotion am Max-Planck Institut für neuropsychologische Forschung in Leipzig folgte ein mehrjähriger Aufenthalt in Schottland an der University of Edinburgh. Danach habilitierte er sich an der Philosophischen Fakultät der Universität Zürich. Zu seinen aktuellen Forschungsschwerpunkten gehört u. a. die Evolution und die funktionelle Neuroanatomie von Sprache, Kommunikation und Hören sowie Neuroplastizität des Tinnitus, altersabhängiger Hörverlust und Atrophie.

Dr. Barbara Schmid ist Fachärztin für Neurologie und Leiterin der Abteilung für klinische Neurophysiologie der Neurologischen Klinik des Klinikums Nürnberg. Sie studierte Medizin und promovierte an der Friedrich-Alexander-Universität Erlangen-Nürnberg. Sie ist Mitglied der Deutschen Gesellschaft für Klinische Neurophysiologie (DGKN) und dort Ausbilderin und Prüferin für Elektroenzephalographie (EEG), Elektroneurographie (NLG), Elektromyographie (EMG) und vaskulären Ultraschall. Zu ihren aktuellen Arbeitsschwerpunkten gehört u. a. Ultraschall (beim Schlaganfall) sowie entzündliche Erkrankungen und Traumafolgen des peripheren Nervensystems.

Prof. Dr. Dr. Norman Sieroka ist Professor für Theoretische Philosophie an der Universität Bremen und Privatdozent an der ETH Zürich. Er studierte Philosophie, Physik und Mathematik in Heidelberg und Cambridge und arbeitet u. a. zum Thema Zeit und zur Naturphilosophie. In der Reihe »C. H. Beck Wissen« sind von ihm Einführungsbände zur »Philosophie der Physik« (2014, 2. Aufl. 2022) und zur »Philosophie der Zeit« (2018) erschienen.

Prof. Dr. Roland Thomaschke ist Psychologe und Leiter der Forschungsgruppe »Zeit, Interaktion, Selbstbestimmung« an der Universität Freiburg. Er ist in verschiedenen Forschungsverbünden, u. a. Sonderforschungsbereich Muße und Schwerpunktprogramm Multitasking, aktiv. Er studierte Kognitionswissenschaften, Computerlinguistik, Mathematik und psychologische Forschungsmethodik in Osnabrück, Coleraine, Oldenburg und London, promovierte in experimenteller Psychologie in Lancaster und habilitierte sich in Regensburg. Gegenwärtig lehrt und forscht er auf den Gebieten Zeiterleben, Mensch-Computer-Interaktion und Museumspsychologie.

Prof. Dr. Rolf Ulrich ist Professor für Allgemeine Psychologie und Methodenlehre an der Universität Tübingen. Er studierte Psychologie und Statistik an der Universität Konstanz, promovierte und habilitierte sich an der Universität Tübingen. Zu seinen aktuellen Forschungsschwerpunkten gehören u. a. Zeitkognition, Wahrnehmung und Psychophysik, Kognition und Sprache sowie die mathematische Modellierung von kognitiven Prozessen. Zurzeit ist er Fellow am Einstein Center Chronoi.

Dr. Isabell Winkler ist Diplom-Psychologin und wissenschaftliche Mitarbeiterin am Institut für Psychologie der Technischen Universität Chemnitz. Zudem ist sie approbierte Psychotherapeutin für Kognitive Verhaltenstherapie. Sie studierte Psychologie und promovierte an der Technischen Universität Chemnitz. Ihr Forschungsschwerpunkt ist die menschliche Zeitwahrnehmung und deren Einflussfaktoren.

Die Herausgeber

Helmut Fink ist Diplom-Physiker mit ausgeprägtem philosophischem Interesse. Er ist Referent für Wissenschaft und Philosophie bei *Kortizes,* und ferner seit 2013 Vorstandsmitglied der Heisenberg-Gesellschaft e. V. und seit 2017 Vorsitzender der Ludwig-Feuerbach-Gesellschaft e. V.

Dr. Rainer Rosenzweig ist Diplom-Mathematiker und promovierter Wahrnehmungspsychologe, Dozent für Wahrnehmungspsychologie an der Technischen Hochschule Nürnberg sowie u. a. Initiator, Leiter und Geschäftsführer des Instituts für populärwissenschaftlichen Diskurs *Kortizes.*